21世纪高职高专规划教材·物流管理系列

采购管理实务

第2版

主　编　张文法

副主编　陈海蓉　刘　旭

赵玉娥　王　娜

電子工業出版社

Publishing House of Electronics Industry

北京·BEIJING

内 容 简 介

本书是在第 1 版基础上修订而成的，对原版内容进行了系统梳理、更新和完善，贯彻了行动领域课程开发理念，适合工学结合的人才培养模式。

本书以采购活动的作业流程为主线进行内容设计。每个项目均包含 6 个部分："工作领域技能需求"总结了工作中可能的工作岗位及技能需求；"学习领域知识供应"提出了学习的目标；"学习建议"给出了学习指导；"案例导入"提出了学生学习过程中需要完成的任务；"思考题"精心挑选了习题供学生检测学习效果；"技能实训"精心设计了实训任务，让学生进行技能的训练和能力的拓展。本书还提供电子课件、习题、职业资格鉴定考核测试题库等教学资源。

本书不仅可以作为高职高专院校经管类学生使用的教材，还可作为成人教育、电大、函授大学的教材及企业采购管理人员的参考书。

图书在版编目（CIP）数据

采购管理实务 / 张文法主编．—2 版．—北京：电子工业出版社，2018.12
21 世纪高职高专规划教材．物流管理系列
ISBN 978-7-121-35768-8

Ⅰ．①采…　Ⅱ．①张…　Ⅲ．①采购管理—高等职业教育—教材　Ⅳ．①F253

中国版本图书馆 CIP 数据核字（2018）第 273461 号

策划编辑：姜淑晶
责任编辑：韩玉宏
印　　刷：山东华立印务有限公司
装　　订：山东华立印务有限公司
出版发行：电子工业出版社
　　　　　北京市海淀区万寿路 173 信箱　邮编　100036
开　　本：787×1 092　1/16　印张：16.75　字数：429 千字
版　　次：2014 年 1 月第 1 版
　　　　　2018 年 12 月第 2 版
印　　次：2018 年 12 月第 1 次印刷
定　　价：47.00 元

凡所购买电子工业出版社图书有缺损问题，请向购买书店调换。若书店售缺，请与本社发行部联系，联系及邮购电话：（010）88254888，88258888。

质量投诉请发邮件至 zlts@phei.com.cn，盗版侵权举报请发邮件至 dbqq@phei.com.cn。

本书咨询联系方式：（010）88254199，sjb@phei.com.cn。

前　言

采购是企业在一定的条件下从供应市场获取产品或服务作为企业资源，以保证企业生产及经营活动正常开展的一项企业经营活动。采购的竞争优势已经成为企业竞争力的一部分，所以采购活动越来越多地被企业管理者所重视，并把其作为企业战略管理的核心内容之一。企业对采购人才的要求将更趋于专业化和技能化。

本书第 1 版于 2014 年 1 月出版，受到读者的广泛认可，被许多高校选作教材或者辅助参考书使用。为了更好地服务于广大读者，作者结合近几年的教学改革实践及广大读者的反馈意见，在保留第 1 版特色的基础上，进行了全面系统的修订。

本书的修订具体体现在以下几个方面。

- 对第 1 版中部分存在问题的内容进行了校正。
- 对“案例导入”部分的案例进行更新，以使案例能够更好地体现知识点，更好地体现时代发展的要求。
- 精心设计和挑选了大量的拓展案例和资料，在书中以二维码的形式呈现，供读者拓展学习。
- 结合用人单位的反馈，书中增加了“采购风险管理”这一项目。

本书结合最新的职业教育理念，本着“理论够用、注重实训”的原则，以培养学生的职业能力为核心，以工作过程为导向，重新序化了课程内容，注重理论和实践一体化。本书以采购活动的作业流程为主线进行内容设计，主要内容包括：采购工作认知、采购需求分析与采购预测、选择采购模式、编制采购计划与采购预算、选择与管理供应商、采购定价与采购谈判、采购合同管理、追踪订单与质量控制、收货与结算、采购绩效评估及采购风险管理。每个项目都包括工作领域技能需求、学习领域知识供应、学习建议、案例导入、思考题和技能实训 6 部分。在“工作领域技能需求”部分总结了该领域可能的工作岗位及技能需求；在“学习领域知识供应”部分提出了学习目标；在“学习建议”部分给出了学习指导；在“案例导入”部分提出了学生学习过程中需要完成的任务；在“思考题”部分精心挑选了一定数量的习题供学生检测学习效果；在“技能实训”部分精心设计了实训任务，供学生动手实践，并进行能力的拓展。书中附有大量的拓展案例和资料，读者可以通过扫描书中相应的二维码进行阅读。另外，本书还提供配套电子课件、习题、职业资格鉴定考核测试题库等教学资源，读者可登录华信教育资源网免费获取，网址为：http://www.hxedu.com.cn。

本书由张文法（山东华宇工学院）主编，陈海蓉（青岛港湾职业技术学院）、刘旭（山东华宇工学院）、赵玉娥（山东华宇工学院）和王娜（德州银海净源环保设备有限公司）担任副主编。具体编写分工如下：张文法负责全书框架结构设计和统稿工作，并编写项目1、2、4、5、11和附录；陈海蓉编写项目3；刘旭编写项目6、7；王娜编写项目8；赵玉娥编写项目9、10。

在本书的修订过程中，参阅、借鉴和引用了大量文献，并采纳了部分读者反馈的意见和建议，在此一并表示衷心的感谢。

由于编者水平和经验有限，书中难免有欠妥和错误之处，恳请读者批评指正，以便修订再版时改进，使本书日臻完善。

编　者

目　　录

项目 1

采购工作认知

工作领域技能需求

（1）作为采购部门的一员，应该能够理解采购工作的含义，并且明白采购能够给企业运营带来的贡献。

（2）作为采购部门的主管/经理，应该能够熟悉采购工作的流程，选择和设计采购部门的组织机构模式。

（3）作为采购部门的主管/经理或采购部门的人力资源经理，应该能够分析和设计采购部门的工作岗位，制定工作岗位的任职标准。

资料 1-1 采购人才的就业前景和优势

学习领域知识供应

（1）采购的相关理论：采购的定义、采购的地位和作用、采购的任务、采购的原则及采购的分类。

（2）采购组织的设计：采购组织的含义、采购组织的设计原则、采购组织的类型。

（3）采购人员配备：采购部门岗位职责说明书、采购人员的素质要求、采购人员应具备的观念。

学习建议

（1）上网浏览企业招聘与采购相关的职位类型及职位要求。

（2）实地调研一家企业，详细了解该企业采购部门的组织结构及相关的管理要求。

案例导入

克莱斯勒的采购问题

很难想象 1979 年的某一天，克莱斯勒（现在的戴姆勒–克莱斯勒）会没有足够的现金支付给员工、供应商和金融债权人，而且几乎宣告破产。尽管 20 世纪 70 年代末的经济萧条是造成这一现象的原因之一，但克莱斯勒最大的问题在于它的运营管理。该公司内部有功能强大的信息导读，但在跨部门或与供应链其他成员相联系的功能方面很差。资方与工会为敌；采购部门与供应商为敌；而产品开发以工程师为主，生产客户并不想要的产品。这个信息系统甚至不能有效地帮助公司提高产品质量。

现在克莱斯勒公司与 20 年前相比已经大为不同。原因何在？为了更好地满足汽车购买者，公司采用了“大企业”策略，该策略将整个公司的采购供应链活动进行了更好的整合——从原材料到零部件再到各零部件供应商，从生产商到分销商，最后，将成品递送至客户。通过这种更为紧密的整合，克莱斯勒对市场需求的反应更迅速。它在产品设计与开发的革新上赢得了良好的声誉。

采购在克莱斯勒公司的变革中发挥了与众不同的重大作用。该公司被视为北美与供应商关系最好的企业之一。较散乱的联系已经让位于更为紧密的供应商管理方式。供应商能够更早、更积极地参与新产品的开发。实际上，主要供应商已经为克莱斯勒实际开发的每辆汽车和卡车提供设计与制造系统。采购部门已建立了一项极为成功的被称为 SCORE 的供应商建议项目，该项目每年能产生数千条供应商建议，从这些建议中节约的资金每年可达到数亿美元。

如果没有了解采购流程及知道如何利用这些流程创造价值的人们，这些变化是不可能发生的。克莱斯勒意识到采购并不是仅供低素质的采购人员随意进行传统操作的工作，而应接近供应链管理。公司招募高学历人士进入采购团队，当这些人的职业道路从策略采购转变为战略资源时，他们必须对采购的基本原理有彻底的了解。为了帮助他们发展，克莱斯勒使用了一种强调采购的训练项目。训练者通过在不同领域循环工作，取得丰富的经验知识。简而言之，管理层已经明白，采购部门未来的领导者必须在他们承担开发战略的重任前拥有足够的采购运作经验。

资料来源：http://www.exam8.com/zige/wuliu/fudao/200609/333143_2.html.

想一想：

（1）你认为克莱斯勒在前期的采购方面出了哪些问题？

（2）结合案例谈谈你对采购工作重要性的认识。

1.1 采购相关理论

1.1.1 采购的定义

采购（Purchasing），是指企业在一定条件下从供应市场获取产品或服务作为企业资源，以保证企业生产及经营活动正常开展的一项企业经营活动。采购是一个商业性质的有机体为维持正常运转而寻求从体外摄入的过程，分为战略采购（Sourcing）和日常采购（Procurement）两部分。战略采购是一种系统性的、以数据分析为基础的采购方法。简单地说，战略采购是以最低总成本建立服务供给渠道的过程。日常采购是以最低采购价格获得当前所需资源的简单交易。日常采购工作内容包含采用何种采购技术，与什么样的供应商打交道，建立何种关系，如何培养与建立对企业竞争优势具有贡献的供应商群体，日常采购执行与合同如何确立，等等。日常采购是采购人员根据确定的供应协议和条款，以及企业的物料需求时间计划，以采购订单的形式向供应方发出需求信息，并安排和跟踪整个物流过程，确保物料按时到达企业，以支持企业正常运营的过程。

采购一般是指从多个对象中选择购买物品的行为过程。这里所谓的“对象”，既可以是市场、厂家、商店，也可以是物品。这里的“选择”包含寻找、比较分析和决定的意思，是采购人员根据企业的经营战略需求，制定和执行采购企业物料获得的规划，通过内部客户需求、外部供应市场、竞争对手、供应基础等分析，在标杆比较的基础上设定物料长短期的采购目标，达成目标所需的采购策略及行动计划，并通过策略及计划的实施找到合适的供应资源，满足企业在质量、时间、技术等方面的综合指标。

1.1.2 采购的地位与作用

1．采购的地位

采购已经成为企业经营的一个核心环节，是企业获取利润的重要来源，在企业的产品开发、质量保证、供应链管理及经营管理中起着极其重要的作用。走出传统的采购认识误区、正确确定采购的地位是当今每个企业在全球化、信息化市场经济竞争中赖以生存的基本保障，更是现代企业谋求发展壮大的必然要求。采购在企业中具有举足轻重的地位，具体表现在以下3方面。

（1）采购的价值地位。采购成本是企业成本管理中的主体和核心部分，采购是企业管理中“最有价值”的部分，在制造业企业的产品成本构成中，采购的原材料及零部件成本占企业总成本的30%～90%，平均水平在60%以上。从世界范围来说，对于一个典型的企业，一般采购成本（包括原材料、零部件）要占60%，工资和福利占20%，管理费用占15%，利润占5%。而在中国的工业企业中，各种物资的采购成本要占企业销售成本的70%。

资料 1-2
采购成本上升

（2）采购的供应地位。从供应的角度来说，采购是整体供应链管理中“上游控制”的主导力量。从整体供应链的角度来看，企业为了获得尽可能多的利润，都会想方设法加快物料和信息的流动，这样就必须依靠采购的力量，充分发挥供应商的作用，因为占成本 60%的物料及相关的信息都发生或来自供应商。供应商提高其供应的可靠性及灵活性、缩短交货周期、增加送货频率，可以极大地改进工业企业的管理水平，如缩短生产总周期、提高生产效率、减少库存、增强对市场需求的应变力等。

（3）采购的质量地位。由于产品成本的 60%是经采购由供应商提供的，所以产品的质量在很大程度上受采购品质量控制的影响。也就是说，保证企业产品“质量”不仅要靠企业内部的质量控制，更依赖对供应商的质量控制，这也是“上游质量控制”的体现。经验表明，一个企业如果能将25%～30%的质量管理精力花在供应商的质量管理上，那么企业自身的质量（过程质量及产品质量）水平起码可以提高 50%。可见，通过采购将质量管理延伸到供应商质量控制，是提高企业自身质量水平的基本保证。采购也能对质量成本的削减做出贡献。

2. 采购的作用

采购工作的作用可以从直接和间接两个方面体现。

（1）直接作用。

1）采购管理可以通过实际成本的节约显著提高营业利润。

2）通过与供应商一起对质量和物流进行更好的安排，采购管理能为更高的资本周转率做出贡献。

3）通过科学的采购流程管理，能够对企业的业务流程重组及组织结构的改革做出贡献。

4）提供信息源。采购部门与市场的接触可以为企业内部各部门提供有用的信息（主要包括价格、产品的可用性、新供应源、新产品及新技术的信息）。这些信息对企业中其他部门都非常有用。供应商所采用的新营销技术和配送体系很可能对营销部门大有好处，而关于投资、合并、兼并对象及当前和潜在顾客等方面的信息对营销、财务、研发和高层管理都有一定的意义。

（2）间接作用。

除了直接降低采购成本外，采购职能也能够以一种间接的方式对公司竞争地位的提高做出贡献。这种间接贡献以产品标准化，质量成本，与检查、报废、修理有关的成本的降低和产品交货时间的缩短等形式出现，具体表现在以下 5 方面。

1）产品标准化。可以通过采购标准化的产品来减少采购品种，从而降低企业生产成本。这样还可降低对某些供应商的依赖性，更好地使用竞标的方法。

2）减少库存。通过对采购活动的科学管理，可以实现对企业各个生产环节所需原材料的即时供应，从而降低企业的库存水平，以及因大量库存而带来的资金占用。

3）增加柔性。迫于国际竞争的压力，越来越多的公司正尝试实施柔性制造系统。这些系统能提高公司的市场反应速度，还可以促进企业产品质量的提高、降低库存水平、加快资金周转。这种系统的实施要求供应商具有良好的素质。把提高供应商的表现作为采购管理任务的思想会提高企业在其最终用户市场的竞争力。

4）对产品设计和革新的贡献。随着科技的进步，产品的开发周期迅速缩短，产品开发同步工程应运而生。通过采购让供应商参与到企业产品开发中，不仅可以利用供应商的专业技术优势缩短产品开发周期、节省产品开发费用及产品制造成本，还可以更好地满足产品功能性的需要，提高产品在整个市场上的竞争力。成功的工业革新常常是从供应商和买方的相互作用中实现的，积极地寻求这种相互作用是采购的任务。

5）提高企业部门间的协作水平。近年来，许多公司都采用了事业部结构，事业部有着相当大的自主权。在这样一种结构中，每个事业部的经理都需要报告其全权负责部门的损益情况，因此事业部经理要对收入和成本（包括原料成本）负责。在这种情况下，整个公司的集中采购可以促使各部门加强协调和协作。

1.1.3 采购的任务

现代企业内外部竞争日趋激烈，采购在企业中所起的作用也日渐加大，任务也越加繁重。归纳起来，企业实施物品采购的基本任务有以下 7 项。

1. 保证企业所需物品与服务的正常供应

该任务的主要目的是：保证本企业生产及其他经营活动顺利进行。采购活动是企业组织生产、经营活动的初始阶段。采购物品的品种、规格、数量、质量、价格、交付情况等直接关系到企业的生产、运输、储存、销售等环节的质量和效率。没有采购必要的物品或采购的物品不能满足需求企业的生产，经营就得不到必要的物质保证。

2. 不断改进采购过程及供应商管理过程

该任务的主要目的是：不断提高原材料质量。如果所采购的原材料有质量问题，将会直接影响产品的质量。在采购中，要坚决保证采购的质量以防患于未然。企业应与供应商达成明确的质量保证协议以明确规定供应商应负的质量保证责任，同时要定期对供应商的质量体系进行评价。

3. 控制、减少所有与采购相关的成本（包括直接采购成本和间接采购成本）

直接采购成本（原材料、零部件的采购价格）的控制与降低可以采取提高采购工作效率、定期谈判、优化供应商、实施本地化采购、与供应商共同开展改进项目等多种途径来实现。间接采购成本的控制与降低可以通过缩短供应周期、增加送货频率、减少原材料库存、实施来料免检、循环使用原材料包装、合理利用相关的政府有利政策、避免汇率风险等措施来实现。

4. 建立可靠、最优的供应商配套体系

一方面要尽量减少供应商的数量，使采购活动尽量集中；另一方面要避免依赖独家供应商，防止垄断供应的风险。

5. 利用供应商的专业优势，积极参与产品或过程开发

这是将供应商纳入企业自身整体经营的最为有效的措施。一个企业要想在激烈的市场竞争中生存下去，必须不断地推出新产品，而如果没有采购及供应商的参与和贡献产品的开发几乎是不可能的。如果供应商的专业优势得以充分利用，将给企业自身的产品开发、生产甚至经营带来巨大的好处。例如，美国 IBM 公司和其供应商 Intel 合作开发了 256K-RAM 处理器。

6. 管理控制好与采购相关的文件及信息

这些文件及信息包括程序性文件、作业指导书、供应商调研报告、供应商考核及认定报告、图纸及样本、合同与订单、供应商发票等。

7. 树立本公司的良好形象

采购是企业的对外工作，同销售工作一样，采购在很大程度上代表着公司。因此，公正、良好的态度有助于发展同供应商的合作关系，树立公司的良好形象。

除以上几项基本任务外，从采购管理的角度来讲，采购的任务还应包括制定并实施

采购的方针、策略、目标及改进计划，并进行采购供应商绩效衡量，建立供应商审核及认定、考核、评估体系，开展采购系统自我评估，同其他单位的采购进行行业水平比较，不断提高整体采购水平，建立培养稳定、有创造性的专业采购队伍，与其他兄弟单位建立采购资源共享体系。

1.1.4 采购的原则

企业采购过程中要遵循哪些原则，才能使采购效益最大化呢？采购专家提出应用 5R 原则指导企业采购活动，也就是在适当的时候以适当的价格从适当的供应商处买回所需数量物品的活动。

1．适价（Right Price）

价格永远是采购活动中的敏感话题，企业在采购中最关心的要点之一就是采购能节省多少资金，因此采购人员不得不把相当多的时间与精力放在与供应商的“砍价”上。物品的价格与该物品的种类、是否为长期购买、是否为大量购买及市场供求关系有关，与采购人员对该物品市场状况的熟悉程度也有关，如果采购人员未能把握市场脉搏，供应商在报价时就有可能“蒙骗”采购人员。一个合适的价格往往要经过以下几个环节的努力才能获得。

1）多渠道获得报价。这不仅要求现有供应商报价，还应该要求一些新供应商报价。企业与某些现有供应商的合作可能已达数年之久，但它们的报价未必优惠。获得多渠道的报价后，企业就会对该物品的市场价有一个大体的了解，并进行比较。

2）比价。俗话说，“货比三家”，因为专业采购所买的东西可能是一台价值百万元的设备或年采购金额达千万元的零部件，这就要求采购人员必须谨慎行事。由于供应商的报价单中所包含的条件不同，故采购人员必须将不同供应商报价中的条件转化一致后才能进行比较，只有这样才能得到真实可信的比较结果。

3）议价。经过比价环节后，筛选出价格最适当的 2～3 个报价。随着进一步的深入沟通，不仅可以将详细的采购要求传达给供应商，而且可进一步“杀价”，因为供应商的第一次报价往往含有“水分”。但是，如果采购物品为卖方市场，即使面对面地与供应商议价，最后所取得的实际效果也可能比预期的要低。

4）定价。经过上述 3 个环节后，买卖双方均可接受的价格便可作为日后的正式采购价。企业一般需保持 2～3 个供应商的报价，这两三个供应商的价格可能相同，也可能不同。

2．适质（Right Quality）

一个不重视品质的企业在今天激烈的市场竞争环境中根本无法立足。一个优秀的采购人员不仅要做一个精明的商人，同时要在一定程度上扮演管理人员的角色，在日常的采购工作中要安排部分时间去推动供应商改善、稳定物品品质。

采购物品品质达不到使用要求的严重后果是显而易见的。

1）来料品质不良，往往导致企业内部相关人员花费大量的时间与精力去处理，会增加管理费用。

2）来料品质不良，往往在重检、挑选上花费额外的时间与精力，造成检验费用增加。

3）来料品质不良，导致生产线返工增多，降低产品质量，降低生产效率。

4）因来料品质不良而导致生产计划推迟进行，有可能引起不能按承诺的时间向客户交货，会降低客户对企业的信任度；若因来料品质不良引起客户退货，有可能令企业蒙受多种损失，严重的还会丢失客户。

3. 适时（Right Time）

企业已安排好生产计划，若原材料未能如期到达，往往会引起企业内部混乱，即产生停工待料。当产品不能按计划出货时，会引起客户强烈不满。若原材料提前太长时间买回来放在仓库里等着生产，又会造成库存过多，大量积压采购资金，这是企业很忌讳的事情。故采购人员要扮演协调者与监督者的角色，促使供应商按预定时间交货。对某些企业来讲，交货时机很重要。

4. 适量（Right Quantity）

批量采购虽有可能获得数量折扣，但会积压采购资金，采购太少又不能满足生产需要，故合理确定采购数量相当关键，一般按经济订购量采购。采购人员不仅要监督供应商准时交货，还要强调按订单数量交货。

5. 适地（Right Place）

“天时不如地利”，企业往往容易在与距离较近的供应商的合作中取得主动权，因此企业在选择试点供应商时最好选择近距离供应商来实施。近距离供货不仅使得买卖双方沟通更为方便，处理事务更快捷，也可降低采购物流成本。

越来越多的企业甚至在建厂之初就考虑选择供应商的“群聚效应”，即在周边地区寻找到企业所需的大部分供应商，这对企业长期的发展有着不可估量的作用。

采购人员都有这样的体会，就是在实际的采购工作中很难将上述“5R”全部考虑到，重点考虑其中一个方面时，就要牺牲其他方面。例如，若过分强调品质，供应商就不能以市场最低价供货，因为供应商在品质控制上投入了很多精力，必然会把这方面的部分成本转嫁到客户身上。因此，采购人员必须综观全局，准确地把握企业对所购物品各方面的要求，以便在与供应商谈判时提出合理要求，从而争取更多机会获得供应商合理报价。

总之，只有综合考虑才能实现最佳采购，这需要采购实施人员在长期的实际操作中积累经验。

1.1.5　采购的分类

1. 以采购方式分类

以采购方式分类，采购可分为直接采购和间接采购。

1）直接采购是指直接向物料供应厂商从事采购的行为。

2）间接采购是指通过中间商实施采购的行为，主要包括委托采购和调拨采购。委托采购是指通过中间商实施采购行为的方式，也称中介采购。调拨采购是指企业只提出设备采购计划，实施设备采购计划和评估采购绩效则由国家或企业的上级（如集团公司）来完成。调拨采购是计划经济时期常用的间接采购方式，目前除非物资紧急调拨或执行救灾任务、军事任务，否则一般不采用。

2. 以采购性质分类

以采购性质分类，采购可以分为大量采购与零星采购、正常性采购与投机性采购。

1）大量采购是指一些金额大、批量大的采购行为；零星采购是指一些金额小、零散的采购行为。根据各企事业单位不同的管理层级、管理权限与管理范围，数额从几百元到几万元不等。

2）正常性采购是指企业按照生产计划或销售计划进行的采购行为，该采购行为是为了企业的正常运转；投机性采购是指企业为了赚取价差利润而进行的采购行为，该采购行为不是为了企业的正常运转，而是纯粹的投机行为。

3. 以采购时间分类

以采购时间分类，采购可分为长期固定性采购与非固定性采购、计划性采购与紧急采购、预购与现购。

1）长期固定性采购是指采购行为长期且固定的采购；非固定性采购是指采购行为不固定，需要时就采购。

2）计划性采购是指根据材料计划或采购计划进行的采购行为；紧急采购是指物料急用时毫无计划性的紧急采购行为。

3）预购是指将物料先买进而后付款的采购行为；现购是指以现金购买物料的采购行为。

4. 以采购订约方式分类

以采购订约方式分类，采购可分为订约采购、口头或电话采购、书信或电报采购及试探性订单采购。

1）订约采购（Contract Purchasing）是指买卖双方根据订约的方式而进行采购的行为。

2）口头或电话采购（Oral or Telephone Purchasing）是指买卖双方不经过订约方式而以口头或电话洽谈方式进行采购的行为。

3）书信或电报采购（Letter or Telegraph Purchasing）是指买卖双方通过书信或电报往还进行采购的行为。

4）试探性订单采购（Trial Order Purchasing）是指买卖双方在进行采购事项时因某种原因不敢大量下订单，先以试探方式下少量订单，在试探性订单采购进行顺利后，才下大量订单。

5. 以采购价格方式分类

以采购价格方式分类，采购可分为招标采购、询价现购、比价采购、议价采购、订价收购和公开市场采购。下面简述其中4种。

1）招标采购（Purchasing by Invitation to Bid）是指将物料采购的所有条件（如物料名称、规格、数量、交货日期、付款条件、罚则、投标押金、投标厂商资格、开标日期等）详细列明，登报公告，投标厂商依照公告的所有条件，在规定时间以内缴纳投标押金，参加投标。开标后原则上以报价最高的厂商得标，但当得标者报价仍低过底价时，采购人员有权宣布废标，或者取得监办人员同意，议价处理。

2）询价现购（Purchasing at Inquiry Price）是指采购人员选取信用可靠的厂商，将采购条件讲明，询问价格或寄送询价单并促请对方报价，比较后现价采购。

3）比价采购是指采购人员请数家厂商提供价格后，从中加以比价，之后决定采购事项。

4）订价收购是指购买的物料数量巨大，实非一两家厂商所能全部提供的，如铁路枕木；或者当市面上该项物料匮乏时，则可订价收购。

6. 以采购地区分类

以采购地区分类，采购可分为国内采购（简称内购）与国外采购（简称外购）。

1）所谓内购是指向国内厂商进行采购的行为。

2）所谓外购是指向国外供货商或外国供货商在本国境内的代理商进行采购的行为。一般来说物料的采购以内购较为方便与经济。

1.1.6 采购管理

采购管理是指为了保障整个企业物资供应，而对企业采购活动进行的计划、组织、协调和控制。它要求对采购计划下达、采购单生成、采购单执行、到货接收、入库验收、采购结算等各个环节进行严密的跟踪、监督，以实现对企业采购活动过程的科学管理。

1. 采购管理的职能

1）保障供应。

采购管理的首要职能就是实现对整个企业的物资供应，保障企业生产和进货的正常进行。企业生产需要原材料、零配件、机械设备和工具，生产线一开动，这些物资必须及时到位，缺少任何一种，生产线都开动不起来。

2）供应链管理。

传统的采购管理的观念，一般把保障供应看成采购管理的唯一职能。但是随着社会的发展，特别是供应链管理思想出现以后，人们对采购管理的职能有了进一步的认识，采购管理有了第二个重要的职能，那就是供应链管理，特别是对上游供应链的管理。

3）资源市场信息管理。

采购管理的第三个职能就是对资源市场的信息管理。在企业中，只有采购管理部门经常和资源市场打交道，采购管理部门除了是企业物资输入的窗口外，还是企业和资源市场的信息交互桥梁。所以，采购管理除了保障物资供应、建立良好的供应商关系之外，还要随时掌握资源市场的信息，并反馈到企业的管理层，为企业的经营决策提供及时、有力的支持。

2. 采购管理的目标

采购管理的总目标可以用一句话来概况：以最低的总成本为企业提供满足其需要的物料和服务。具体来说，采购管理的目标包括以下几点。

1）保障供应的连续性。

采购管理对采购时间有严格的要求，要选择适当的采购时间，一方面要保证供应不间断，库存要合理；另一方面又不能过早采购，以免出现积压而占用仓储资源。

2）降低存货费用。

采购数量决策也是采购管理的一个重要目标，要科学地确定采购数量。在采购中要防止超量采购和少量采购。如果采购量大，则容易出现积压现象；如果采购量小，则可能出现供应中断，采购次数增加或紧急采购将使采购成本增加。因此，采购数量一定要适当。

3）降低采购成本。

采购价格的高低是影响采购成本的主要因素。因此，采购中能够做到以“适当的价格”完成采购任务是采购管理的一个重要目标。

4）确保产品质量。

采购商进行采购的目的是满足生产需要。因此，为了保证企业所生产产品的质量，首先要保证所采购材料的质量能够满足企业生产的质量标准要求。为了生产所需的产品或提供服务，采购的产品要达到一定的质量要求，否则最终产品或服务将达不到期望的要求。

5）发展有竞争力的供应商。

一个采购部门必须有能力找到或发展供应商并分析其能力，从中选择合适的供应商并与其一起努力对流程进行持续的改进。

1.2 采购组织的设计

目前，在买方市场主导的外部经营环境下，市场需求的不确定性和多变性导致企业的采购工作变得相当复杂，特别是对于一些大中型企业来说，由于其采购的商品种类多、数量大，所以采购工作不能由一个人来完成，而是由一个多人组成的采购团队来完成的。随着企业和市场联系得越来越密切，采购组织的工作状况直接影响整个企业的工作效率和竞争优势，因此任何一个企业或机构都应该建立一个独立的采购组织。建立一个高效率的采购组织机构，组建一支高素质的工作团队，通过科学的采购降低采购成本，可以保证企业生产经营活动的顺利进行。随着外部环境的不断变化，采购组织也经历了相应的发展和演变，出现了不同类型的采购组织模式。

1.2.1 采购组织的含义

组织通常有两种含义：一是作为实体本身的组织，即按照一定的目标、任务和形式建立起来的社会集体，如企业、政府、学校和医院等；二是管理的组织职能，即通过组织机构的建立、运营和变革机制，以实现组织资源的优化配置，完成组织任务和实现组织的目标。因此，组织是实现目标的重要保障。

采购组织是指为了完成企业的采购任务、保证生产经营活动顺利进行，按照一定的规则由采购人员组建的采购队伍。采购组织是基于整个企业，负责为整个企业所有采购过程提供支持的一个中心组织，在企业中具有举足轻重的地位，无论是生产企业还是流通企业，都需要建立一个高效的采购组织。

1.2.2 采购组织的设计原则

采购组织要想发挥功效，在组织设计过程中应该坚持以下原则。

1. 责、权、利相结合的原则

“责”指责任，起约束的作用；“权”指权力，是履行职责的保证；“利”指利益，起激励作用。只有责、权、利相结合，才能充分调动采购队伍的积极性，发挥他们的聪明才智。如果有权无责，必然会出现瞎指挥、盲目决策，甚至损公肥私的现象；如果有责无权，什么事情都要请示汇报才能决策，也难以真正履行责任，还会贻误时机，影响效率；同样，如果没有相应的利益刺激，也难以保证采购工作的高效、准确。只有责、权、利有机地结合起来，发挥各自的职能，才能保证采购组织工作的有效性。

2. 精简的原则

“精兵简政”在企业采购机构设计中同样有效，“精”指人员精干，“简”指机构简化，只有人员精干了，机构才能简化。如果人员素质差而过分强调简化机构，导致应该开展的工作开展不起来、应该完成的工作完成不了，也是不可取的。

3. 高效的原则

采购工作要想高效开展，必须有一套高效运转的组织机构，这种高效的组织机构应确定合理的管理幅度与层次。横向方面，各部门、各层次、各岗位应加强沟通、各负其责、相互扶持、相互配合；纵向方面，上情下达迅速，同时领导要善于听取下级的合理建议，解决下级之间出现的矛盾与不协调。只有形成一个团结严谨、战斗力强的采购组织，才能使采购工作高效地开展。

4. 统一的原则

任何一个企业的采购组织要顺利地完成采购任务，都必须上下一心、齐心协力，遵循统一的原则。统一的原则基本包括 3 方面内容。①目标统一，都是为了完成采购任务，实现企业经营目标。总目标定下来，再将总目标分解到各部门、各分支机构的岗位和个人，形成子目标，当子目标与总体目标出现矛盾或不协调时，强调局部应服从总体。②命令要统一，采购部门的多种决策、指令、命令要及时下达，一方面要防止出现令出多头，下级无法执行、无所适从的现象；另一方面也要杜绝“上有政策、下有对策”的散乱现象。③规章制度要统一，各种规章制度是组织成员的行为准则，采购部门有总体规章制度，多分支机构也应有自己的规章制度，但二者之间不能互相矛盾，应形成一个相配套的体系，在制度面前人人平等。

1.2.3 采购组织的类型

按照采购组织机构设计的原则，在充分考虑影响采购组织机构设计因素的前提下，不同的企业有不同的采购组织机构，按一定标准划分，有以下几种采购组织的形式。

1. 按业务过程分工划分的组织形式

按照采购业务过程，将采购计划的制订、询价、比价、签订合同、催货、提货、货款结算等工作交给不同的人员办理。这种组织形式适合采购量大、采购物品品种较少、交货期长的企业。这种组织形式要求部门内各成员密切配合，具体形式如图 1-1 所示。

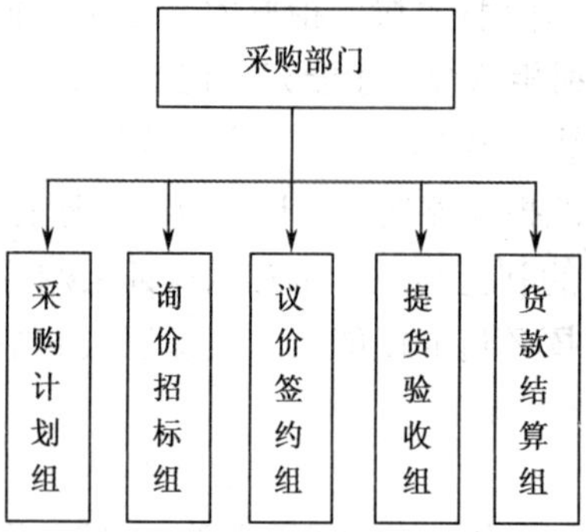

图 1-1　按业务过程分工划分的采购部门组织形式

2. 按物品类别划分的组织形式

不同的物品有不同的特点，按物品的类别将采购部门划分为不同的采购小组，每小组承担物品采购计划的制订、询价、招标、比价、签订合同、货款结算等一系列采购业务，这种形式适合采购物品繁杂的企业。如图 1-2 所示为某制造企业按物品类别划分的采购部门组织机构形式。

3. 按采购地区划分的组织形式

企业采购的货源来自不同的地区，可以是本地，也可以是外地；可以是国内，也可以是国外。按采购地区的不同，将采购组织机构分为不同的小组，每个采购小组承担一系列的采购业务，具体形式如图 1-3 所示。

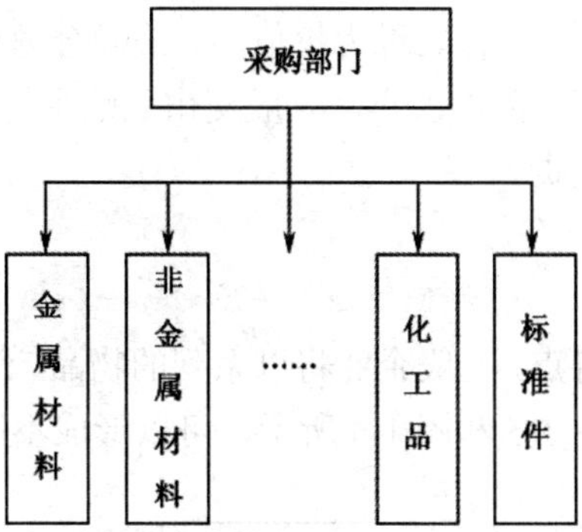

图 1-2　按物品类别划分的采购部门组织机构形式

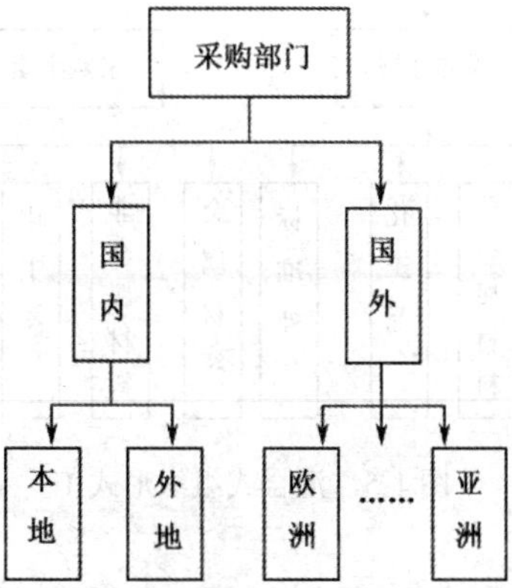

图 1-3　按采购地区划分的采购部门组织形式

4．按采购物品的价值划分的组织形式

为了加强对物品的管理，一般将采购的对象按其价值和品种分为 A、B、C 三类物品，见表 1-1，采购部门组织形式如图 1-4 所示。

表 1-1　采购物品分类表

物 品 类 别	采购额/总采购额	品种数/总品种
A	70%	10%
B	20%	20%
C	10%	70%

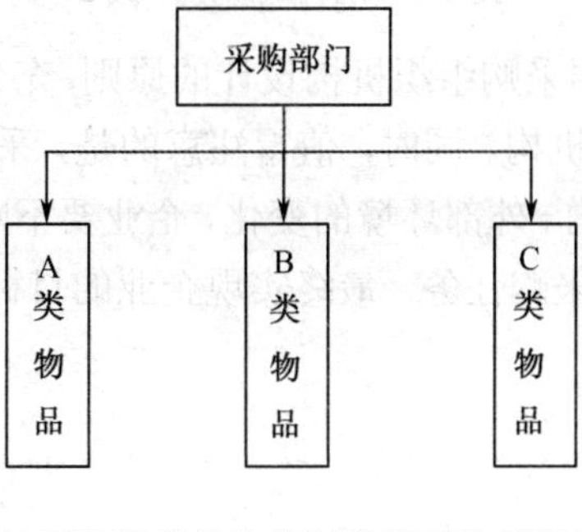

图 1-4　按采购物品的价值划分的采购部门组织形式

A 类物品是重要的物品，具体表现为价值高、采购合理与否直接影响采购成本，其货源的质量关系到企业经营风险的大小，一般交由采购主管负责。B、C 类物品价值不高，可交给一般采购人员负责。

5. 混合式组织形式

不同的企业有不同的特点，一般企业将以系列的物品、地区、价值、业务等为基础，混合式构建组织形式，如图 1-5 和图 1-6 所示，可以形成不同的混合式组织形式。

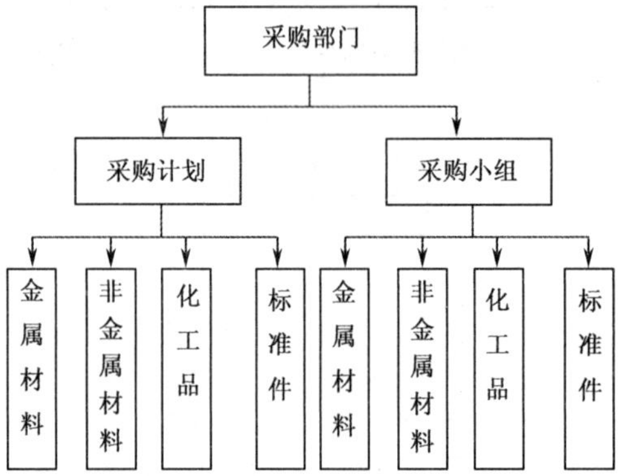

图 1-5　混合式组织形式 1

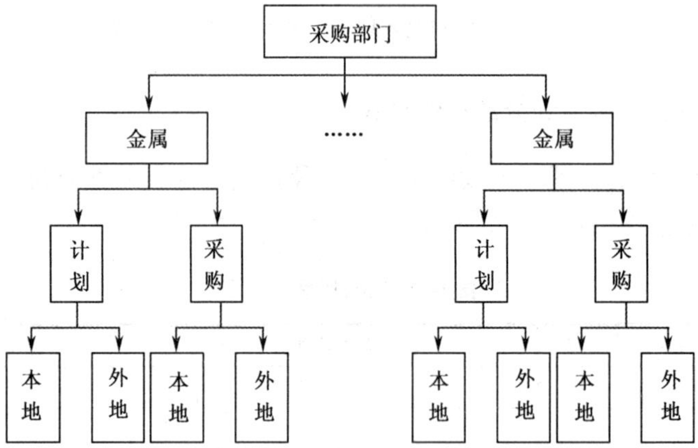

图 1-6　混合式组织形式 2

总之，不同的企业要根据采购组织机构设计的原则，充分考虑企业内外部影响因素，建立适合本企业的采购组织机构。同时，值得注意的是，采购组织机构建立后不是一成不变的，随着企业所面临的内、外部环境的变化，企业要不断调整自身的采购组织机构，以便更好地适应环境，完成采购任务，最终实现企业的目标。但就短期而言，采购机构是相对稳定的。

1.3 采购部门人员配备

1.3.1 采购部门岗位职责说明书

1. 采购主管

（1）工作内容。

1）设计采购制度、手册、流程、表单等。

2）编制采购计划与预算。

3）管理供应商，与技术、品质管理等部门人员共同选择供应商。

4）审查请购单。

5）进行采购，包括询价、比价、议价和订购。

6）监督与协调控制交货。

7）处理物料退货与索赔。

8）开发物料来源，调查价格。

9）处理国外采购的进口许可申请、结汇、公证、保险、运输及报关等事务。

（2）岗位职责。

1）负责拟订采购部门的工作方针与目标，递交上级领导审批。

2）负责编制年度采购计划和采购预算，建立并不断调整和改善采购制度和流程。

3）负责及时提供有效的市场信息。

4）负责管理和监督、控制采购部门的工作。

5）负责主持与参与采购部门的会议，协调沟通本部门的各种关系。

6）负责规划和配置组织采购部门的人员需求。

7）负责招聘、培训、开发和考核采购人员，推动采购人员的晋升、调迁和职业发展。

8）负责监控采购人员的作业进度。

9）负责与供应商建立良好的关系，掌握供应商物料制造与供应能力。

10）负责约束和规范采购人员的道德行为。

11）负责审核订购单与采购合约，核查采购作业发包、验收和付款流程。

12）负责分析、评估所采购物料成本和产品成本，分析竞争情况。

13）负责审核采购案件项目与供应商的付款、运送条件。

14）负责监督采购物料到位情况，监督进料品质，协调物料供应管理流程。

15）负责建立并维持紧急需求物料的采购渠道。

（3）岗位职权。

1）有权即时处理采购过程中出现的各种问题。

2）有权管理采购部所属员工和各项工作。

3）有权调配直接下级的岗位和任用、提名岗位人员。

4）有权监督、检查所属下级的工作情况。

5）有权裁决所属下级的工作争议。

6）有权考核直接下级的管理水平、业务水平和业绩。

7）有权建议奖惩直接下级。

2. 采购员

资料 1-3
采购员需知的 35 件事

（1）工作内容。

1）下达订购单。

2）物料交期的控制。

3）材料市场行情的调查。

4）查证进料的品质和数量。

5）进料品质和数量异常的处理。

6）与供应商有关的交期、交量等方面的沟通协调。

7）询价、比价、议价及订购作业。

8）交期的进度控制。

9）内外销差价、退税资料的提供。

10）主要原材料的估价。

11）供应商材料样板的品质初步确认。

12）材料样板的初期制作与更改。

13）替代材料的搜寻。

14）采购部门有关技术、品质文件的拟制。

15）与技术、品质部门针对技术、品质问题的沟通与协调。

16）与供应商针对技术、品质问题的沟通与协调。

（2）岗位职责。

1）负责一般性物料采购。

2）负责查访厂商的供应情况。

3）负责与供应商商谈价格、付款方式、交货日期等。

4）负责核查供应商提供的物料质量。

5）负责确认交货日期。

6）负责处理一般索赔案件。

7）负责退货。

8）负责收集价格情报、替代品资料、最新产品信息及供应商信息。

（3）岗位职权。

1）有权即时处理采购过程中出现的各种问题。

2）有权处理与供应商的关系。

3）有权开发并联系新的供应商。

4）有权处理退货。

5）有权与供应商商谈价格，确定交货日期。

6）有权考察供应商的物料质量。

3. 采购助理

（1）工作内容。

1）编写采购合同等文件。

2）编制采购部门的周报表或月报表。

3）收集、整理、统计各种采购单据与报表。

4）采购品质记录的保管与维护。

5）采购事务的传达。

6）整理供应商资料，包括供应商的报价情况、产品种类等。

7）协助采购员完成价格谈判等工作。

8）管理日常采购文件，记录采购进度。

9）付款整理、审查。

（2）岗位职责。

1）负责登记请购单、验收单。

2）负责登记订购单与合约。

3）负责记录和监督交货。

4）负责安排与接待来访客人。

5）负责申请与报支采购费用。

6）负责申请进出口文件。

7）负责计算机作业与档案管理。

8）负责承办保险、公证等事项。

（3）岗位职权。

1）有权提醒采购员遵守日常规范。

2）有权监督采购员的工作进度。

3）有权安排上级领导的活动日程。

4）有权联系并接待供应商。

1.3.2 采购人员的素质要求

对于采购人员的选用，过去一直比较重视的是“防止作弊，杜绝收受回扣”的观念，因此，“忠厚老实”是非常重要的条件。但是，随着采购的重要性逐渐提高，采购的复杂性也日益上升。它不再是拿钱买东西那么简单的事情，而变成了一项专业工作，采购工作不再是那些只具备“忠厚老实”品质的人能够胜任的。

采购人员必须具备与工作复杂性相适应的素质和能力，要通过专业化的工作和能力培训达到甚至超过与企业和市场要求相适应的水平。因此，采购人员培训内容包括个人素质与技巧、相关专业知识及采购专业知识等，其中谈判技巧是采购人员需要通过培训和实践掌握的一项基本技能。采购人员的管理与发展作为企业或人力资源管理与发展的一个重要组成部分，是保障采购能力形成与培养、采购队伍建设与发展的基本内容，因此采购人员的选用对企业的发展是非常重要的。作为现代企业，选择采购人员主要考虑以下几个因素。

1. 品德

采购工作没有固定规则可循，加上采购行为稽查困难，使得采购工作是“良心工作”。因此，觉悟高、品行端正是采购员应有的基本素质，只有思想品德高尚，才能大公无私、克己奉公，处处为企业大局着想，不贪图个人小利。在实际工作中，有许多采购员拿回扣，要好处费，或者借采购之机游山玩水，造成企业采购费用开支过大，或者采购商品质量低劣，给企业造成巨大损失。结合我国企业的实际，采购人员应该做到以下几点。

（1）爱岗敬业。“爱岗敬业”是采购从业人员做好任何一项采购岗位工作的基本点和出发点，也是采购从业人员应当具备的最基本的职业道德。采购从业人员只有热爱本职岗位工作，并在本职岗位上尽心尽力、尽职尽责，才能全身心投入到采购工作中，同时，采购从业人员也只有刻苦耐劳、兢兢业业、认真钻研采购业务，才能干好所从事的采购工作。

（2）诚实守信。“诚实守信”是采购工作人员做好采购工作的根本前提，是做人、处事、干工作的基本准则。具体来说，采购从业人员只有言行一致、做老实人、说老实话、办老实事，不弄虚作假、不欺上瞒下，严格遵守和兑现自己做出的承诺，才能在具体的采购工作中严格履行好自己的权利和义务，才能自觉地排除各种虚假信息，才能自觉地避免各种欺诈、串通、隐瞒等不法行为的滋生，从而才能最终达到保障各有关方面正当权益的目的。

（3）廉洁自律。在采购活动中，采购从业人员清正廉洁、自觉构筑思想防线，是遏止和抵制各种违法乱纪行为的重要前提。采购从业人员一旦跨越了廉洁自律的思想防线，势必经受不住来自各方面的腐蚀和侵扰，从而收受贿赂、贪污、挪用公款、假公济私等，其结果不但使自己一步一步地走向犯罪道路，毁坏了自己的人生，同时严重地干扰了采购工作，侵犯或践踏了他人的正当权益，使社会和国家的财产受到重大的损失。因此，必须要求采购从业人员自我约束、自我规范、自我控制，自觉树立高尚的觉悟、良知和道德水准，自觉增强抵制不正之风的能力，在不义之财面前不动心，在政策面前不投机，在亲情面前不动摇，并敢于同一切违法乱纪行为做斗争，只有这样，才有助于采购宗旨的充分体现。

（4）客观公正。“客观公正”是采购从业人员的职业灵魂，它要求采购人员必须公平正直，没有偏袒，工作中既不得掺杂个人的主观意愿，也不能被他人的意见左右。表现在实际工作中，要求采购从业人员严格按照规定的条件和程序实施采购操作，对所有的供应商都一视同仁，不得有任何歧视性的条件和行为；在具体的评标活动中，更要严格按照统一的评标规则和标准确定中标或成交的供应商，不得有任何主观倾向，以维护各供应商的切身利益，这是每位采购工作人员应当具备的从业工作态度和敬业精神，也是做好采购工作应当具备的一种崇高的思想境界。

（5）坚持原则。“坚持原则”就是要求采购从业人员在采购活动中，要严格依照规定的操作程序和法定的依据进行采购操作，依法办事，不被自己主观意愿或他人强加的意志所转移。采购从业人员一旦丧失了应有的原则立场，必定会产生各种暗箱操作、徇私舞弊、收受贿赂等不法行为，其结果也必定会严重地侵犯他人的正当权益，牺牲国家和社会的公共利益。因此，坚持原则是每位采购工作人员必须具备的基本素质，不能坚持原则，就不能保障采购当事人的正当权益，就不能干好采购工作，最终不能实现采购的目的和宗旨。

2. 知识与能力

知识和能力既相辅相成又相互独立。知识是能力的强大后盾，能力是知识的反映。作为采购人员，只有专业知识是远远不够的，参加实践的能力才是为企业带来财富的根源。

（1）知识。

1）政策、法律知识。政策、法律知识包括国家出台的各种相关法律、价格政策、专营方向等。

2）市场知识。只有了解消费者需要，掌握市场细分策略及产品、价格、渠道、促销方面的知识，才能合理地选择采购商品的品种，从而保证采购的商品适销对路。

3）业务基础知识。业务基础知识包括谈判技巧、商品知识（商品功能、用途、成本、品质）、签约的基本知识等。这是做好本职工作的关键，将有助于与供应商的沟通，能主动进行价值分析，开发新来源或替代品，从而降低采购成本。

4）社会心理知识。了解客户的心理活动，把握市场消费者的心理需求，可以提高采购工作的针对性。

5）自然科学知识。自然科学知识包括自然条件、地理、气候、环境变化及数理知识和计算机知识。将现代科技知识用于采购过程，把握市场变化规律，可以提高采购工作的效率与准确性。

6）文化基础知识。这是其他知识的基础，一个没有文化基础知识的人是干不好采购工作的。

（2）能力。

知识不等于能力，心理学家研究表明，要办好一件事，知识起的作用只占 1/4，而能力起的作用占 3/4，可见能力更为重要。要干好采购工作，采购人员同样应具有相应的能力，采购人员应具备的能力大体可以归纳为以下几种。

1）市场分析能力。分析市场状况及发展趋势，分析消费者购买心理，分析供货商的销售心理，从而在采购工作中做到心中有数，知己知彼、百战百胜。

2）团结协作能力。采购过程是一个与人协作的过程。一方面，采购人员要与企业内部各部门打交道，如与财务部门打交道解决采购资金、报销等问题；与仓储部门打交道，了解库存现状及变化等。另一方面，采购人员要与供应商打交道，如询价、谈判等。采购人员应处理好与供应商和企业内部各方面的关系，为以后工作的开展打下基础。

3）语言表达能力。采购人员是用语言文字与供应商沟通的，因此，必须做到正确、清晰地表达所欲采购的各种条件，如规格、数量、价格、交货期限、付款方式等。如果语言表达能力不强，只会浪费时间，导致交易失败。因此，采购人员的表达能力尤为重要，是采购人员必须锻炼的技巧。

4）成本分析和价值分析能力。采购人员必须具有成本分析能力，会精打细算。买品质过高的商品，物虽美，但价格高，提高了成本；若盲目追求价廉，则必须付出品质低劣的代价或伤害与供应商的关系。因此，对供应商的报价，要结合其所提供商品的品质、功能、服务等因素综合分析，以便买到适宜的商品。

5）前景预测能力。在市场经济条件下，商品的价格和供求关系在不断变化，采购人员应根据各种产销资料及与供应商打交道过程中供应商的态度等来预测将来市场上该种商品的供给情况，如商品的价格、数量等。

1.3.3 采购人员应具备的观念

现代采购人员应具备的观念有以下几个。

1．战略观念

战略观念，即从企业大局出发，把握企业发展战略目标，使采购工作符合企业整体发展要求。

2．经济观念

经济观念，即在采购过程中讲究经济核算，提高购进环节的经济效益。尽量组织本地产品购进，货比三家，择优而购，精打细算，节省开支。

3．市场观念

市场观念，即把握市场发展规律，调整市场变化趋势，善于抓住每个市场机会。

4．竞争观念

竞争是市场经济条件下的必然现象，在采购过程中同样充满了竞争，既有采购人员与供应商之间的竞争，又有与同行之间的竞争。显然，竞争会给采购员的工作带来压力，因此，采购人员要善于竞争，把竞争的压力转化为搞好采购工作的动力。

5．服务观念

采购过程实际上是一个服务过程。一方面，采购要为供应商服务，在采购过程中着眼于长远利益，为供应商提供力所能及的服务，如提供信息、协助推销、介绍新客户等；另一方面，对企业内部来说，采购要为企业经营服务。

6．创新观念

创新观念，即出奇制胜。一方面，在采购过程中要有新招数，如开发新货源或选择更好的供应商，以提高采购工作的效率；另一方面，要在企业经营项目上独辟蹊径，做到“人无我有、人有我优、人优我廉、人廉我转”，从而使企业立于不败之地。

资料 1-4
新时期采购的发展趋势

思考题

一、判断题

（1）日常采购是一种系统性的、以数据分析为基础的采购方法。（　）

（2）采购已经成为企业经营的一个核心环节，是企业获取利润的重要来源，在企业的产品开发、质量保证、供应链管理及经营管理中起着极其重要的作用。（　）

（3）直接采购是指直接向物料供应厂商从事采购的行为。（　　）

（4）大量采购是指企业按照生产计划或销售计划进行的采购行为，该采购行为是为了企业的正常运转。（　　）

（5）一般来说物料的采购以内购较为方便与经济。（　　）

二、单选题

（1）以下哪项不是采购的间接作用？（　　）

A．产品的系列化　　B．产品标准化

C．对产品设计和革新的贡献　　D．减少库存

（2）以下哪项不是采购组织设计坚持的原则？（　　）

A．精简的原则　　B．高效的原则

C．责、权对等的原则　　D．统一的原则

（3）以下哪项工作不是采购主管的工作内容？（　　）

A．编制采购计划与预算　　B．审查请购单

C．监督与协调控制交货　　D．物料交期的控制

三、填空题

（1）采购是一个商业性质的有机体为维持正常运转而寻求从体外摄入的过程，分为__________和_________两部分。

（2）采购已经成为企业经营的一个核心环节，是企业获取利润的重要来源，在企业的产品开发、_________、供应链管理及________中起着极其重要的作用。

（3）采购坚持的5R原则分别是适价、_______、适时、_______和_______。

（4）以采购方式分类，采购分为_________和间接采购。

（5）现代采购人员应具备的观念有战略观念、________、市场观念、______、服务观念和创新观念。

四、简答题

（1）采购的地位和作用是什么？

（2）采购的任务是什么？

（3）采购组织的设计原则是什么？

（4）采购人员的素质要求是什么？

技能实训

企业调研

实训目的：

（1）加深学生对采购内涵的理解。

（2）了解采购在企业运营中的价值。

（3）理解采购组织的设计方法。

（4）理解采购人员的职责与需要具备的能力。

（5）培养学生的团队合作精神，提高归纳分析及与人沟通能力。

实训组织：

（1）本着自愿原则，学生 5 人一组，每组设组长 1 名，由组长分工及协调实训小组的实训任务，并带领大家完成实训任务。

（2）实训以实地调查为主，同时通过互联网、问卷调查等方式收集资料，辅助实训任务的完成。

实训项目：

就近推荐各类企业若干家，包括商业连锁企业、小型商业企业、大型制造企业、小型制造企业，或者自主选择调研企业。

实训要求：

（1）明确小组内成员之间的分工，尽可能调动所有成员的参与积极性，达到实训的效果。

（2）了解调研企业采购部门的组织结构、岗位设计及人员配置等相关信息，并做好记录。

（3）小组讨论，整理并统计各成员的发言，以便最后进行比较分析。

实训成果：

（1）小组内讨论，最后撰写企业调研报告。

（2）本着互惠双赢的原则，小组讨论，依据自己的看法，提出企业采购组织运营的改进措施。

实训考核：

（1）实训过程中职业素养是否得到体现。

（2）小组分工是否明确和均衡，小组成员的能力是否得到充分的发挥。

（3）实训方法选择是否得当，操作是否规范。

（4）小组调研报告思路是否清晰，内容是否充实，重点是否突出。

项目 2 采购需求分析与采购预测

工作领域技能需求

（1）作为采购部门的主管/经理，应该能够理解采购需求分析与预测的含义和作用，并且能够选择合适的方法进行采购需求的分析和预测。

（2）作为采购专员，应该能够熟练掌握采购需求分析与预测的具体操作方法，并且能够对比各种方法的优劣。

学习领域知识供应

（1）采购需求分析：采购需求分析的含义、采购需求分析的特点、采购需求分析常用的方法。

（2）采购预测：采购预测的含义、采购预测的作用、采购预测的基本步骤。

学习建议

实地调查一家企业，详细了解该企业是怎样进行采购需求分析与采购预测的。

案例导入

某制药厂开始生产一种新药。为配合新药的生产，厂计划部门指示采购部门每月提供一定规格的瓦楞纸包装纸盒 5000 个。由于采购部过去一直定期向包装车间提供同类型纸盒供其他药品包装，因此并未向计划部门询问新的包装纸盒有无特殊要求，只是简单地向供货商追加了订货数量。但当最终新产品由库房提出准备发货时，发现产品包装纸盒开胶情况严重，达 30%以上。产品未能及时供应客户，药厂受到一定经济损失。事后，厂领导要求采购部查清为何会出现如此严重的供应质量问题，并扣发有关采购人员全季度奖金。采购部门会同纸盒供货商，经多次调查发现，该新药与其他产品不同，要求冷库储存，从入库至发货产品通常要在冷库存放 48 小时以上，普通包装纸盒在此冷藏条件下易开胶。供货商提供适合冷藏的包装纸盒后，开胶现象未再出现。

想一想：

出现这个问题的根本原因在哪里？

2.1 采购需求分析

2.1.1 采购需求分析的含义

采购需求分析，是指根据客户的需求历史或生产计划等划出需求规律，然后预测客户下一个阶段的需求品种和需求量，最后主动地组织采购订货，安排采购计划。

采购需求分析的任务就是解决“做什么”的问题，即全面地理解需求者的各项要求，并准确地表达需求者的需求。通过对需求者的需求情况进行分析，找出需求规律，从根本上弄清他们需要什么、需要多少、什么时候需要等问题。

在极简单的情况下，需求分析是很简单的。例如，在单次、单一品种需求的情况下，需要什么、需要多少、什么时候需要的问题非常明确，不需要进行复杂的需求分析就清楚了。

在较复杂的采购情况下，需求分析就变得十分必要了。例如，一个汽车制造企业，有上万个零部件，有很多车间、很多工序，每个车间、每个工序生产这些零部件都需要不同品种、不同数量的原材料、工具、设备、用品，在不同时间需求不同的品种。这么多零部件，什么时候需要什么材料、需要多少、哪些品种要单独采购、哪些品种要联合采购、哪些品种先采购、哪些品种后采购、采购多少，如果对这些问题不进行认真的分析研究，就不可能进行科学的采购工作。

在企业采购中，采购人员往往接到的是一个已经做好了的物料申请单，上面已经标明了要采购什么、采购多少、什么时候采购，采购人员只要照单买货就行了，根本就不需要进行需求分析。这样一来，从事这种照单办事的采购员就形成了不需要进行需求分析就可以进行采购的想法。事实上，虽然采购员没有进行需求分析，但是开出那张采购单的人已经进行了详细的分析，因此，采购需求分析是进行采购工作的第一步。

2.1.2 采购需求分析的特点

资料 2-1
一般采购
周期示意图

1. 采购需求分析涉及面广

采购需求分析涉及整个企业的各个部门，各道工序，各种材料、设备和工具，以及办公用品等各种物资，其中最重要的是生产所需的原材料。

2. 采购需求分析要求具备全面的知识

要具备生产技术方面的知识、生产产品和加工工艺的知识，并且要求会看图纸，会根据生产计划及生产加工图纸推算出物料需求量；要掌握数理统计方面的知识，会进行物料性质、质量的分析及进行大量的统计分析；还要具备管理方面的知识。

2.1.3 需求分析常用的方法

1. 运用采购需求表

要进行采购，首先需要解决采购什么、采购多少、什么时候采购的问题。而要解决这个问题，就是要解决采购员所代理的全体需求者究竟需要什么、需要多少、什么时候需要的问题。

解决这个问题，在企业中传统的做法是让企业各个单位层层上报“采购需求表”（如图 2-1 所示）。有的是定期报，如本周报下周的计划、这个月报下个月的计划、今年报明年的计划；有的是不定期报，什么时候想起来需要买什么东西，就填一张“采购需求表”，把它交到采购部。

采购需求表

编号: 年 月 日

类 别	编 号	名称及规格	单 位	数 量	需用日期			需求原因及用途	备 注
					年	月	日		

注：1. 请购单一式二联，第一联归请购部；第二联归审批部。
2. 如果货品不符合要求，本公司有权拒绝收货。

需求部门： 审批负责人签字：

日期： 年 月 日 日期： 年 月 日

图 2-1 采购需求表

采购部收齐了这些采购需求表以后，把所有需要采购的物资分类整理，统计出来，这样就弄清了需要什么、需要多少、什么时候需要的问题。

这样的操作过程虽然可以达到解决问题的目的，但存在以下几个弊病。

1）这种方式兴师动众，往往要麻烦很多人，造成了人力资源的浪费。

2）只要有一个部门的采购需求表没收齐，采购部就不能进行需求的整理统计，不能得出统一的需求计划，往往贻误最佳采购时机。

3）交上来的表往往不准确、不可靠，给采购效果带来许多不稳定因素。

2. 统计分析

在采购需求分析中用得最多、最普遍的方法就是统计分析。统计分析的任务是根据一些原始材料来分析出客户的需求规律。在实践中，统计分析通常有以下两种方法。

1）对采购申请单汇总统计。现在一般的企业采购都是这样的模式：要求下面各单位每月提交一份采购申请表，提出每个单位自己下个月的采购品种数量。然后采购科把这些表汇总，得出下个月总的采购任务表，再根据此表制订下个月的采购计划。

2）对各个单位的销售日报表进行统计。对流通企业来说，每天的销售就是用户对企业物资的需求，需求速率的大小反映了企业物资的消耗快慢。因此，从每天的销售日报表中就可以统计得到企业物资的消耗规律。消耗的物资需要补充，也就需要采购。因此，物资消耗规律也就是物资采购需求的规律。

3. 采用 ABC 分析法

一个企业除了生产所需要的原材料外，还有办公用品、生活用品等，因此需要采购的物资品种是很多的。但是，这些物资的重要程度都是不一样的。有的特别重要，一点都不能缺货，一旦缺货将造成不可估量的损失；有些物资则相对不那么重要，即便缺货也不会造成太大的损失。

面对这样的情况，采购人员在进行采购管理时该怎么处理呢？这时最有效的方法就是采用 ABC 分析法，将所面对的成千上万的物资品种进行 ABC 分类，并且按类别实行重点管理，用有限的人力、物力、财力去为企业获得最大的效益。

在实际运用过程中，ABC 分析法通常可以参照以下步骤进行。

1）为确定 ABC 分类，首先要选定一个合适的统计期。在选定统计期时，应遵循几个基本原则：比较靠近计划期；运行比较正常；通常情况取过去一个月或几个月的数据。

2）分别统计各种物资在该统计期中的销售量（或采购量，下同）、单价和销售额，并制作一张 ABC 分析卡（见表 2-1），填上品名、销售数量、销售金额。

表 2-1　ABC 分析卡

编号：	名称：		规格：		顺序号：	
单价（元）	数量	单位	金额（元）	在库天数	周转次数	货损率（%）

3）将 ABC 分析卡按销售额由大到小的顺序排列，并按此顺序号将各物资填上物料编号。

4）把所有 ABC 分析卡依次填写到 ABC 分析表（见表 2-2）中，并进行累计统计。

表 2-2　ABC 分析表

编号	名称	品种数	品种数累计（%）	单价（元）	平均库存量	平均资金占用额（元）	平均资金占用额累计（%）	分类结果

4. 物资消耗定额管理

物资消耗定额管理也是一种需求分析的好方法。通过物资消耗定额，就可以根据产品的结构零部件清单或工作量求出所需原材料的品种和数量。

所谓物资消耗定额，是在一定的生产技术组织的条件下，生产单位产品或完成单位工作量所必须消耗的物资的标准量，通常用绝对数表示，如制造一台机床或一个零件消耗多少钢材、生铁；有的也可用相对数表示，如在冶金、化工等企业里，用配料比、成品率、生产率等表示。

在实际操作中，物资消耗定额管理通常有以下 3 种方法。

（1）技术分析法。技术分析法具有科学、精确等特点，但在操作过程中，通常需要精确计算，工作量比较大。在应用中，通常可参照以下步骤。

1）根据产品装配图分析产品的所有零部件。

2）根据每个零部件的加工工艺流程得出每个零部件的加工工艺。

3）对于每个零件，考虑从下料切削开始一直到后面所有各道加工的切削完成形成零件净尺寸 D 为止所有切削的尺寸留量 d。

4）每个零件的净尺寸 D 加上所有各道切削尺寸留量 d 之和，就是这个零件的物料消耗定额 T：

$$T=D+\sum d_i \quad (i=1,2,3,4)$$

式中，切削留存量包括：

- d_1：加工尺寸留量。选择材料直径、长度时，总是要比零部件的净直径、净长度要大，超过的部分就是加工切削的尺寸留存。
- d_2：下料切削留量。下料时，每个零部件的毛坯都是从一整段原材料上切断而得到的。切断每段毛坯都要损耗一个切口宽度的材料，这就是下料切削留量。
- d_3：夹头损耗。一整段材料可能要切成多个零部件毛坯。在切削成多个毛坯时，总是需要用机床夹具夹住一头。如果最后一个毛坯不能掉头切削，则这个材料的夹头部分就不能再利用而成为一种损耗，这就是夹头损耗。
- d_4：残料损耗。在将一整段材料切削成多个毛坯时，也可能出现 n 个工艺尺寸不能刚好平分一整段材料而剩余小部分不能够利用的情况，这就是残料损耗。

【例 2-1】一个锤子，由铁榔头和一个檀木木柄装配而成，檀木木柄净尺寸为 $\Phi30\times250$mm，由 435mm 长的圆木加工而成，平均每个木柄下料切削损耗 5mm，长度方向切削损耗 5mm，外圆切削损耗 2.5mm，夹头损耗 30mm，平均残料损耗 10mm。铁榔头由 $\Phi50$ 的 A4 钢材切成，坯料经锻压加工而成。加工好的铁榔头净重 1000g，锻压加工损耗 200g，柄孔成型加工损耗 200g，下料损耗 200g，夹头损耗为 0，残料损耗为 0。求这种锤子的物资消耗定额。如果下月需要加工 1000 个锤子，问需要采购多少物料。

计算资料和结果见表 2-3。

表 2-3　物资消耗定额计算

产品名称			锤　子						下月生产计划（1000）
材料名称	规格	计算单位	净尺寸净重	下料损耗	加工切削损耗	夹头损耗	残料损耗	物资消耗定额	采购需求量
檀木原木	Φ30	m	0.25	0.005	0.005	0.03	0.01	0.3	300
圆钢 A4	Φ50	kg	1	0.2	0.2+0.2	0	0	1.6	1600

求出锤子的物资消耗定额为：Φ35 檀木 0.3m，A4 Φ50 圆钢 1.6kg。月产 1000 个锤子，采购需求量为：Φ35 檀木 300m，A4Φ50 圆钢 1600kg。

（2）统计分析法。统计分析法是根据以往生产中物资消耗的统计资料，经过分析研究并考虑计划期内生产技术组织条件的变化等因素而制定定额的方法。统计分析法以大量详细可靠的统计资料为基础。例如，某企业要制定某种产品的物料消耗定额，采购人员可以根据过去一段时间仓库的领料记录和同期间内产品的产出记录进行统计分析，求出平均每个产品的材料消耗量，这个平均消耗量就可以看成该产品的物料消耗定额。

（3）经验估计法。经验估计法是根据技术人员、工人的实际生产经验，参考有关的技术文件和考虑企业在计划期内生产条件的变化等因素制定定额的方法。这种方法简单易行，但缺乏较为严密的科学性，因而通常精确度不高。

5. 推导分析

所谓推导分析，就是根据企业的主生产计划来进行需求分析，求出各种原材料、零部件的需求计划的过程。推导分析不能凭空想象，也不能靠估计，一定要进行严格的推算。

推算所依据的主要资料和步骤如下。

（1）制订主产品生产计划。所谓主产品就是企业提供给消费者的最终产品。主产品生产计划主要是根据社会对主产品的订货计划及社会维修业所提出的零部件的订货计划共同生成的。主产品生产计划表明每种物资需要的数量和时间。

（2）制订主产品的结构文件。这是指推导分析出装配主产品需要哪些零件、部件、原材料，哪些要自制、哪些要外购，自制件在制造过程中又要采购什么零件、部件、原材料等。这样逐层分析得出主产品的结构层次。每个层次的每个零部件都要标出需要数量、自制或外购及生产提前期或采购提前期。所有自制件都要分解到最后的原材料层次，这些原材料层一般是底层，一般都是需要采购的。

由主产品结构文件可以统计得出一个完整的资料：为了在某个时间生产出一个主产品需要分别提前多长时间采购一些什么样的部件、零件和原材料，需要采购多少。把这些资料形成一个表，就是主产品零部件生产采购一览表。

（3）制定库存文件。采购人员到仓库保管员处调查了解主产品零部件生产采购一览表中所有部件、零件、原材料的现有库存量及消耗速率。经过整理得到库存文件，即主产品零部件库存一览表。

根据以上3项原始资料，求出各项物料、各个时间段内的净需求量和计划交付量。

【例2-2】某企业的主产品A由两个B和1个C组成，而1个B由1个D和两个E组成，1个D由2.5kg F加工得到，而C、E、F都通过外购获得。主产品A的结构文件如图2-2所示。

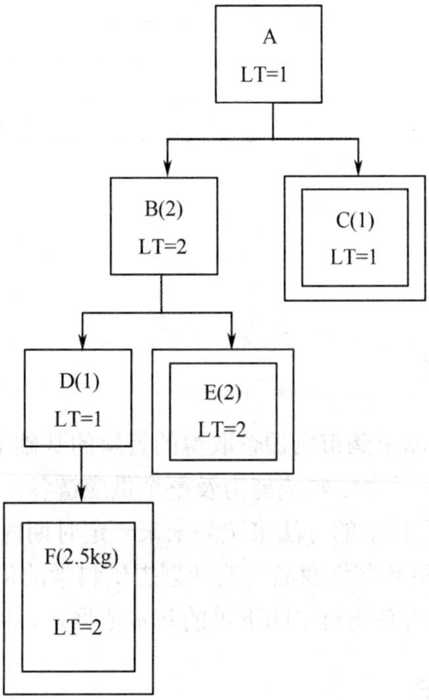

图2-2 主产品A的结构文件

图2-2中，A、B、C、D、E、F为产品名；括号内的数字表示一个上级产品中所包含的本产品的件数；LT表示提前期，单位为天；双线框表示外购件，单线框表示自制件。

根据主产品结构文件，可以得到主产品零部件数量一览表，见表2-4。

表2-4 主产品A零部件一览表

零部件名	数 量（个）	自 制	外 购	提前期（天）
B	2	√		2
C	1		√	1
D	2	√		1
E	4		√	2
F	5 kg		√	2

主产品需求计划和零部件外订计划见表2-5。

表2-5 主产品需求计划和零部件外订计划

时 期（周）	第1周	第2周	第3周	第4周	月 合 计
A出产（件/周）	25	15	20	15	75
C外订（件/周）	15		15		30
E外订（件/周）		20		20	40

根据表 2-4 和表 2-5，可以求出所有需要采购的零部件的数量，见表 2-6，这就是下个月需要采购的零部件任务单。

表 2-6　采购零部件一览表

零 部 件 名	下月需要数量
C	75×1+30=105（个）
E	75×4+40=340（个）
F	5 kg×75=375（kg）

2.2　采购预测

2.2.1　采购预测的含义

采购预测就是指在商品采购市场调查取得的资料的基础上，综合考虑行业大环境、季节变化、安全库存、工厂产能、物流能力及整个供应链各个环节的负荷能力等相关因素，经过分析研究，并运用科学的方法来预测未来一定时期内商品市场的供求及其变化趋势，从而为商品采购决策和制订商品采购计划提供科学的依据，实现销售利润等一系列目标的过程。它是公司所有物料采购下单的基本依据。

2.2.2　采购预测的作用

采购预测有助于掌握技术和产品发展的方向及速度，发现市场供求变化和发展的规律性，为制订采购计划、决定采购策略、搞好企业经营、提高经济效益提供重要信息；有助于掌握产品处于生命周期的哪个阶段，以决定采购策略，防止采购技术落后；有利于掌握生产厂家的生产潜力，在采购时做到心中有数；有助于把握市场采购机会，避开或减少采购风险。

2.2.3　采购预测的基本步骤

1．确定预测目标

预测目标有一般目标和具体目标之分。一般目标往往比较笼统、抽象，如反映市场变化趋势、市场行情变动、供求变化等；具体目标是进一步明确为什么要预测、预测什么具体问题、要达到什么效果。

抽象的预测目标往往出现抽象的命题，如未来企业经营状况、供应商的变化、未来企业采购绩效等。这就需要把命题转化为可操作的具体问题。例如，经营状况可分解为销售量、销售率、利润额、供给量、合同出现率、采购量、价格与成本变动程度等，否则将无法选择重点、舍弃类似项目。选择重点的方法很多，可以以商品为重点，选择销售量较大的商品或供不应求的商品、价值较高的商品、利润较大的商品；可以偏重竞争问题，也可以偏于商品质量问题、企业形象问题、产品更新问题。

2．收集、分析资料

（1）收集资料。

市场预测建立在对客户事实分析的基础上，资料充分，可以从不同侧面、不同角度分析市场变化规律，使预测的现象趋势更加客观。资料真实，可以保证预测结果的准确性，减少非随机性误差。收集资料的过程就是调查过程。按照预测目的，主要收集以下两类资料。

1）现象自身的发展过程资料。现象发展具有连贯性。现象未来变动趋势和结果必定受该现象现实情况、历史情况的影响，因此要收集预测对象的历史资料和现实资料。

2）影响现象发展的各因素资料。现象发展具有关联性特点。一种现象的变动往往受许多因素或现象变动的共同影响，因此要收集与预测对象相联系的、影响较大的各因素资料，同样包括现实资料和历史资料。例如，预测汽车价格变化，则要收集主要石油生产国的产量变化、主要石油消耗国的制造业（如汽车业）产量变化、石油消耗量变化、石油输出国组织的政策变化及有关国家的能源政策等资料。

收集的预测资料可以是各种文献记录的第二手资料，也可以直接组织调查以获取第一手资料，收集的资料必须符合预测目标要求，要真实、全面、系统，不可残缺不全，也不宜过多，收集的资料要进行有用性的各项审查，然后分类整理，使之系统化。

资料 2-2 一手资料和二手资料的区别

（2）分析资料。

预测一般是根据现象发展的规律来测定未来趋势。对调查收集的资料只有经过综合分析、判断、归纳、推理，才能正确了解现象之间是否存在联系，如何联系，才能发现现象演变的规律性表现，分析判断是靠预测人员的知识、经验进行的。预测人员在分析资料之后，判断具体市场现象的运行特点和规律，判断市场环境和企业条件变化与影响程度，然后直接估计未来，或者确定现象演变模型，据此开展预测。预测离不开分析，分析工作的主要内容有以下 3 点。

1）分析观察期内影响市场诸因素与采购需求的依存关系。

2）分析预测产供销关系。产供销是一个有机整体，相互依存。采购预测的关键是分析生产与市场需求的矛盾和流通渠道的变化。生产环节主要分析生产与市场需求的矛盾和供需结构适应程度，以及生产能力的变化，供应环节主要分析原材料、设备的产量及消耗使用量的变化。

3）分析消费心理、消费倾向的变化趋势。居民收入水平和工资的变化、文化环境的变动、营销广告和促销努力程度及消费观念的转变等，都可能导致采购需求和需求结构的变化。

3．选择市场预测方法

市场预测方法很多，按照分析市场现象特征不同，可分为定性分析预测法和定量分析预测法。

（1）定性分析预测法。

定性分析预测法是从市场现象的实质特点方面进行分析判断，然后做出预测的方法。定性预测依靠预测者的知识、经验和综合判断能力，根据历史资料和现实资料，对市场现象性质的变化进行推断。定性预测方法比较简单、省时间、省费用，对现象发展的方向把握较准确，它还可用于难以量化的现象预测。但定性预测容易受到预测者主观情绪的影响，必要时可与定量分析预测法结合使用。定性分析预测的具体方法很多，有集合意见法、专家预测法等。

1）集合意见法。该法是由调查人员召集企业内部或企业外部的相关人员，根据个人对事件的接触与认识、市场信息、资料及经验，对未来市场做出判断预测，并加以综合分析的一种预测方法。

2）专家预测法。该法是以专家为索取信息的对象，运用专家的知识和经验，考虑预测对象的社会环境，直接分析研究和寻求其特征规律并推测未来的一种预测方法。

（2）定量分析预测法。

定量分析预测法对市场现象的性质、特点、关系进行分析后，建立数据模型，进行现象数量变化预测。定量分析预测法又分为时间序列预测法和因果关系预测法：

1）时间序列预测法。时间序列也叫时间数列、历史复数或动态数列。它是将某种统计指标的数值按时间先后顺序排列所形成的数列。时间序列预测法就是通过编制和分析时间序列，根据其所反映出来的发展过程、方向和趋势，进行类推或延伸，借以预测下一段时间或以后若干年内可能达到的水平。时间序列预测法的实施步骤如下。

①收集历史资料，加以整理，编成时间序列，并根据时间序列绘成统计图。时间序列分析通常把各种可能发生作用的因素进行分类，传统的分类方法按各种因素的特点或影响效果分为四大类：长期趋势、季节变动、循环变动和不规则变动。

②分析时间序列。时间序列中每一时期数值都是许许多多不同的因素同时发生作用后的综合结果。

③求时间序列的长期趋势（t）、季节变动（s）和不规则变动（i）的值，并选定近似的数学模式来代表它们。对于数学模式中的诸未知参数，使用合适的技术方法求出其值。

④利用模型来预测未来的长期趋势值 T 和季节变动值 S，在可能的情况下预测不规则变动值 I。然后用以下模式计算未来时间序列的预测值 Y。

加法模式：

$$T+S+I=Y$$

乘法模式：

$$TSI=Y$$

如果不规则变动的预测值难以求得，就只求长期趋势和季节变动的预测值，以两者相乘之积或相加之和为时间序列的预测值。如果经济现象本身没有季节变动或不需预测分季分月的资料，则长期趋势的预测值就是时间序列的预测值，即 $T=Y$。但要注意这个预测值只反映现象未来的发展趋势，即使很准确的趋势线在按时间顺序的观察方面所起的作用，本质上也只是一个平均数的作用，实际值将围绕它上下波动。

2）因果关系预测法。该法先分析影响市场变动的原因及影响因素，分析影响方向、程度与形式，分析原因与结果的联系结构，然后建立适合的数学模型，以原因的变动来测算变化趋势和结果的可能水平。

4．修正预测结果

按照预测方案和选定的预测方法，对资料进行分析判断和计算预测值，即可形成初步预测结果。预测结果要达到100%准确、完全符合未来实际是不可能的，一般能达到90%左右的准确程度就相当成功了。预测结果与实际的差别为预测误差。超过10%的预测误差主要受以下因素的影响：其一，预测所用资料不完全或不真实；其二，预测人员素质偏低、能力不足；其三，受预测模型影响，选定的预测模型或新建立的预测模型本身有误，或者与现象实际运动特点出入过大；其四，预测现象所处外部环境条件或内部因素发生显著变化。

预测结果出现较小误差是允许的，也是必然的，可以根据预测现象和影响因素出现的先兆估计预测结果的变化程度；也可以采用多种方法预测，然后比较各方法预测的可信度；还可以针对定量预测结果，运用相关检验、假设检验、差值检验（或方差检验）等方法分析预测误差。分析误差大小最常用的方法是利用已定的预测方法或模型，对现期或近期的现象进行预测，然后将预测结果与观察的实际结果进行比较，误差过大的应予以放弃或修正。

5．做出最终预测

依据原选定的资料和方法，如果预测结果误差稍大于允许值，可通过分析原因后进行调整；如果误差大幅度超过允许值，并且不存在资料记录、计算笔误，则原预测结果应推倒重来。重新预测之前要对原预测方案的可靠性进行分析，对预测所用资料进行审核。方法正确，资料不全、不实的重选资料按原方法进行预测。方法不符合市场现象运行特点的要按既定预测目标重新选定，然后重新收集所需资料，按新方法进行预测，直至预测结果接近实际值为止，以此作为预测最终结果。

思考题

一、判断题

（1）主产品生产计划主要根据社会对主产品的订货计划及社会维修业所提出的零部件的订货计划共同生成。（ ）

（2）采购预测是公司所有物料采购下单的基本依据。（ ）

（3）定量预测分析法是从市场现象的实质特点方面进行分析判断，然后做出预测的方法。（ ）

（4）时间序列预测法是一种历史资料延伸预测，也称历史引申预测法。（ ）

（5）预测结果出现较小误差是不允许的。（ ）

二、单选题

（1）下列哪种方法不是物资消耗定额管理通常使用的方法？（ ）

A．技术分析法　　B．统计分析法

C．专家判断法　　D．经验估计法

（2）推导分析所依据的主要资料不包括（ ）。

A．主产品生产计划　　B．客户的订单

C．产品的结构文件　　D．库存文件

（3）（ ）是公司所有物料采购下单的基本依据。

A．采购预测　　B．客户的订单

C．需求分析　　D．库存文件

（4）以下哪种分析方法是定性分析法？（ ）

A．时间序列预测法　　B．因果关系预测法

C．统计分析法　　D．专家预测法

三、填空题

（1）__________是指根据客户的需求历史或生产计划等求出需求规律，然后预测客户下一个阶段的需求品种和需求量，最后主动地组织采购订货、安排采购计划。

（2）__________是进行采购工作的第一步。

（3）__________是根据以往生产中物资消耗的统计资料，经过分析研究并考虑到计划期内生产技术组织条件的变化等因素而制定定额的方法。

（4）__________是根据企业的主生产计划来进行需求分析，求出各种原材料、零部件的需求计划的过程。

四、简答题

（1）采购需求分析的特点有哪些？

（2）采购需求分析常用的方法有哪些？

（3）采购预测的作用有哪些？

（4）采购预测的基本步骤是什么？

技能实训

企 业 调 研

实训目的：

（1）加深学生对采购需求分析和采购预测内涵的理解。

（2）理解采购需求分析中常用的方法。

（3）理解采购预测的基本步骤。

（4）培养学生的团队合作精神，提高归纳分析及与人沟通能力。

实训组织：

（1）本着自愿原则，学生 5 人一组，每组设组长 1 名，由组长分工及协调实训小组的实训任务，并带领大家完成实训任务。

（2）实训以实地调查为主，同时通过互联网、问卷调查等方式收集资料，辅助实训任务的完成。

实训项目：

就近推荐各类企业若干家，包括商业连锁企业、小型商业企业、大型制造企业、小型制造企业，或者自主选择调研企业。

实训要求：

（1）明确小组内成员之间的分工，尽可能调动所有成员参与的积极性，达到实训的效果。

（2）了解调研企业采购部门如何进行采购需求分析与采购预测，都采用了什么方法，并做好记录。

（3）小组讨论，整理并统计各成员的发言，以便最后进行比较分析。

实训成果：

（1）小组内讨论，最后撰写企业调研报告。

（2）本着互惠双赢的原则，小组讨论，依据自己的看法，提出企业采购需求分析的改进措施。

实训考核：

（1）实训过程中职业素养是否得到体现。

（2）小组分工是否明确和均衡，小组成员的能力是否得到充分的发挥。

（3）实训方法选择是否得当，操作是否规范。

（4）小组调研报告思路是否清晰，内容是否充实，重点是否突出。

项目 3 选择采购模式

工作领域技能需求

（1）作为采购主管/经理，应该能够组织供应市场调查，熟悉市场需求计划，了解各种采购模式在供应市场上的发展趋势。

（2）作为采购主管/经理，应该能够根据实际情况分析市场需求、生产需求，确定订单需求，进行采购战略的确定。

学习领域知识供应

（1）采购模式概述：采购模式的含义、传统采购模式、现代采购模式。

（2）集中采购与分散采购：两者的概念、优势、适用范围、实施步骤等。

（3）订货点采购：定期订货、定量订货。

（4）JIT 采购和 ERP 采购：JIT 采购的定义与原理、ERP 采购的定义与模块等。

（5）招标采购：招标采购的基础、分类与实施等。

（6）供应链采购与电子采购：供应链采购、电子采购。

学习建议

上网查找各企业采购模式选择的成功案例与失败案例，仔细体会各企业适合的采购模式，并尝试角色扮演采购人员为本企业选择合适的采购模式。

案例导入

沃尔玛：都是集中采购惹的祸

高效的物流和供应链管理系统是沃尔玛的核心竞争力，上海等地出现的配送问题反映了沃尔玛在中国的典型问题：如何把美国本土的核心竞争力移植到中国。提升中国的业绩是沃尔玛面临的首要课题。

这还是沃尔玛吗

当口渴难耐的你走入开足冷气的沃尔玛商场时，会相信世界排名第一的超市内，竟找不到一瓶市面上最常见的统一冰绿茶？

事实上，这一幕已经在上海沃尔玛超市上演。

8 月 15 日，记者来到位于浦东临沂北路、龙阳路路口的沃尔玛购物广场，看到缺货情况十分严重。连统一冰红茶、冰绿茶，康师傅冰红茶等夏季常见商品也在缺货之列。记者就此询问沃尔玛一位内部人士时得知，上海沃尔玛缺货的事情已经反映给公司总部，但目前还没有得到任何通知。

都是集中采购惹的祸

当记者以顾客身份向上海沃尔玛超市主管抱怨缺货时，主管始终保持着沃尔玛著名的“三米微笑”向记者解释缺货的原因，“上海这家店刚刚开业，来的顾客太多，货物准备不足，等客流量平稳了就会好起来。”

据悉，上海沃尔玛购物广场已经刷新了沃尔玛中国地区单日销售额的最高纪录。开业头几天，有时一天的营业额高达 240 多万元，如此高的营业额让开业时前来督战的沃尔玛高层们喜上眉梢。

但好景不长。几天以后，上海沃尔玛开始出现缺货现象。记者在现场调查时发现，最早 8 月 4 日就缺货的鼎丰黄豆酱油，直至 8 月 15 日仍然没有到货。而一些标明 8 月 12 日到货的商品，8 月 15 日同样处于缺货状态。

与此同时，有上海零售商也表明自己无意进入沃尔玛。他们的理由很简单，沃尔玛在上海仅有一家购物广场，规模优势并不明显，加上沃尔玛一贯苛刻的配送要求，上海本地供应商在沃尔玛的地头赚不了太多。如此，一些上海本地供应商干脆选择退出沃尔玛购物广场。据了解，十多天尚未补货的上海鼎丰黄豆酱油生产商也是选择退出的商家之一。

“沃尔玛现有的采购配送模式不能保证上海购物广场的准时补货。”业内人士介绍，沃尔玛天天平价的背后，其实是出色的物流配送（存活补充）能力。但是，在中国市场上，沃尔玛灵活高效的物流配送受到很大制约。

在美国，沃尔玛通常设立一个区域性的配送中心，然后在其周围密集建店。利用统一采购和配送来降低成本，提高物流效率。不过在中国，由于政策的原因，在某一区域密集建店的情形还很难成为现实。如此，统一采购便失去了其生存的土壤，成本也得不到降低。

据了解，目前沃尔玛在中国只有深圳和天津两个配送中心，这两个配送中心承担了为全国 48 个店面进行统一采购和配送的任务，而上海的购物广场统一由深圳配送中心进行采购和配送。

“配送中心都有一个辐射范围。”麦德龙供应链经理龚庆国向记者表示，深圳到上海的距离已经超过了配送中心能够辐射的合理距离，这样不仅配送成本上升，补货时间也得不到保证。

除此之外，中国消费者的消费方式也对沃尔玛的统一采购配送模式提出了新的挑战。相对欧美消费者带有很强目标性的购物方式，中国消费者则具有很大的随意性。而且，中国各地消费者的喜好有很大差异性，这也为沃尔玛全国统一采购配送增添了难度。

本地采购困境。

习惯了统一采购的沃尔玛在市场现实之下必须学会本地采购。有业内人士表示，在中国市场，沃尔玛希望通过统一采购的模式降低成本并实现连锁经营，实施“中央控制门店执行”。但是，这种统一采购模式显然还不适用于目前的中国市场。

相对而言，沃尔玛在中国最大的竞争对手家乐福则显得从容很多。其在中国市场采用的单店管理模式，使每家店面都拥有独立的采购和销售体系，相较于沃尔玛的统一采购配送模式，在中国市场中拥有更大的灵活性。

事实上，沃尔玛在统一采购方面也开始动摇。据了解，在上海沃尔玛购物广场中，已经有 30%的商品是在上海本地采购的。550 多家上海供应商几乎包揽了生鲜、土特产类商品的输送。

不过，在沃尔玛小心翼翼地试探本地采购的策略时，也遇到了意想不到的问题。“为解决缺货问题，上海沃尔玛对一些缺货商品进行本地采购。”上海沃尔玛购物广场的一位酒水主管向记者介绍，这次的本地采购却差点儿酿成大错。两周前，上海沃尔玛在上海本地采购了一批光明奶粉，却发现是假冒伪劣产品，随后紧急撤柜。

在沃尔玛统一采购的商品中，极少出现假冒商品。沃尔玛的采购中心负责整个公司的产品采购，只有少数产品可以从加工厂直接送到店面。供应商把商品送到配送中心后，沃尔玛的检验部门会运用多种技术手段对商品质量进行严格检验，防止假冒伪劣商品进入超市。

“想要实现本地采购，还需建立一套行之有效的本地采购流程。”龚庆国表示，本地采购需要在各地成立专业采购部门，否则类似上海本地采购假光明奶粉的事件将层出不穷，大大增加企业运营风险。

另外，本地采购还要面临供应商物流效率低下的问题。上海沃尔玛店对于本地采购的商品，都要求供应商直接配货至门店。而沃尔玛对商品配送的要求极为严格，规定时间送到的货物超过一分钟都拒不收货。“供应商的物流效率很难达到沃尔玛的要求。”龚庆国笑言，对想要做好本地采购的沃尔玛而言，除了专业的本地采购部门之外，还需要充当一位老师的角色，教会他的供应商们如何做好物流。

资料来源：https://wenku.baidu.com/view/31213c41be1e650e52ea9921.html

想一想：

这个案例给了我们什么启示？

3.1 采购模式概述

3.1.1 采购模式的含义

采购模式是采购主体获取资源或物品、工程、服务的途径、形式与方法。它决定企业能否有效地组织、控制物品资源，以保证其正常的生产经营及较大利润空间的实现。

3.1.2 常见采购模式

1. 传统采购模式

最常见的企业采购的工作方式就是：每个月的月末，企业各单位申报下月的采购申请计划，然后由采购管理部门把各单位的采购申请计划汇总，形成一个统一的采购计划。根据这个采购计划，分别派人出差或到各供应商那里订货。然后策划组织运输，将所采购的物资运输回来并验收入库，存放于企业的仓库中，满足下个月对各单位的物资供应。这种采购形式就是早期出现在我国企业中的采购模式——传统采购模式。传统采购模式的主要特点如下。

（1）采购过程中，采购、供应双方都不进行有效的信息沟通。在传统的采购过程中，选择供应商是一个首要任务。在采购过程中，采购一方为了能够从多个供应商中选择一个最优的供应商，往往会保留私有信息，因为给供应商提供的信息越多，供应商的竞争筹码就越大，这样对采购一方越不利。因此，采购一方尽量保留私有信息，而供应商也在和其他供应商的竞争中隐瞒自己的信息。这样，采购、供应双方都不进行有效的信息沟通，供应链上的各级企业都无法共享需求、库存信息，各级节点企业都独立地采用订货点技术进行库存决策，不可避免地会产生需求信息的扭曲现象。

（2）交货期和质量控制靠采购部门事后把关。采购中要考虑的另外两个重要因素是质量与交货期。但是，在传统的采购模式下，要想有效控制质量和交货期，只能通过事后把关的办法，因为采购一方很难参与供应商的生产组织过程和有关质量控制活动，采购、供应双方的工作是不透明的。因此，需要通过各种有关标准，如国际标准、国家标准等，进行检查验收。缺乏合作的质量控制会导致采购部门对采购物品质量控制的难度增加。

（3）供应商与需求企业之间是一种简单的买卖关系。在传统的采购模式中，供应方与需求方之间的关系只是一种简单的买卖关系，合作也是临时性的，或者短时间的，而且竞争多于合作。由于缺乏合作与协调，采购过程中各种抱怨和扯皮的事情比较多，很多时间消耗在解决日常事务性问题上。没有更多的时间用来做长期性预测与计划协作，供应与需求之间这种缺乏合作的气氛增加了许多运作中的不确定性。

（4）供应商对采购部门的要求不能做出实时响应。在传统采购模式中，供应商对制造过程的信息不了解，也无力关心制造商的生产活动。由于供应与采购双方在信息沟通方面缺乏及时的信息反馈，即使在市场需求发生变化的情况下，采购方也不能改变与供应方已有的订货合同，因此采购方在需求减少时出现库存增加或需求增加时出现供不应求、重新订货需要增加谈判过程。

这种以各单位的采购申请计划为依据，以填充库存为目的的采购模式，其管理比较简单，不需要企业投入大量的软/硬件设备，但是容易产生库存量大、资金积压多、库存风险大等问题。所以，这种传统模式逐渐被现代采购模式所淘汰。但仍然有一些规模小的企业在沿用这种传统模式，这主要是考虑到企业的成本和规模等问题。相对于那些较先进的模式，采用这种传统模式会给这些企业带来利大于弊的效果。

2. 现代采购模式

现代采购模式是指运用现代科学的采购技术和方法，通过计算机网络实现信息收集、供应商选择、采购、运输、库存，全过程实现信息化、网络化，最大限度地满足采购需要，降低采购物流成本，实现采购目标的过程。科学的采购技术和方法主要有：集中采购、分散采购、JIT 采购、ERP 采购、订货点采购、供应链采购、电子采购和招标采购等。现代采购模式有如下优势。

（1）降低采购成本。可以扩大供应商比价范围，提高采购效率，降低采购成本，突破传统采购模式的局限，从货比三家到货比百家、千家，大幅减少采购费用，降低采购成本，大大提高采购效率。

（2）实现采购过程的公开化。有利于实现实时监控，使采购更透明、更规范。

（3）实现采购业务操作程序化。采购业务必须按软件规定流程进行，大大减少了采购过程的随意性。

（4）促进采购管理定量化、科学化。实现信息的大容量和快速传送，为决策提供更多、更准确、更及时的信息，决策依据更充分。

（5）生产企业可以由“为库存而采购”转变为“为订单而采购”。在电子商务模式下，采购活动是以订单驱动方式进行的。用户需求驱动制造订单的产生，制造订单驱动采购订单的产生，采购订单再驱动供应商生产，该模式可以即时响应用户需求，降低库存成本，提高采购速度和库存周转率。参与采购的供需双方进入供应链，从以往的“输赢关系”变为“双赢关系”。供需双方之间建立起长期的、互利的合作关系，使自己在供应链中成为不可替代的角色。

（6）实现采购管理向外部资源管理转变。由于与供需双方建立起长期的、互利的合作关系，因此可以及时将质量、服务、交易期的信息传送给供方，使供方严格按要求提供产品与服务。根据生产需求协调供应商的计划，实现准时化采购。电子商务采购为采购提供了全天候、超时空的采购环境，即 365×24 小时的采购环境。该方式降低了采购费用，简化了采购过程，大大降低了企业库存，使采购交易双方易于形成战略伙伴关系。从某种角度来说，电子商务采购是企业的战略管理创新。

3.2 集中采购与分散采购

3.2.1 集中采购

1. 集中采购的含义

集中采购是指企业在核心管理层建立专门的采购机构，统一管理企业所需物品的采购业务。根据采购方主要是为集团内的其他公司采购还是为本公司内的其他部门采购，可将集中采购的组织模式区分为集团级的集中采购和公司级的集中采购。集团级采购中，需求方是集团各部门或集团下属公司，采购方是集团专门的集中采购机构；公司级的集中采购即在一个公司内由统一的采购部门负责为其他部门集中采购物资。

2. 实施集中采购的优点

实施集中采购，对采购企业来说可以获得供应商的价格折扣，降低采购成本；有利于企业与供应商之间建立良好的合作关系；适合采取公开招标、集体决策的方式，有利于采购质量的提高；有利于实施采购的标准化和流程的优化，使物流过程合理化并降低物流成本；还有利于采购中信息化的实现。对供应商而言，可以推动其有效管理。

3. 集中采购的适用范围

（1）实施集中采购的情况。

1）集体范围实施的采购活动。

2）跨国公司的采购。

3）连锁经营或特许经营企业的采购。

（2）集中采购的对象。需要实施集中采购战略的对象主要包括以下几个：第一，大宗货物或批量物品，价值高或总价多的物品；第二，关键零部件、原材料或其他战略物资，保密级别高、产权约束多的物品；第三，容易出问题或已出问题的物品；第四，最好是定期采购的物品，以免影响决策者的正常工作。

4. 集中采购的实施步骤

具体实施步骤如下：

（1）根据企业所处的环境及竞争状况，制定企业采购战略。

（2）根据企业产品销售状况、市场开发情况和生产能力，确定采购计划。

（3）定期或根据大宗物品采购要求做出集中采购决策。

（4）决策做出后，实施信息分析、市场调查及询价，并根据库存情况进行战略安排。

（5）根据货源供给状况、自身采购规模和采购进度安排，结合最有利的采购方式，并办理检验送货手续，及时保障生产需要。

（6）对于符合适时、适量、适质、适价、适地的物品，经检验合格后要及时办理资金转账手续，保证信誉，争取下次合作。

3.2.2 分散采购

1. 分散采购的含义

分散采购是指由各预算单位自行开展采购活动的一种采购活动组织实施形式。

2. 分散采购的优势和劣势

实施分散采购的优势是可以增强采购人的自主权，能够满足采购对及时性和多样性的需求；货量小，过程短，手续简单；占用资金少，不增加库存成本等。实施分散采购也具有一定的劣势，如失去了规模效益，加大了采购成本，不便于监督管理等。

3. 分散采购的适用范围

（1）实施分散采购的情况。企业有二级法人单位、子公司、分厂、车间所进行的采购；离主厂区或集团供应地较远，其供应成本低于集中采购成本的采购；异国、异地供应的情况。

（2）分散采购的对象。实施分散采购的对象主要有：第一，小批量、价值低、总支出在产品经营费用中所占比重小的物品；第二，分散采购优于集中采购的物品；第三，市场资源有保证，易于送达且花费较少的物流费用的物品；第四，新产品开发、研制、试验所需要的物品。

4. 分散采购的程序和方法

分散采购时一般借助现货采购方式。分散采购的程序与集中采购大致相同，只是取消了集中决策环节，实施其他步骤。企业下属单位的生产研发人员根据生产、科研、维护、办公的需要，填写请购单，由基层主管审核、签字，到指定财务部门领取支票、汇票或现金，然后到市场或厂家购买、进货、检验、领取或核销、结算即可。

3.2.3 集中采购或分散采购的选择标准

企业到底采用集中采购还是分散采购，可以从以下几个方面进行考虑。

1. 采购需求的通用性

经营单位对购买产品所要求的通用性越高，从集中或协作的方法中得到的好处就越多。

2. 地理位置分布

当经营单位位于不同的国家或地区时，可能会极大地阻碍协作的努力。一些大型公司已经将全球性的集中采购变为地区性的集中采购。

3. 供应市场结构

有时，公司会在它的一些供应市场上选择一个或数量有限的几个大型供应商组织。在这种情况下，力量的均衡抗顶对制造商有利，采用一种协同的采购方法以在面对这些强有力的贸易伙伴时获得一个更好的谈判地位是有意义的。

4. 潜在的节约

有些类型的原材料的价格对采购数量非常敏感，在这种情况下，购买更多的数量会立刻促使成本降低。

5．所需要的专门技术

有时，有效的采购需要非常高的专业技术。

6．价格波动

如果物品的价格对政治和经济气候的敏感程度很高，集中采购就会受到偏爱。

7．客户需求

客户与负责产品制造的经营单位商定的这些条件，将明显阻碍任何以采购协作为目标的努力。

除了以上需要考虑的因素外，选择采购方式时，还应该有利于资源的合理配置、加速周转、满足要求、提高综合利用率、保证和促进生产的发展、调动各方面的积极性以促进企业整体目标的实现。

资料 3-1
分散采购和集中采购的共性与个性

3.3　订货点采购

3.3.1　订货点采购的含义

所谓订货点指的是仓库必须发出订货的警戒点。到了订货点，就必须订货，否则就会出现缺货。因此，订货点也就是订货的启动控制点，是仓库发出订货的时机。

订货点采购就是在库存运行中，设定一些订货控制点，进行有控制的订货进货，使得仓库的库存量能在最好地满足用户需求的条件下实现最小化。

3.3.2　采购订货策略

1．采购订货策略的基本内容

采购订货策略的基本内容包括 3 个方面。

（1）订货时机：什么时候订货？

（2）订货量：订多少？

（3）订货操作方法：如何实施？

2．制定采购订货策略

其基本原理就是要针对各种具体的经营模式，考虑各种具体情况和约束条件，求出使得经营总费用最少的订货参数方案。制定采购订货策略应该考虑 4 个方面的问题。

（1）需求者的需求类型分析。

1）属于什么需求类别：是独立需求还是相关需求？

2）属于什么需求性质：是确定型还是随机型？

3）属于什么需求分布：是正态分布还是其他分布？

（2）经营者的经营方式分析。

资料 3-2
独立需求
与相关需求

1）不允许缺货。

2）可以缺货。

3）实行补货。

（3）供应者的供应方式分析（进货方式分析）。

每种经营方式都可能采取两种进货方式。

1）瞬时到货方式。

2）持时到货方式。

（4）选用合适的控制方法。

1）定量订货法。

2）定期订货法。

3.3.3 订货点采购的方法

1．定量订购控制法

定量订购控制法要求对库存物资进行动态盘点，即对发生收发变化的物资随时盘点，当物资储备量降到规定的订购点时，就提出订购，如果发现储备量高于订购点，则暂时置之不理。这种方法的特征是设置一个固定的再订购点，并且每次订购的数量是固定不变的，但是订购时间或进货时间不定。定量订货如图 3-1 所示。

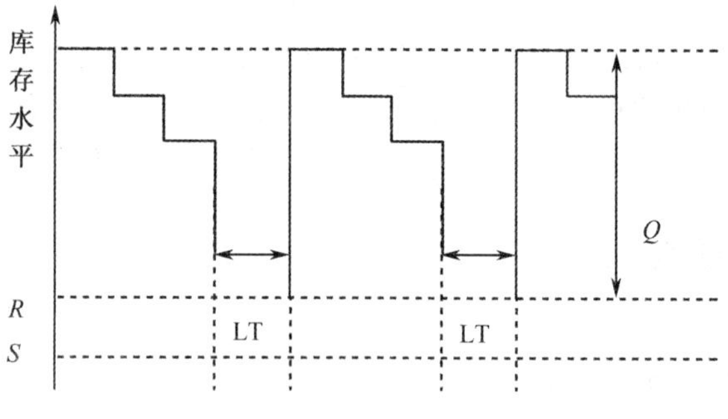

注：R—订购点；Q—订货量；LT—提前期；S—安全库存量。

图 3-1　定量订货

订购点即提出订购时的物料储备量，它等于从提出订购到物资进库并能够投入使用这段时间的物资需要量再加上安全库存量 S，从提出订购到物资验收入库可以投入使用这段时间称为提前期。但在实际中，每次的提前时间由于订购、运输等一些不可控制的原因，往往会发生变化，采购人员往往会取其平均数，称为平均提前期。它包括：办理订购手续需要的时间；供货单位发运物资需要的时间；在途运输的时间；到货验收的时间；使用前的准备时间等。

订购点可以用以下公式计算：

订购点=提前期需用量+安全库存量

=平均提前期×平均日需用量+安全库存量

式中，安全库存量可以参考下面的公式进行计算：

安全库存量=（预计日最大消耗量－平均日需用量）×平均提前期

定量订购控制法优点主要是：第一，能够经常地掌握库存储备状态，及时提出订购，不易出现缺货现象；第二，保险储备量少；第三，订购量固定，故能够采用经济订货批量模型，以便于包装运输和保管作业的开展。定量订购控制法也有一定的缺点：必须不断检查仓库的库存量；订购时间不定，难以编制作业计划。

定量订购控制法还有一种简化的方法，即分存控制法，又可称为双堆法。该方法不用随时盘点，而是将储备物资分为两堆，一堆为订购点量，另一堆为其余量，当其余量发放完后，就提出订购，以补充库存。

2．定期订购控制法

定期订购控制法就是采用定期盘点，按照固定时间间隔来检查储备量并提出订购，订购量根据盘点时的实际储备量和下一个进货周期的预计需求量而定。这种库存控制系统的储备量变化情况如图3-2所示。

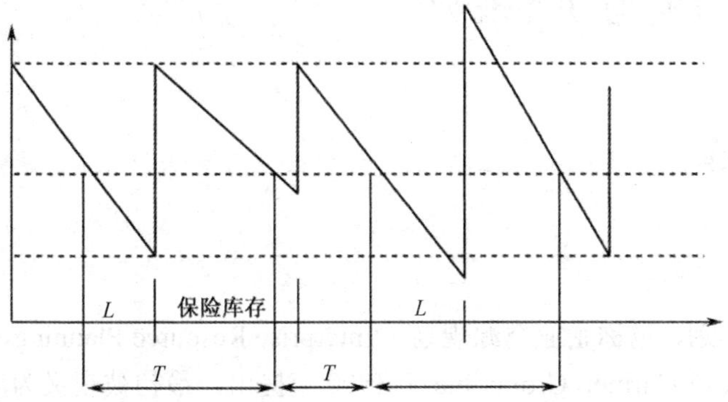

图3-2 库存控制系统的储备量变化情况

这种方法的特征是盘点时间和订购时间固定。其订购量按下面公式进行计算：

订购量=订购周期需求量+安全库存量−现有库存量−已订未到量

式中，“现有库存量”为提出订购时盘点的实际储存量；“已订未到量”为已经订购，预计在本订购周期内会到达的期货数量。

有的企业在利用定期订购控制法时，为了方便，设置最高储备量，每次的订购量都以达到最高储备量为限。

定期订购控制法有以下优点：第一，由于定期订购，可以将多种物品合并订购，这样可以降低订购和运输等费用；第二，由于多种物品一起订购，可以编制较为实用的采购计划。定期订购控制法的缺点有：第一，不利于使用经济订购批量模型，因此有时储备定额不是最佳的；第二，要花费一定的时间来进行盘点。

定期订购控制法一般适用于发料频繁、难以进行连续储备登记核算的物资，以及需要量可以进行预测的物资和有保管期限的物资。

3. 定量订货控制法与定期订货控制法的区别

（1）提出订购请求时点的标准不同。定量订购控制法提出订购请求的时点标准是，当库存量下降到预定的订货点时，即提出订购请求；定期订购控制法提出订购请求的时点标准则是，按预先规定的订货间隔周期，到了该订货的时点即提出订购请求。

（2）请求订购的商品批量不同。定量订购控制法每次请购商品的批量相同，都是事先确定的经济批量；而定期订购控制法每到规定的请求订购期，订购的商品批量都不相同，可根据库存的实际情况计算后确定。

（3）库存商品管理控制的程度不同。定期订购控制法要求仓库作业人员对库存商品进行严格的控制、精心的管理，经常检查，详细记录，认真盘点；而用定量订购控制法时，对库存商品只要求进行一般的管理、简单的记录，不需要经常检查和盘点。

（4）适用的商品范围不同。定量订购控制法适用于品种数量少、平均占用资金大、需重点管理的 A 类商品；而定期订购库存控制法适用于品种数量大、平均占用资金少、只需一般管理的 B 类、C 类商品。

3.4 ERP 采购与 JIT 采购

3.4.1 ERP 采购

1. ERP 的内涵

企业资源计划，也称企业资源规划（Enterprise Resource Planning，ERP），由美国著名管理咨询公司 Gartner Group Inc.于 1990 年提出，最初被定义为应用软件，但迅速为全世界商业企业所接受，现已发展成为现代企业管理理论之一。它的内涵主要是“打破企业四壁，把信息集成的范围扩展到企业的上下游，管理整个供应链，实现供应链制造”。

2. ERP 系统的常见模块

ERP 系统的常见模块如图 3-3 所示。

（1）财务管理模块。企业中，清晰分明的财务管理是极其重要的，所以在 ERP 系统中，它是不可或缺的一部分。ERP 中的财务模块与一般的财务软件不同，作为 ERP 系统中的一部分，它和系统的其他模块有相应的接口，能够相互集成。例如，它可将由生产活动、采购活动输入的信息自动计入财务模块生成总账、会计报表，取消了输入凭证烦琐的过程，几乎完全替代了以往传统的手工操作。

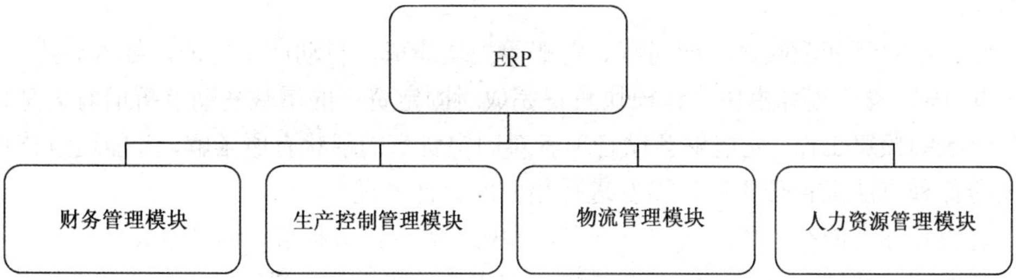

图 3-3　ERP系统的常见模块

一般 ERP 软件的财务管理模块分为会计核算与财务管理两大块，如图 3-4 所示。

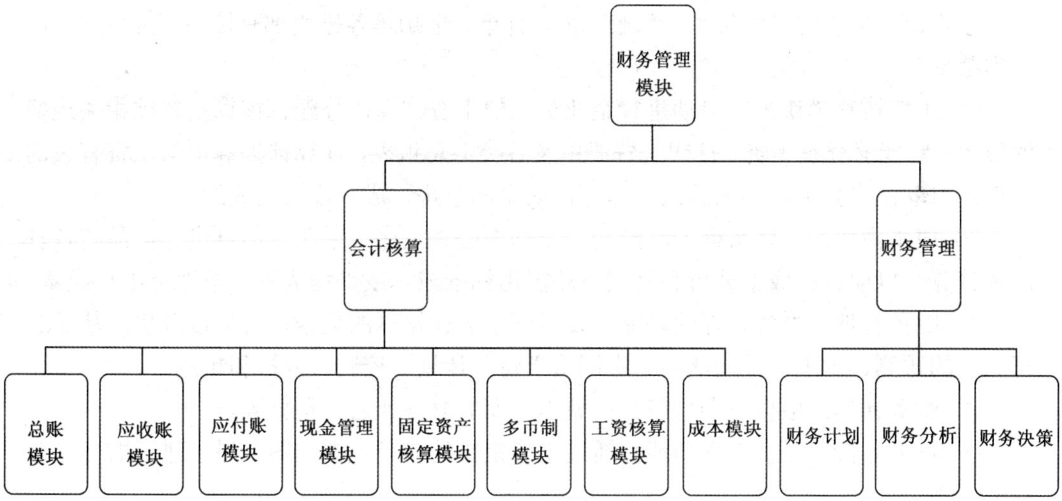

图 3-4　财务管理模块结构

1）会计核算。会计核算主要是记录、核算、反映和分析资金在企业经济活动中的变动过程及其结果。它由总账、应收账、应付账、现金管理、固定资产核算、多币制等模块构成。

① 总账模块。它的功能是处理记账凭证输入、登记，输出日记账、一般明细账及总分类账，编制主要会计报表。它是整个会计核算的核心，应收账、应付账、固定资产核算、现金管理、工资核算、多币制等各模块都以其为中心来互相传递信息。

② 应收账模块。它是指企业应收的由于商品赊欠而产生的正常客户欠款账。它包括发票管理、客户管理、付款管理、账龄分析等功能。它和客户订单、发票处理业务相联系，同时将各项事件自动生成记账凭证，导入总账。

③ 应付账模块。会计里的应付账是企业应付购货款等账，它包括发票管理、供应商管理、支票管理、账龄分析等。它能够和采购模块、库存模块完全集成以替代过去烦琐的手工操作。

④ 现金管理模块。它主要是对现金流入、流出的控制及对零用现金和银行存款的核算。它包括对硬币、纸币、支票、汇票和银行存款的管理。在 ERP 中提供了票据维护、票据打印、付款维护、银行清单打印、付款查询、银行查询和支票查询等与现金有

关的功能。

此外，它还和应收账、应付账、总账等模块集成，自动产生凭证，导入总账。

⑤ 固定资产核算模块。该模块负责完成对固定资产的增减变动及折旧有关基金计提和分配的核算工作。它能够帮助管理者对固定资产的现状有所了解，并能通过该模块提供的各种方法来管理资产，以及进行相应的会计处理。

它的具体功能有：登录固定资产卡片和明细账，计算折旧，编制报表，以及自动编制转账凭证，并转入总账。它和应付账、成本、总账模块集成。

⑥ 多币制模块。这是为了适应当今企业的国际化经营，对外币结算业务的要求增多而产生的。多币制模块将企业整个财务系统的各项功能以各种币制来表示和结算，且客户订单、库存管理及采购管理等也能使用多币制模块进行交易管理。

多币制和应收账、应付账、总账、客户订单、采购等各模块都有接口，可自动生成所需数据。

⑦ 工资核算模块。它自动进行企业员工的工资结算、分配、核算及各项相关经费的计提。它能够登录工资、打印工资清单及各类汇总报表，计算计提各项与工资有关的费用，自动做出凭证，导入总账。这一模块是和总账、成本模块集成的。

⑧ 成本模块。它将依据产品结构、工作中心、工序、采购等信息进行产品的各种成本计算，以便进行成本分析和规划。还能用标准成本或平均成本法按地点维护成本。

2）财务管理。财务管理的功能主要是基于会计核算的数据，再加以分析，从而进行相应的预测、管理和控制活动。它侧重于财务计划、控制、分析和预测。

① 财务计划：根据前期财务分析做出下期的财务计划、预算等。

② 财务分析：提供查询功能和通过用户定义的差异数据的图形显示进行财务绩效评估、账户分析等。

③ 财务决策：财务管理的核心部分，中心内容是做出有关资金的决策，包括资金筹集、投放及资金管理。

（2）生产控制管理模块。这一部分是 ERP 系统的核心，它将企业的整个生产过程有机地结合在一起，使得企业能够有效地降低库存，提高效率。同时各个原本分散的生产流程自动链接，也使得生产流程能够前后连贯进行，而不会出现生产脱节，耽误生产交货时间。生产控制管理是一个以计划为导向的先进生产、管理方法。首先，企业确定一个主生产计划，其次经过系统层层细分，下达到各部门去执行，即生产部门以此生产、采购部门按此采购等。

1）主生产计划。它根据生产计划、预测和客户订单的输入来安排将来各周期中提供的产品种类和数量，它将生产计划转为产品计划，是在平衡了物料和能力的需求后，精确到时间、数量的详细进度计划。主生产计划是企业在一段时期内总活动的安排，是一个稳定的计划，是根据生产计划、实际订单和对历史销售分析得来的预测产生的。

2）物料需求计划。在主生产计划决定生产多少最终产品后，再根据物料清单把整个企业要生产的产品数量转变为所需生产零部件的数量，对照现有的库存量，得到还需采购多少、生产多少、加工多少的最终数量。这才是整个部门真正依照的计划。

3）能力需求计划。它是在得出初步的物料需求计划之后，将所有工作中心的总工作负荷与工作中心的能力平衡后产生的详细工作计划，用以确定生成的物料需求计划是否为企业生产能力上可行的需求计划。能力需求计划是一种短期的、当前实际应用的计划。

4）车间控制。这是随时间变化的动态作业计划，是将作业排序，再进行作业分配、作业管理、作业监控。

5）制造标准。在编制计划中需要许多生产基本信息，这些基本信息就是制造标准，包括零件、物料清单、工序和工作中心，都用唯一的代码在计算机中识别。

① 零件代码：对物料资源的管理，对每种物料给予唯一的代码识别。

② 物料清单：定义产品结构的技术文件，用来编制各种计划。

③ 工序：描述加工步骤及制造和装配产品的操作顺序。它包含加工工序顺序，指明各道工序的加工设备及所需要的额定工时和工资等级等。

④ 工作中心：使用相同或相似工序的设备和劳动力组成的，从事生产进度安排、核算能力、计算成本的基本单位。

（3）物流管理模块。物流管理模块主要包括分销管理、库存控制和采购管理3方面，如图3-5所示。

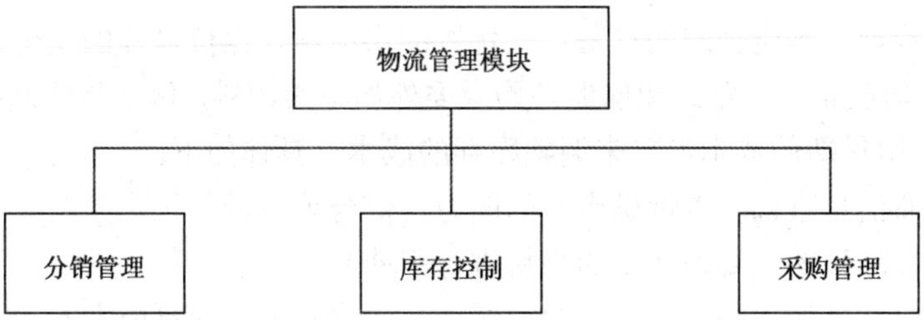

图3-5　物流管理模块

1）分销管理。分销管理是从产品的销售计划开始，对其销售产品、销售地区、销售客户各种信息的管理和统计，并可对销售数量、单价、金额、利润、绩效、客户服务做出全面的分析。分销管理在物流管理模块中大致有三方面的功能。

① 对客户信息的管理和服务。它能建立一个客户信息档案，对其进行分类管理，进而进行有针对性的客户服务，以达到最高效率的保留老客户、争取新客户。在这里，要特别提到的是最近新出现的客户关系管理软件（Customer Relationship Management，CRM），ERP与它的结合必将大大增加企业的效益。

② 对销售订单的管理。销售订单是ERP的入口，所有的生产计划都是根据它下达并进行排产的。而销售订单的管理贯穿了产品生产的整个流程。它包括以下内容。

- 客户信用审核及查询（客户信用分级，审核订单交易）。
- 产品库存查询（决定是否要延期交货、分批发货或用代用品发货等）。
- 产品报价（为客户做不同产品的报价）。
- 订单输入、变更及跟踪（订单输入后，变更的修正及订单的跟踪分析）。
- 交货期的确认及交货处理（决定交货期和发货事务安排）。

③ 对销售的统计与分析。这时系统根据销售订单的完成情况，依据各种指标（如客户分类统计、销售代理分类统计等）做出统计，再根据这些统计结果来对企业实际销

售效果进行评价。它包括以下内容。

- 销售统计：根据销售形式、产品、代理商、地区、销售人员、数量、单价、金额分别进行统计。
- 销售分析：包括对比目标、同期比较和订货发货分析，从数量、单价、金额、利润及绩效等方面做相应的分析。
- 客户服务：客户投诉记录（如产品的质量、交货是否准时及服务的态度）原因分析。

2）库存控制。库存控制用来控制存储物料的数量，以保证稳定的物流支持正常的生产，并最低限度地占用资本。它是一种相关的、动态的、真实的库存控制系统，能够结合、满足相关部门的需求，随时间变化动态地调整库存，精确地反映库存现状。这一系统的功能又涉及以下 3 方面。

① 为所有的物料建立库存，决定何时订货采购，同时作为采购部门做采购计划、生产部门做生产计划的依据。

② 收到订购的物料，经过质量检验入库，生产的产品也同样要经过检验入库。

③ 收发料的日常业务处理工作记录。

3）采购管理。确定合理的订货量、优秀的供应商，保持最佳的安全储备。能够随时提供订购、验收信息，跟踪和催促外购或委外加工的物料，保证货物及时到达。建立供应商档案，用最新的成本信息来调整库存的成本，具体如下。

① 供应商信息查询（查询供应商的能力、信誉等）。

② 催货（对外购或委外加工的物料进行跟催）。

③ 采购与委外加工统计（进度跟踪统计、建立档案、计算成本）。

④ 价格分析（对原材料价格进行分析，调整库存成本）。

（4）人力资源管理模块。以往的 ERP 系统基本上都是以生产制造及销售过程（供应链）为中心的。因此，长期以来一直把与制造资源有关的资源作为企业的核心资源来进行管理。但近年来，企业内部的人力资源开始越来越受到企业的关注，被视为企业的资源之本。在这种情况下，人力资源管理作为一个独立的模块，被加入 ERP 系统，和 ERP 中的财务、生产系统组成了一个高效的、具有高度集成性的企业资源系统。它与传统方式下的人事管理有着根本的不同。

1）人力资源规划辅助决策。

① 对企业人员、组织结构编制的多种方案进行模拟比较和运行分析，并辅之以图形的直观评估，辅助管理者做出最终决策。

② 制定职务模型，包括职位要求、升迁路径和培训计划。根据担任该职位员工的资格和条件，系统会提出针对本员工的一系列培训建议，一旦机构改组或职位变动，系统会提出一系列的职位变动或升迁建议。

③ 进行人员成本分析，可以对过去、现在、将来的人员成本做出分析及预测，并通过 ERP 集成环境为企业成本分析提供依据。

2）招聘管理。人才是企业最重要的资源。只有优秀的人才才能保证企业持久的竞争力。招聘管理一般从以下几个方面提供支持。

① 进行招聘过程的管理，优化招聘过程，减少业务工作量。

② 对招聘成本进行科学管理，从而降低招聘成本。

③ 为选择聘用人员的岗位提供信息，并有效地帮助企业进行人才资源的挖掘。

3）工资核算。

① 能根据公司跨地区、跨部门、跨工种的不同薪资结构及处理流程制定与之相适应的薪资核算方法。

② 与时间管理直接集成，能够及时更新数据，对员工的薪资核算动态化。

③ 回算功能。通过和其他模块的集成，自动根据要求调整薪资结构及数据。

4）工时管理。

① 根据本国或当地的日历，安排企业的运作时间及劳动力的作息时间表。

② 运用远端考勤系统，可以将员工的实际出勤状况记录到主系统中，并把与员工薪资、奖金有关的时间数据导入薪资系统和成本核算中。

5）差旅核算。系统能够自动控制从差旅申请、差旅批准到差旅报销整个流程，并且通过集成环境将核算数据导入财务成本核算模块中。

3.4.2　JIT 采购

1. JIT 采购的定义

JIT 采购又称为准时化采购，它是由准时化生产（Just in Time）管理思想演变而来的。它的基本思想是：把合适数量、合适质量的物品，在合适的时间供应到合适的地点，最大限度地满足用户需要。JIT 采购和准时化生产一样，不但能够最大限度地满足用户需要，而且可以最大限度地减少库存、减少浪费。JIT 采购由于大大地精简了采购作业流程，因此消除了这些浪费，极大地提高了工作效率。小批量采购是 JIT 采购的一个基本特征。

资料 3-3
JIT 采购对供应商的新要求

2. JIT 采购的原理

创造 JIT 采购是日本丰田公司的大野耐一在美国参观超级市场时受超级市场供货方式的启发而萌生的想法。实际上，超级市场模式本来就是一种采购供应的模式。有一个供应商、一个用户，双方形成了一个供需“节点”，需方是采购方，供应商是供应方，供方按照需方的要求给需方进行准时化供货，它们之间就是一种准时化采购模式，JIT 采购的主要原理主要表现在以下几个方面：与传统采购面向库存不同，准时化采购是一种直接面向需求的采购模式，它的采购送货是直接送到需求点上。

1）用户需要什么就送什么，品种规格符合客户需要。

2）用户需要什么质量就送什么质量，品种质量符合客户需要，拒绝次品和废品。

3）用户需要多少就送多少，不少送也不多送。

4）用户什么时候需要就什么时候送货，不晚送，也不早送，非常准时。

5）用户在什么地点需要就送到什么地点。

以上几条，就是 JIT 采购的原理，它既做到了很好地满足企业对物资的需求，又使得企业的库存量最小，只要在生产线上有一点临时的存放，一天工作结束后，这些临时存放就消失了，库存完全为零。依据 JIT 采购的原理，一个企业中的所有活动只有当需要进行时接受服务，才是最合算的。

3. JIT 采购的优势

1）有利于暴露生产过程中隐藏的问题。JIT 采购认为，过高的库存不仅增加了库存的成本，而且将许多生产上、管理上的矛盾掩盖起来，使问题得不到及时解决，日积月累，小问题就可能积累成大问题，严重地影响企业的生产效率。而 JIT 是一种理想的物资采购方式，它设置了一个最高标准，一种极限目标，即原材料和外购件的库存为零，质量缺陷为零。同时，为了尽可能地实现这样的目标，JIT 采购提供了一个不断改进的有效途径，即降低原材料和外购件库存—暴露物资采购问题—采取措施解决问题—降低原材料和外购件库存。JIT 采购通过不断减少外购件和原材料的库存来暴露生产过程中隐藏的问题，从解决深层次的问题，提高生产效率。

2）消除了生产过程中的不增值过程。在企业采购中，存有大量的不增加产品价值的活动，如订货、修改订货、收货、装卸、开票、质量检验、点数、入库及运转等，把大量时间、精力、资金花在这些活动上是一种浪费。JIT 采购由于大大精简了采购作业流程，因此消除了这些浪费，极大地提高了工作效率。

3）进一步减少并最终消除原材料和外购件库存。降低企业原材料库存不仅取决于企业内部，而且取决于供应商的管理水平。JIT 采购模式不仅对企业内部的科学管理提出了严格的要求，而且对供应商的管理水平提出了更高、更严格的要求。JIT 采购不仅是一种采购方式，也是一种科学的管理模式。JIT 采购模式的运作，客观上在用户企业和供应商企业中铸造一种新的科学管理模式，这将大大提高用户企业和供应商企业的科学管理水平。根据国外一些实施 JIT 采购策略的企业测算，JIT 采购可以使原材料和外购件库存降低 40%～85%，有利于企业减少流动资金的占用，加速流动资金的周转，同时也有利于节省原材料和外购件库存占用空间，从而降低库存成本。

4）使企业真正实现柔性生产。JIT 采购使企业实现了需要什么物资就能供给什么样的物资，什么时间要就能什么时间供应，需要多少就能供给多少，从而使原材料和外购件库存降到最低水平。从这个意义上讲，JIT 采购最能适应市场需求变化，使企业能够具有真正的柔性。

5）有利于提高采购物资的质量。一般来说，实施 JIT 采购，可以使购买的原材料和外购件的质量提高 2～3 倍。而且，原材料和外购件质量的提高，又会引致质量成本的降低。据估计，推行 JIT 采购可使质量成本减少 26%～63%。

6）有利于降低原材料和外购件的采购价格。由于供应商和制造商的密切合作及内部规模效益与长期订货，再加上消除了采购过程中的一些浪费，

资料 3-4
如何有效地
实施JIT 采购

就使得购买的原材料和外购件的价格得以降低。以美国施乐公司为例，通过实施 JIT 采购策略，使其采购物资的成本下降了 40%～50%，取得了显著的经济效益。

3.5　招标采购

3.5.1　招标采购概述

招标采购是指采购方作为招标方，事先提出采购的条件和要求，邀请众多企业参加投标，然后由采购方按照规定的程序和标准，一次性从中择优选择交易对象，并提出对其最有利的条件，与投标方签订协议等过程。整个过程要求公开、公正和择优。招标采购是政府采购最通用的方法之一。招标采购可分为竞争性采购和限制性采购。它们的基本做法差别不大，其主要区别是招标的范围不同，竞争性采购是向整个社会公开招标，限制性采购是在选定的若干个供应商中招标，除此以外，两者在原理上都是相同的。

招标分为公开招标和邀请招标。公开招标是指招标人以招标公告的方式邀请不特定的法人或其他组织投标；邀请招标是指招标人以投标邀请书的方式邀请特定的法人或其他组织投标。

3.5.2　招标采购管理的一般程序和步骤

招标采购是一个复杂的系统工程，它涉及各个方面、各个环节。一个完整的招标采购过程基本可以分为以下 6 个阶段。

1. 策划

招标活动是一次涉及范围很大的大型活动。因此，开展一次招标活动，需要进行认真、周密的策划。招标策划主要做以下几项工作。

1）明确招标的内容和目标，对招标采购的必要性和可行性进行充分的研究和探讨。

2）对招标书的标底进行初步估算。

3）对招标的方案、操作步骤、时间进度等进行研究决定。例如，是采用公开招标还是邀请招标，是自己亲自主持招标还是请人代理招标，分成哪些步骤，每步怎么进行等。

4）对评标方法和评标小组进行讨论研究。

5）把以上讨论形成的方案计划形成文件，交由企业领导层讨论决定，取得企业领导决策层的同意和支持，有些甚至可能还要经过公司董事会的同意和支持。

资料 3-5
招标书模板

以上的策划活动有很多诀窍。慎重起见，有些企业特意邀请咨询公司代理进行策划。

2．招标

在招标方案得到公司的同意和支持以后，就要进入实际操作阶段。招标的第一个阶段就是招标阶段，招标阶段的工作主要有以下几部分。

1）形成招标书。招标书是招标活动的核心文件，要认真起草招标书。

2）对招标书的标底进行仔细研究确定。有些要召开专家会议，甚至邀请一些咨询公司代理。

3）招标书发送。采用适当的方式将招标书传送到所希望的投标人手中。例如，对于公开招标，可以在媒体上发布；对于邀请招标，可以用挂号信或特快专递直接送交到所选择的投标人。许多标书是要花钱买的，有些标书规定要交一定的保证金。

3．投标

投标人在收到招标书以后，如果愿意投标，就进入投标程序。其中，投标书、投标报价需要经过特别认真的研究、详细的论证完成。这些内容是要和许多供应商竞争评比的，既要先进又要合理，还要有利可图。投标文件要在规定的时间内准备好，一份正本、若干份副本，并且分别封装签章，信封上分别注明“正本”“副本”字样，寄到招标单位。

资料 3-6
投标书模版

4．开标

开标应按招标通告中规定的时间、地点公开进行，并邀请投标商或其委派的代表参加。开标前，应以公开的方式检查投标文件的密封情况，当众宣读供应商名称，检查有无撤标情况、提交投标保证金的方式是否符合要求（在有保证金的前提下）、投标项目的主要内容、投标价格及其他有价值的内容。开标时，对于投标文件中含义不明确的地方，允许投标商做简要解释，但所做的解释不能超过投标文件记载的范围，或者实质性地改变投标文件的内容。以电传、电报方式投标的，不予开标。开标要做开标记录，其内容包括项目名称、招标号、刊登招标通告的日期、发售招标文件的日期、购买招标文件单位的名称、投标商的名称及报价、截标后收到标书的处理情况等。在有些情况下，可以暂缓或推迟开标时间，如招标文件发售后对原招标文件做了变更或补充，开标前发现有足以影响采购公正性的违法或不正当行为，采购单位接到质疑或诉讼，出现突发事故，变更或取消采购计划等。

5．评标

招标方收到投标书后，直到开标那天才能开封，不得事先开封。只有当招标会开始，投标人到达会场，才可将投标书邮件交投标人检查，签封完后，当面开封。开封后，投标人可以拿着自己的投标书向全体评标小组陈述自己的投标书，并且接受全体评委的质询，甚至参加投标辩论。陈述辩论完毕，投标者退出会场，全体评标人员进行分析评比，最后投票或打分选出中标人。评标由招标人依法组建的评标委员会负责。评标委员会由招标人的代表和有关技术、经济等方面的专家组成，成员人数为 5 人以上的单数，其中技术、经济等方面的专家不得少于成员总数的 2/3。一般招标项目可以采取随机抽取方式选择，特殊招标项目可以由招标人直接确定。与投标人有利害关系的人不得进入相关项目的评标委员会，已经进入的应当更换。评标委员会成员的名单在中标结果确定前应当保密。招标人应当采取必要的措施保证评标在严格保密的情况下进行，任何单位和个人不得非法干预、影响评标的过程和结果。评标委员会可以要求投标人对投标文件中含义不明确的内容做必要的澄清或说明，但是澄清或说明不得超出投标文件的范围或改变投标文件的实质性内容。评标委员会应当按照招标文件确定的评标标准和方法，对投标文件进行评审和比较。设有标底的，应当参考标底。评标委员会完成评标后，应当向招标人提出书面评标报告，并推荐合格的中标候选人。招标人根据评标委员会提出的书面评标报告和推荐的中标候选人确定中标人，招标人也可以授权评标委员会直接确定中标人。投标人就投标价格、投标方案等实质性内容进行谈判。评标委员会成员不得私下接触投标人，不得收受投标人的财物或其他好处。评标委员会成员和参与评标的有关工作人员不得透露对投标文件的评审和比较、中标候选人的推荐情况及与评标有关的其他情况。

6．定标

在全体评标人员投票或打分选出中标人以后，交给投标方，通知中标方。同时，对于没有中标者也要明确通知他们，并表示感谢。

以上是一般情况下的招标采购的全过程。在特殊的场合，招标的步骤和方式也可能有一些变化。

3.5.3　招标采购的分类

1．按招标范围分类

根据招标范围可将采购方式统一规范为公开招标采购、选择性招标采购和限制性招标采购。世界贸易组织的《政府采购协议》就是按这种方法来对政府采购方式进行分类的。

1）公开招标采购，是指通过公开程序，邀请所有有兴趣的供应商参加投标。

2）选择性招标采购，是指通过公开程序，邀请供应商提供资格文件，只有通过资格审查的供应商才能参加后续招标；或者通过公开程序，确定特定采购项目在一定期限内的候选供应商，作为后续采购活动的邀请对象。选择性招标方式确定有资格的供应商时，应平等对待所有的供应商，并尽可能邀请更多的供应商参加投标。

3）限制性招标采购，是指不通过预先刊登公告程序，直接邀请一家或两家以上的供应商参加投标。实行限制性招标采购方式，必须具备以下条件：公开招标或选择性招标后没有供应商参加投标、无合格标；供应商只有一家，无其他替代选择；出现了无法预见的紧急情况；向原供应商采购替换零配件；因扩充原有采购项目需要考虑到配套要求；属于研究用的试验品、试验性服务；追加工程，必须由原供应商办理，且金额未超过原合同金额的 50%；与原工程类似的后续工程，并在第一次招标文件中已做规定的采购等。

2．按是否具备招标性质分类

按是否具备招标性质，可将采购方式分为两大类：招标性采购和非招标性采购。

招标性采购是指通过招标的方式，邀请所有或一定范围的潜在供应商参加投标，采购实体通过某种事先确定并公布的标准从所有投标中评选出中标供应商，并与之签订合同的一种采购方式。

招标性采购按接受投标人的范围，分为国际竞争性招标采购、国内竞争性招标采购、国际限制性招标采购和国内限制性招标采购。国际竞争性招标采购是指没有国籍限制，采购实体通过国际性媒体公开发布招标公告，邀请所有符合要求的供应商参加投标的一种采购方式。国内竞争性招标采购是指采购实体使用本国文字在国内主要媒体上发布招标公告，邀请国内所有符合要求的供应商参加投标的一种采购方式。国际限制性招标采购是指采购实体不发布招标公告而直接邀请国外供应商参加投标的一种采购方式。国内限制性招标采购是指采购实体不发布招标公告而直接邀请国内供应商参加投标的一种采购方式。

非招标性采购是指招标性采购之外的采购方式，采购金额是确定招标性采购与非招标性采购的重要标准之一。一般来说，达到一定金额以上的采购项目，采用招标性采购方式；不足一定金额的采购项目，采用非招标性采购方式。

3.5.4 招标采购的适用情况

招标投标源于 200 多年前的政府采购，是商品经济高度发展的产物。世界上经济发达的国家和国际组织都把招标投标纳入了法制化轨道，以提高采购的经济效益和透明度，维护平等竞争，规范招标投标行为，保护公共利益。作为一种高级的、有组织的、规范化的交易方式，招标投标在我国的全面发展与运用是在改革开放以后。1980 年，国务院在《关于开展和保护社会主义竞争的暂行规定》中提出，“对一些适应承包的生产建设项目和经营项目，可以试行招标投标的办法”，揭开了我国招标投标的新篇章。20 多年来，我国的招标投标在许多领域得到了长足的发展。

1．土建工程领域的招标投标

我国自 20 世纪 80 年代初开始在工程建设领域推行招标投标制度。1983 年，城乡建设部印发了《建筑安装工程招标投标试行办法》，规定业主通过招标择优选定施工单位，施工单位可通过投标承揽任务。这是建设工程招标投标的第一个部门规章，也是我国第一个对招标投标做出较详尽规定的办法，它的颁布为我国推行招标投标制度奠定了基础。1984 年 9 月国务院发布的《关于改革建筑业和基本建设管理体制若干问题的暂行规定》提出，要“大力推行工程投标承包制”，“要改变单纯用行政手段分配建设任务的老办法，实行招标投标”。多年来的实践证明，在工程建设领域推行招标投标制度，对保障国有建设资金的合理有效使用，提高投资效益，保证工程建设质量，堵住腐败黑洞，确实有十分重要的作用。1992 年，建设部发布了《工程建设施工招标投标管理办法》，对招标投标活动进行了规范。目前全国已有 21 个省、自治区、直辖市颁发了《建筑市场管理条例》；有7个省、自治区、直辖市颁发了《建设工程招标投标管理条例》。在这些地方性法规出台后，不少地方还制定了与之配套的规章和规范性文件，包括报建、招标代理、招标申报、招标文件及标底管理审查，开标、评标、定标、百分制评标等方面的管理规定，规范招标投标管理，减少工作的随意性。为加强监督管理，建设系统从上到下建立了各级建设工程招标投标管理办公室，对建设工程招标投标进行日常监督管理。这极大地推动了建设工程招标投标工作的开展。

2．国家重点建设项目招标投标

对建设项目实行招标投标，是我国投资体制改革的一项重要内容。1984 年，国家计委等有关部门联合发布了《建设工程招标投标暂行规定》，此后又发布了一系列办法，要求建设项目的设计、设备采购、施工除有特殊原因不宜招标外，都要创造条件实行招标投标；可根据工程的性质、规模、复杂程度及其他客观条件，分别采取公开招标、邀请招标等方式，并对建设项目招标投标的有关程序及实体问题进行规定。

目前，国家建设项目招标投标工作已得到大面积推广，并已取得了显著的经济和社会效益。例如，三峡、二滩、小浪底工程等重大项目采用招标投标，对固定资产投资的管理和投资效益的提高产生了重大影响。

3．机电设备招标投标

1985 年，为了深化流通体制改革，改革机电设备进口管理工作，国务院决定开展机电设备招标工作，并批准成立了中国机电设备招标中心。机电设备招标工作，大致经历了 3 个发展阶段。第一阶段是起步阶段。1985 年中国机电设备招标中心成立后，选择了一些合适的项目，参照世界银行等国际上的经验和采购程序，结合我国的国情，在招标的程序和效果方面进行试点，积累了一些基本经验。第二阶段是进口机电设备国内招标的全面推广阶段。这个阶段从 1987 年开始，提出了以下要求：凡国内建设项目需要进口的机电设备，必须先委托中国机电设备招标中心下属的招标机构在国内进行公开招标；凡国内制造企业能够中标制造供货的，就不再批准进口；国内不能中标的，可以批准进口。第三阶段是开展国际招标阶段。随着我国改革开放的进一步深入，要求机电设备招标按国际惯例办事。从 1992 年开始，进口机电设备国内招标逐步转向国际招标，即对用户所需进口的机电设备进行公开国际招标，公平对待国内外投标者，优者中标。对特定机电产品，由国家认定资格的专职机构进行招标。

目前，机电设备招标投标领域建立了比较完善的制度和办法。全国机电设备招标系统进行了 1 万多个项目的招标，进口设备招标 150 多亿美元，平均节汇率在 10%以上；国内设备招标 100 多亿元，平均节资率在 15%以上，取得了较好的经济效益和社会效益。

4．政府采购招标

近年来，随着我国财政体制的改革和招标投标的广泛推广，一些地方开始了以招标投标为主要方式的政府采购招标的试点工作。目前，政府采购主要集中在医疗设备、办公用品、公务用车及相关服务等方面。1996 年，上海市率先用财政拨款购买医疗设备，实现了政府采购招标。此后，深圳市政府于1997年11月以公开招标方式采购27辆公务用车，引起舆论的广泛关注。政府采购招标从此一发而不可收。从试点地区的情况看，招标采购节资率普遍为10%～15%，少数项目达到30%甚至50%。2001年年初，中央政府采购启动。目前财政部已颁布了《政府采购管理办法》等相关办法。据估计，每年全国政府采购金额在2000亿元左右，若按10%的平均节资率计算，每年可节省采购资金200亿元。我国政府采购招标前景十分广阔。

5. 利用国外贷款项目的招标与投标

改革开放以来，我国利用国际金融组织和外国政府贷款规模逐步扩大。1996年，我国利用国际金融组织贷款余额为167.39亿美元，利用外国政府贷款余额为221.64亿美元。按照贷款方的要求，利用这些贷款的项目一般均需采用国际或国内竞争性招标（少数特殊情况例外）。我国对这些贷款的窗口管理部门，也根据贷款方的有关规定和要求，相继制定了一些管理性的实施规定。这样，在我国形成了比较独特的利用国际金融组织和外国政府贷款的竞争性招标投标。

6. 科技项目招标

1996年，国家科委首次对国家重大科技产业工程项目“高清晰度电视功能样机研究开发工程项目”实行公开招标。这一招标活动所产生的影响及意义已超出了项目本身，不仅在我国科技界产生了积极的反响，而且为进一步推动我国科技计划项目实行招标制度奠定了基础。

目前，政府对科技的投入仍在整个科技投入中占有相当大的比例。如何更好地使用这些科技投入，以最低的投入获得最优的成果，促进科技进步，就成为科技招标投标工作的重要任务。然而，科技项目招标投标进展缓慢，现在还仍处于试点探索阶段。国家经贸委已发布实施《国家技术创新工程项目选点招标管理办法》，国家科技部也在制定有关管理办法，科技项目招标必将迎来新的发展局面。

资料3-7 招投标“潜规则”暗流涌动

资料3-8 招投标十大不规范案例及对策

此外，招标投标还可在企业物资采购、人才招聘等方面加以运用。可以看出，招标投标在我国的发展与运用有两个显著特点：一是政府强制推行，二是建立了一支高素质的专职招标队伍。多年来，招标投标在我国改革开放和经济建设中发挥了重要作用。

3.6 供应链采购与电子采购

3.6.1 供应链采购

1. 供应链管理的含义与特点

（1）供应链管理的含义。“供应链”一词最早来源于彼得·德鲁克提出的“经济链”，而后经由迈克尔·波特发展成为“价值链”，最终演变为“供应链”。供应链管理的定义为：“围绕核心企业，通过对信息流、物流、资金流的控制，从采购原材料开始，制成中间产品及最终产品，最后由销售网络把产品送到消费者手中。它是将供应商、制造商、分销商、零售商，直到最终用户连成一个整体的功能网链模式。”所以，一条完整的供应链应包括供应商（原材料供应商或零配件供应商）、制造商（加工厂或装配厂）、分销商（代理商或批发商）、零售商（大卖场、百货商店、超市、专卖店、便利店和杂货店）及消费者。

供应链管理是一种先进的管理理念，它的先进性体现在以顾客和最终消费者为经营导向，以满足顾客和消费者的最终期望来生产和供应。

（2）供应链管理的特点。

1）供应链管理把所有节点企业看作一个整体，实现全过程的战略管理。传统的管理模式往往以企业的职能部门为基础，但由于各企业之间及企业内部职能部门之间的性质、目标不同，造成相互矛盾和利益冲突，各企业之间及企业内部职能部门之间无法完全发挥其职能效率，因而很难实现整体目标化。

供应链是由供应商、制造商、分销商、零售商、客户和服务商构成的网状结构。链中各环节不是彼此分割的，而是环环相扣的一个有机整体。供应链管理把物流、信息流、资金流、业务流和价值流的管理贯穿于供应链的全过程。它覆盖了整个物流，从原材料和零部件的采购与供应、产品制造、运输与仓储到销售各种职能领域。它要求各节点企业之间实现信息共享、风险共担、利益共存，并从战略的高度来认识供应链管理的重要性和必要性，从而真正实现整体的有效管理。

2）供应链管理是一种集成化的管理模式。供应链管理的关键是采用集成的思想和方法。它是一种从供应商开始，经由制造商、分销商、零售商直到最终客户的全要素、全过程的集成化管理模式，是一种新的管理策略。它把不同的企业集成起来以提高整个供应链的效率，注重的是企业之间的合作，以达到全局最优。

3）供应链管理提出了全新的库存观念。传统的库存思想认为：库存是维系生产与销售的必要措施，是一种必要的成本。因此，供应链管理使企业与其上下游企业在不同的市场环境下实现了库存的转移，降低了企业的库存成本。这也要求供应链上的各个企业成员建立战略合作关系，通过快速反应降低库存总成本。

4）供应链管理以最终客户为中心，这也是供应链管理的经营导向。无论构成供应链节点的企业数量有多少，也无论供应链节点企业的类型、层次有多少，供应链的形成都是以客户和最终消费者的需求为导向的。正是由于有了客户和最终消费者的需求，才有了供应链的存在。而且，也只有让客户和最终消费者的需求得到满足，才能让供应链得到更大的发展。

通过对供应链管理的含义与特点的分析，我们可以知道：相对于旧的依赖自然资源、资金和新产品技术的传统管理模式，以最终客户为中心，将客户服务、客户满意、客户成功作为管理出发点的供应链管理的确具有多方面的优势。但是，由于供应链是一种网状结构，一旦某一局部出现问题，马上会扩散到全局，所以在供应链管理的运作过程中就要求各个企业成员对市场信息的收集与反馈要及时、准确，以做到快速反应，降低企业损失。而要做到这些，供应链管理要有先进的信息系统和强大的信息技术作为支撑。

2．供应链环境下的采购管理

（1）供应链采购与传统采购的区别。传统采购仅代表以钱易货，主要目标是降低买进价格以降低成本。现代意义上的采购已成为一个专门学科，是物流管理的重要内容之一。尤其是在中国加入世界贸易组织后，市场一体化、竞争国际化理念在企业经营中逐步深化，企业已经认识到采购在供应链管理中的重要性。供应链管理下的采购与传统方式下的采购有很大的区别，如表 3-1 所示。

表 3-1　供应链采购与传统采购的区别

类　　别	供应链采购	传 统 采 购
基本性质	基于需求的采购 供应方主动型，需求方无采购操作的采购方式 合作性采购	基于库存的采购 需求方主动，需求方有主动操作的采购方式 对抗型采购
信息关系	信息传送畅通、信息共享	信息不通、隐瞒信息
库存关系	供应方掌管库存 需求方可以不设仓库，零库存	需求方掌管库存 需求方可以设仓库，高库存
双方关系	供需双方关系友好 责任共担、利益共享、协调配合	供需双方关系敌对 责任自负利益独占、互斥竞争
送货方式	小批量、多频次连续发货	大批量、多频次非连续发货
验货工作	免检	严格检查

由于制造业在供应链中的特殊地位，在调整资源并集中自身的核心能力过程中，开始在某些特定的专业技术领域中更多地依靠供应商。企业与供应商之间的关系已经是今天产业竞争特征的表现，即不再是企业与企业、产品与产品之间的竞争，而是企业所处供应链与其他供应链之间的竞争。在供应链整个链条中的某个节点出现质量、设计交货或成本问题，都可能造成终端产品制造商的损失，并带来相关连锁反应。因此，如果采购在供应链中是一个软弱无力的链接，则这一链接环节很可能破坏主导企业整条供应链的竞争力。因为选择供应商、建立供应链结构和开发与供应商共有的利益关系是采购工作的基础，所以如果没有优秀的供应商，没有出色的采购管理，就难以在当今市场中形成成功的供应链。

（2）供应链管理下采购的特点。供应链管理是一种现代的、集成的管理思想和方法，它利用计算机网络技术全面规划供应链中的物流、信息流、资金流等，实行计划、组织、协调与控制，采用系统方法整合供应商、生产制造商、零售商的业务流程，提高成员企业的合作效率，使产品及服务以正确的数量、质量，在正确的时间、地点，以最佳的成本进行生产与销售。在供应链管理的环境下，企业的采购方式与传统管理下的采购方式有所不同，呈现出以下特点。

1）从采购管理转变为外部资源管理。传统采购管理的不足之处在于与供应商缺乏交流合作，缺乏柔性的、对需求快速响应的能力。JIT 采购和 JIT 生产的思想出现后，为企业的供应链管理带来了挑战和机遇。原来传统的单纯为库存而采购的管理模式，转变为提高采购的柔性和市场响应能力、增加与供应商的沟通联系、使原材料的库存和缺陷为零、建立新的供需合作模式。

传统的采购模式单纯重视企业内部资源的管理，即孤立地追求采购流程的优化、监控采购环节等，而没有与供应商进行有效的合作。而在供应链管理模式下，采购管理不但加强了内部资源的管理，还转向对外部资源的管理，加强了与供应商在信息沟通、市场应变能力、产品设计、产品质量、交货期等方面的合作，真正实现零库存，达到双赢的目的。

2）从为库存而采购转变为为订单而采购。在传统的采购中，采购部门并不关心企业的生产过程，不能掌握生产进度、用料规律、产品需求的变化，因而无法安排好进货周期。采购部门的目的很简单，只要正在进行的生产不发生“停工待料”的现象就行了，为此而储备的保险库存就是常说的为库存而采购。

在供应链管理的模式下，采购活动是以订单拉动生产的方式进行的，即生产订单是在用户需求订单的拉动下产生的，生产订单拉动采购订单，采购订单再拉动供应商。这种准时化的订单拉式控制策略，使物流系统得以快速响应用户的需求，从而提高了物流的速度和库存的周转率，降低了库存成本。

3）从一般买卖关系发展成战略协作伙伴关系。在传统的采购模式中，供应商与生产企业之间是一般的买卖关系，不能解决全局性、战略性的供应链问题，企业与企业之间无法共享库存信息，企业间所获取的信息就会出现偏差和失真，导致信用风险、产品质量风险、库存资金积压等风险。而在供应链环境下，供应商与生产企业从一般的短期买卖关系发展成长期合作伙伴关系直至战略协作伙伴关系，采购决策变得透明，双方为达成长远的战略性采购供应计划而共同协商，从而避免了因信息不对称造成的成本损失。

（3）供应链下的采购管理对竞争优势的贡献。

1）成本控制。降低直接原料成本可直接提高企业净资产回报率。以一个典型企业为例，采购成本占60%，人力成本占20%，管理费用占15%，利润占5%，显然采购是成本控制中最有效的部分。许多管理者在削减成本时，常常把注意力过分集中在裁减员工福利、降低管理费用上，由此不得不承担人心浮动、管理下降等副作用。相对而言，在采购成本中下功夫，更容易取得事半功倍的效果。引进新的供应商参加竞标、寻求替代原料等是常用的降低原材料成本的方法。

2）提高资金周转率。供应链管理的主要目标之一就是加快物料和信息的流动，缩短资金周转率。作为供应链的重要一环，优化的采购管理是保证供应链通畅必不可少的条件。举例来说，1000元的投资，经过采购、制造和销售过程可产生10元的利润。如果一个周转周期是4周，那么每年的利润是10×52÷4=130元。如果这个周期缩短一倍，那么年利润也将翻番，达到260元。同时，提高生产效率，降低每个周期所需投资，也可达到提高资金周转率的效果。结合采购及供应管理来讲，企业可以依靠采购力量，选择适当的供应商，通过增强同供应商的协作来达到这个目的。企业可敦促供应商提高灵活性、可靠性，缩短交货周期，保证质量，增加发货次数，还可和供应商签订JIT协议。这些措施可以使企业缩短生产周期，提高生产效率，减少库存，同时增强市场应变能力。另外，顾客会因为企业及时快速地交货而对企业更加有信心。

3）帮助企业改革经营模式。积极的、专业化的供应商管理会对公司的经营及生产模式产生重大影响。现代企业发展的一个趋势是把主要注意力和资源集中到可保持长期竞争优势的少数核心业务上，把不能达到行业领先水平的、非核心的活动转包给供应商，这样可降低企业成本，提高整体质量，缩短交货时间，提高相对竞争力。通用电气就曾提出“数一数二”战略，即只保留在本行业数一数二的业务，其他或卖，或转型，或停产，最终造就了通用电气今天的巨大成功。另外，通过与供应商建立战略伙伴关系，企业还可在不直接投资的情况下，利用供应商的资源来开发产品。这样可节省资金，降低成本，并达到迅速形成规模生产、扩大生产能力的目的。当然，经理们在计划和管理外购活动中，也要避免公司过分依赖合作伙伴，避免被供应商控制。可使用的手段包括：有意识地发展和联系多个供应商，控制过程中的关键步骤。

3.6.2 电子采购

1. 电子采购的含义

电子采购是由采购方发起的一种采购行为，是一种不见面的网上交易，如网上招标、网上竞标、网上谈判等。人们把企业之间在网络上进行的这种招标、竞价、谈判等活动定义为 B2B 电子商务，事实上，这只是电子采购的一个组成部分。电子采购比一般的电子商务和一般性的采购在本质上有了更多的概念延伸，它不仅完成采购行为，而且利用信息和网络技术对采购全程的各个环节进行管理，有效地整合了企业的资源，帮助供求双方降低成本，提高了企业的核心竞争力。

实行电子采购有如下优势。

1）通过电子采购可以帮助企业实施采购信息化。利用信息和网络技术对采购全程的各个环节进行管理，以企业采购的电子化为切入点，帮助企业逐步利用信息技术整合各种资源，实行电子化管理。电子采购比传统采购的管理更便捷，采购信息更广泛透明，提高了企业的核心竞争力。

2）电子采购可以尽量减少与非合同采购商交易。非合同采购商与合同采购商相比存在更多的违约风险，而且货物相对没有保障。而电子采购更能规范这一点，尽量避免与非合同采购商交易。

3）通过电子采购在交易平台进行竞价采购，大大缩短了采购周期。自采购方企业竞价采购项目正式开始至竞价结束，一般较传统招标采购节省一半甚至更多的采购时间。采购方企业通过电子采购交易平台进行竞价采购，可以使竞争更完全、更充分，使采购方企业获得更合理的价格，从而大大节省了企业的采购开支。

4）电子采购可以达到信息共享。供应商可以了解当时采购、竞标的详细信息，还可以查询以往交易活动的记录，建立高效、协同的供应商关系。

5）电子采购是一个标准化、规范化的过程。交易的双方是要签署协议的，违约要负法律责任。通常采用电子采购的企业有多次交易经验，违约的可能性会减少。

6）通过电子化的采购订单、标准化的采购流程，更能减少传统采购中经常遇到的人为错误。

7）通过电子采购交易平台中专业数据库的帮助，可以跳出地域、行业的限制，找到更多、更合适的供应商，进一步丰富采购方企业的供应商资源和情报，使企业更深入地了解相关物资和产品的市场供求情况，并在此基础上，可以根据供应商的资信整合供应商资源，找到更好、价格更低廉的商品。

8）电子采购会对传统的采购流程进行优化，制定适宜网上交易的标准采购流程。通过这一标准化的采购流程来进行企业的采购活动，比传统的采购更加便利和快捷。

2. 电子采购的模式

（1）自营采购网站模式。世界大公司陆续开展了网络采购，到目前为止，全球500强企业中有 85%已实现了采购网络化。它们作为大买主，主要采用以其自身为主的电子交易场所的模式，即建立自营采购网站，联结的需求仅为自身企业，而供应方为任意多个供应商。自营采购网站模式如图 3-6 所示。

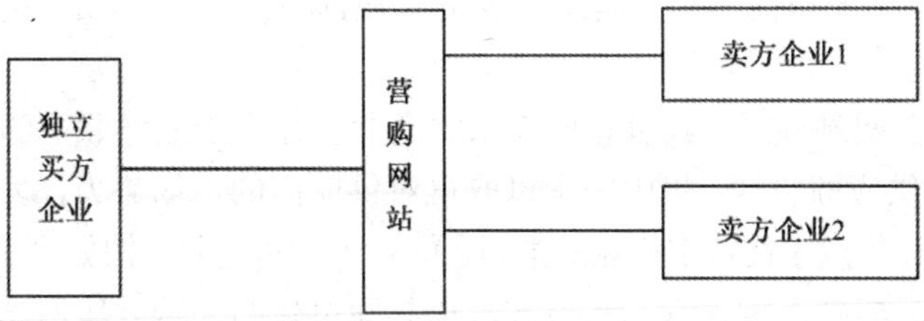

图 3-6 自营采购网站模式

此类网站大多是由买方管理并具有一定的私有性质的封闭系统，与最初的电子数据交换系统类似，但其开放性更为突出，因为不仅可以与有长期联系的固定供应商进行网上交易，还可以发掘新的供应商资源。自营采购网站的功能并不仅仅停留在信息上网及网络营销阶段，而是把企业与供应商接触的最前端——整个采购业务流程都搬到互联网上，一般包括询价、确认供应商、招标标准、价格谈判、签署合同及支付等的网上实现。

知识链接

美国通用电气公司（GE）的电子采购系统就是这种模式最为典型的例子。它能够自动联系客户，协调业务，每年可节省 5 亿～7 亿美元的采购费用。该系统自动将正确的图表和附件放入询价表，在 2 小时内供应商就能得到通知并在网上反馈。

海尔集团投资成立海尔电子商务有限公司，在家电行业率先建立企业电子商务网站，全面开展面对供应商的 B2B 业务和针对消费者个性化需求的 B2C 业务。通过电子商务采购平台和定制平台，与供应商和销售终端建立紧密的互联网关系，建立起动态企业联盟，达到双赢的目标，提高双方的市场竞争力；在海尔搭建的电子商务平台上，企业和供应商、消费者实现互动沟通，使信息增值。

此类采购模式的最大好处是企业与供应商建立了直接的一对一的联系。企业通过网络能将信息传送到需要的供应商手中，能与选定的供应商交流敏感的商品价格和存货等涉及商业秘密的信息。较为稳定的合作关系使双方更注重长远的互利，甚至共同控制存货、决定利润分成等，这就发展成为供应链管理的电子化。同时，对潜在供应商，该模式也实现了完善的供应商发掘和管理功能，能在全球范围内寻找潜在的供应商，扩大采购选择范围。

该模式的另一个优势是买方市场实力增强，出现了“买方制定规则的时代”。市场实力是指影响成交价格的能力。当买主较少而供应商较多时，买方讨价还价的能力就强，市场实力就大。电子商务兴起后，企业的选择扩展到全球范围。供应商只有做到更好的质量、更强的合作意向、更优的服务与更合理的价格，才能被企业挑选。

自营采购网站模式还加剧了供应商之间的竞争，甚至使供应商参与竞争的方式也要符合买方的要求。很多大型企业利用其市场势力制定了新的交易规则，要求所有供应商与它的业务来往必须通过网络进行，一般不接受传统方式的交易；同时，采用其网站系统后，必须按照规定的步骤或方式进行交易。供应商必须适应这些新规则，否则将面临失去合同的危险。从长远看，通过网络采购对供应商提高效率、扩大客户范围、减少等待时间、增加收入渠道与提高客户满意度也是非常有利的。它不仅是供应商利益的转移，还创造了新价值。

（2）采购联盟网站模式。具有相似需求的企业往往出于战略联盟的考虑，共同坚持采购网站以共享供应商资源，集中需求以取得对供应商的市场势力，这就是采购联盟网站模式。该模式往往发生在特定行业的集团之间及大公司之间。例如，通用汽车、福特汽车、戴姆勒—克莱斯勒、雷诺汽车和日产汽车共同组建的采购联盟网站 Covisine，每年将处理 7500 亿美元的交易额。中国的首钢、宝钢、武钢等大型钢铁集团也联合起来组建采购联盟，建立了“中国钢铁联盟网”。采购联盟网站模式如图 3-7 所示。

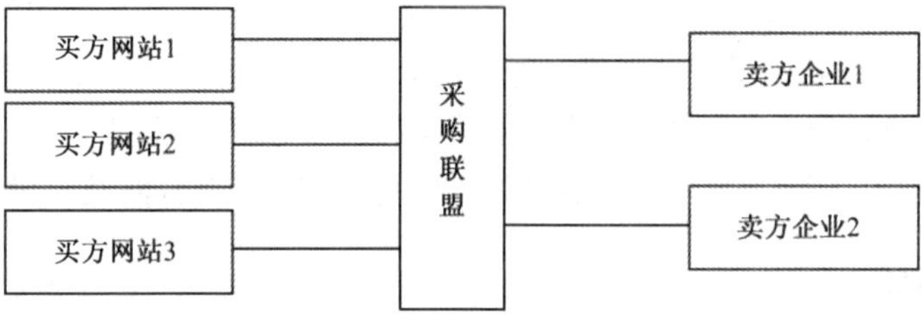

图 3-7　采购联盟网站模式

采购联盟网站模式的特点之一是集中功能。特别是对中小企业来说，由于采购数量少，采购信息发布往往引不起供应商足够的注意和重视，若自建采购网站，可能吸引不了足够数量的供应商参与，效果就不明显。根据国际数据公司的调查，在新建的 1000 个左右的电子商务交易网站中，只有大约 100 个真正进行了交易。这其中的重要原因就是，中小企业的网站集中不到足够的供应商资源。采购联盟网站却可以集中需求、集中信息发布，利用集中机制，使总需求达到一定的数量，能方便供应商的信息查询，吸引供应商参与。同时，买方企业之间是战略联盟的合作关系，与共同的供应商议价，增加了买方的市场势力，价格谈判具有更大的优势，能取得批量优惠。在网站的成本投入方面，由于多家共同出资，成本分摊给每个企业的就较少，也分散了风险。

采购联盟网站模式的另一个重要特点是进一步增强了买方的市场势力。相同的需求使买方企业走到一起，特别是当大型企业集团参与其中时，就能垄断需求市场。由于需求的进一步加大，这种势力比自营采购网站模式要强大得多。

当然，采购联盟网站模式要获利的一个前提条件就是积聚到足够数量的买方需求。

在网站上增加一个买方企业的链接，边际成本几乎为零，而带来的好处是更多的需求和更强的市场势力。

采购联盟网站模式的核心是买方企业之间的战略联盟关系。集中带来的好处可能为企业之间的"竞争"所抵消——所有的成员公司都能更有效地与供应商交易而从中获益。然而，任何公司都不能比竞争对手拥有更多优势。公司还要警惕种种方式带来的敏感信息的外露，警惕竞争对手从中了解公司的经营战略等。因此，采购联盟网站的各个参与者必须有合作与共赢的意识，解决好信息保密与披露的平衡，既要取得集中的利益，又要妥善处理与联盟伙伴、供应商的关系。

知识链接

在医药方面，2009 年下半年，由于受新医改基本药物制度政策的影响，各地中小连锁药店采购联盟呈井喷之势，甚至主流连锁药店都出现一些松散联盟。在成都药交会上，更有成都蓉合药业组织的四川蓉合药店大联盟高调亮相，并且吸引了全国主要几大联盟和业内人士参与论坛，本来两小时的论坛，持续了 3 个多小时还没有结束。

由于新医改造成基本药物目录内产品在药店销售成为"鸡肋"，所有的连锁药店都在寻求差异化和多元化，其中最根本的一点就是产品品类的差异化。而对中小连锁药店来说，实现差异化的主要手段就是通过联盟集中联合采购一些新品。全国新成立的各种中小药店采购联盟雨后春笋般的出现，就能充分说明这一采购联盟的吸引力和生命力。

（3）中介采购网站模式。在这种采购模式中，网站由独立于买卖双方的中介方运行管理。它可以有多种形式，如产品目录式、拍买式、交易所式或社区式。买方企业加入到中介网站中，充分利用它集中的供应商资源和信息渠道，在网站上寻找供应商或达成合同后，以按销售额提成的方式给中介网站一定的佣金。对于一些分工不细的通用办公类商品，市场上存在很多的买主和卖主。例如，每个企业都需要诸如计算机、一般日常办公用品等，而提供此类商品的公司也为数不少，有些通用的零配件也属于此类。企业采购这些商品就可以依托中介采购网站。中介采购网站模式如图 3-8 所示。

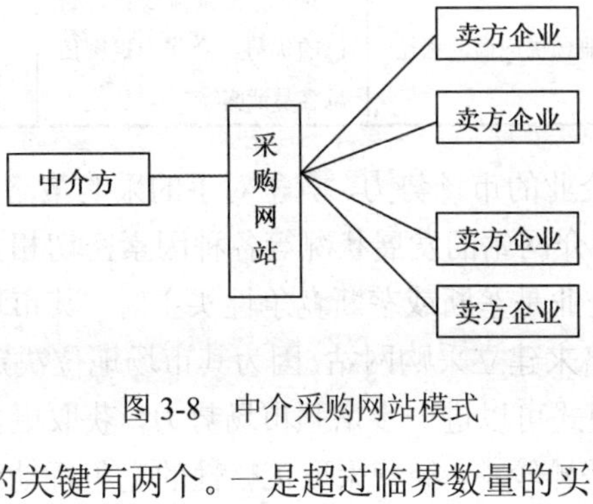

图 3-8　中介采购网站模式

中介采购模式成功的关键有两个。一是超过临界数量的买方和卖方的信息。中介采购网站不仅要以较多的需求量吸引提供此类商品的供应商在网站上发布产品信息，连通供货渠道，而且需要以全面及时的产品内容和服务特色吸引众多买方的参与。买方在众多中介采购网站中选择时，注重的是网站的供应商数量、服务质量和信息内容，所以中介网站往往有信誉效应，同类网站一般只有少数能够成功。二是迅速获得信息并及时发布，提供最新信息。一般采用供应商之间管理网上信息的方式，供应商在利益的驱动下迅速更新其产品信息，以得到更多买者的青睐。它们既要及时上传信息，可能还要缴纳一定的费用以取得信息发布资格。买方企业愿意参与中介采购网站是为了更方便有效地获取专类的市场信息，享有众多供应商提供的多种可供选择的产品。

中介采购网站不同于采购联盟网站的是，它不是以买方企业的利益为主，而是在买卖双方之间选择一个比较公正的立场，为卖方提供信息发布的渠道，为买方提供便捷获取信息的工具，在双方之间“撮合”交易的成功。因此，它比采购联盟网站更容易得到卖方的支持，预期有更多的卖方进入。但是，对买方来说，所得到的服务可能比不上采购联盟网站模式。例如，在买方与供应商之间关系的保持方面、按照买方需要选择订货方式方面，以及为买方获取更多利益方面，采购联盟网站模式的优势更为明显，但能吸引足够数量的供应商是中介采购网站模式的长处所在。

3. 电子采购模式的比较

上述几种采购模式都各具优势，并有不同的使用范围，它们之间的比较如表 3-2 所示。企业采购要向网络转型，最大限度地利用电子商务带来的便捷和利益，就需要选择适合自身的采购模式。

表 3-2　几种采购模式的比较

模　　式	自营采购网站	采购联盟网站	中介采购网站
适用对象	大型垄断或垄断竞争性企业	特定行业垄断竞争性企业或中小型企业建立战略联盟	中小型企业
优势	有利于供应商建立一对一的长期合作关系，利于寻找潜在供应商，买方市场势力增强，加剧供应商间的竞争	集中需求，增强买方的市场势力	处于买卖双方之间“中立”的立场上，并不以买方利益为主；能够吸引足够数量的供应商
劣势	不能兼顾供应商的利益	竞争性企业难以获得自己的优势，合作中机密信息容易泄露	买方优势相对不明显，买卖双方可能只是暂时的供需关系，不稳定

采购模式的选择与企业的市场势力、竞争对手的采购策略、企业规模、采购品种与方式、供应商的特征、中介网站的发展状况等各种因素密切相关，企业在选择时要综合考虑各种因素。当大型企业是垄断或垄断竞争性买主时，其市场势力很强，这时企业往往采取自营或联盟的策略来建立采购网站，因为其市场地位决定了其能够拥有足够的供应商资源，采用这两种模式可以进一步增强市场势力，获取更多的经济效益。当市场中的几家大企业之间产品差异较小，经营采取策略性的竞争行动时，往往不能达成战略联盟，随着建立采购网站成本的持续下降，自营采购网站模式更盛行。

对众多的中小企业来说，加入采购联盟网站或中介采购网站更为合理。通常采购产品专用的原材料或零部件时，采购联盟模式能够满足企业对产品的特定需要。而采购通用的办公类产品时，加入已有的中介采购网站更为方便。

如果现有的中介采购网站已经吸引了很多买主与卖主，买方企业很可能选择直接导入。当拥有类似需求的其他买方企业已经组建了采购联盟时，则一般会加入到该采购联盟网站。因此，企业采购模式的选择会受到先行企业采购模式的影响。

处于不同环境的企业，在综合权衡各种因素选定采购模式之后，接下来的工作就是建立与供应商的联系渠道，再造企业的采购业务流程，充分发挥网络与电子商务环境中新采购模式的优势。

思考题

一、判断题

（1）如果商品的价格对政治和经济气候的敏感程度很高，集中采购的方法就会受到偏爱。（ ）

（2）定量订购控制法适合品种数量大、平均占用资金少、只需一般管理的 B 类商品。（ ）

（3）JIT 采购不但能够最大限度地满足用户需要，而且可以极大地消除库存，最大限度地减少浪费。（ ）

（4）电子采购可以避免与非合同采购方交易。（ ）

二、单选题

（1）下列不属于分散采购对象的是（ ）。

A．小批量、价值低物品

B．总支出在产品经营费用中所占比重小的物品

C．新产品开发、研制、试验所需要的物品

D．连锁经营或特许经营企业的采购

（2）下列哪项不属于采购订货策略的基本内容？（ ）

A．订货地点　B．订货时机

C．订货量　D．订货操作方法

（3）ERP 由（ ）最先提出。

A．美国　B．英国

C．日本　D．中国

（4）ERP 系统的常见模块中不包含（ ）。

A．财务管理模块　B．生产控制管理模块

C．物流管理模块　D．分销管理模块

（5）（ ）是政府采购最通用的方法之一。

A．招标采购　B．电子采购

C．JIT 采购　D．ERP 采购

三、填空题

（1）定量订货法订购时间不定，难以编制严密的采购计划，不能得到多种物品合并订购的好处，还必须不断核查仓库的库存量。为了改正这些缺点可采用的方法是______。

（2）定期订货法订货量的公式是：________。

（3）JIT生产方式是由______公司的______发明的。

（4）招标采购管理的步骤有______、______、______和______、_______、______6步。

（5）供应链是将__________、__________、__________、__________直到__________，连成一个整体的功能网链模式。

四、简答题

（1）集中采购或分散采购的选择标准有哪些？

（2）定期订购控制法有哪些优点？

（3）JIT采购有哪些优势？

（4）招标采购的一般程序和步骤是什么？

（5）查阅相关资料，整理目前比较成熟的电子采购网站。

技能实训

企业采购方式调查

实训目的：

（1）通过实地调查，了解各种采购方式的特点及运作方式。

（2）通过对比分析，了解各种采购方式的优缺点和适用的先决条件。

（3）理解采购人员涉及采购模式选择时的职责与需要具备的能力。

（4）培养学生的团队合作精神，增强归纳分析及与人沟通的能力。

实训组织：

（1）本着自愿原则，学生5人一组，每组设组长1名，由组长分工及协调实训小组的实训任务，并带领大家完成实训任务。

（2）实训以合作企业（或自主选择的目标企业）调查为主，同时通过互联网、教师讲解及辅导等方式收集资料，辅助实训任务的完成。

实训项目：

收集合作企业（或自主选择的目标企业）真实的采购作业或往期的采购案例。

实训要求：

（1）明确小组内成员之间的分工，尽可能调动所有成员的参与积极性，达到实训的效果。

（2）重点选择企业的采购部门进行访谈，了解其采购过程及采购方式，并做详细记录。

（3）要求各小组相互协商，尽量调查不同行业、不同产品及不同的采购方式，以便最后进行对比分析。

（4）小组讨论，整理并统计各成员的发言，以便最后进行比较分析。

实训成果：

（1）小组内讨论，最后撰写实训报告。

（2）本着互惠双赢的原则，小组讨论，依据自己的看法提出企业采购活动改进意见书，并提交调查企业。

实训考核：

（1）实训过程中职业素养是否得到体现。

（2）小组分工是否明确和均衡，小组成员的能力是否得到充分的发挥。

（3）实训方法选择是否得当，操作是否规范。

（4）小组实训报告思路是否清晰，内容是否充实，重点是否突出。

项目 4
编制采购计划与采购预算

工作领域技能需求

（1）作为采购部门的主管/经理，应该能够理解采购计划和采购预算的含义和作用，明白采购计划和采购预算在制定时坚持的原则，并且选择合适的方法来实施。

（2）作为采购计划专员，应该能够在采购部门主管/经理的领导下分析历史消耗数据，制订采购需求计划。

（3）作为采购预算专员，应该能够在采购部门主管/经理的领导下精确制定采购预算，并编制预算执行报告。

学习领域知识供应

（1）采购计划相关理论：采购计划的含义，采购计划的分类，采购计划的作用，编制采购计划的原则、程序和注意事项等。

（2）采购预算相关理论：采购预算的含义，采购预算的种类，采购预算的作用，编制采购预算的原则、程序、方法和注意事项等。

学习建议

（1）实地调研一家企业，详细了解该企业采购部门是如何编制采购计划和预算的。

（2）虚拟企业运营业务，模拟编制采购计划和预算。

案例导入

精确的采购预算可以有效降低电梯废标率

在电梯招标项目中，由于采购预算过低，导致项目废标现象频繁。对此专家表示：

“投标供应商报价均超出预算，项目作为废标处理。”近日，被众多知名电梯品牌看好的一个 2000 多万元电梯采购项目因预算过低导致废标。

中国建设机械总公司高级工程师杨凯在接受《政府采购信息报》采访时表示：“由于预算不合理导致电梯项目废标的现象较多，如何合理制定采购预算值得思考和探索。”

1. 准确把握技术需求

预算太低，就可能导致投标供应商不足 3 家，从而大大增加电梯采购项目废标率。如果预算过高，就会给投标供应商带来巨大利润空间，达不到节约资金的目的。因此，如何合理制定电梯采购预算，成为衡量电梯采购项目能否成功的关键。

安徽省特种设备检测院高级工程师赵国先认为：“要想提高电梯采购预算精准度，采购单位必须先明确采购电梯的档次，根据使用场所来决定技术规格。”

目前市场上习惯将电梯按高、中、低分档，高档电梯是技术先进的系统设计型产品，除具有系统设计型电梯的全部特征外，还应全面采用先进技术，具有先进的功能配置，且制造精良。

现实中，一些采购预算单位对电梯系统的技术性能并不十分了解，对某一品牌的偏好替代了对产品主要结构部件、系统运行、使用成本的综合评估。往往会用品牌来判断产品性能，做预算时，就会把某个品牌作为参考依据。但同一品牌的电梯有不同的档次，而同一个工厂还同时生产多个品牌的电梯，因此品牌与电梯的档次并无直接联系。

赵国先表示：“电梯属于非标产品，技术较复杂，采购单位制定预算时，必须严格考虑各项技术参数，不能仅靠对某品牌价格的印象来制定预算。”

2. 专家论证环节不可缺

专家分析，一部普通电梯大概需 20 万元，如果预算不合理，与实际价格相差几万元甚至十几万元不是什么怪事。最近在某酒店电梯采购中，采购内容为 6 部垂直电梯，预算资金达 700 万元，而最后中标价格不到 300 万元，预算价与中标价格相去甚远。

赵国先对此表示：“要提高预算精准度，让预算更加合理，必须让专家参与论证。”据了解，目前专家参与论证，只是单纯对产品技术方面的论证，缺少对预算方面的把关。特别是电梯采购，采购单位不仅要考虑产品本身质量，还要考虑安装及后续维保服务质量。另外，房屋结构、工程难度等也应考虑在预算范围之内。

由于各地廉租房、经济适用房建设力度的加大，一些县级城市电梯采购大单较多。但由于很多电梯厂家网点分布还不够广，都是厂家派专人去各地参与投标，这样就会产生一些差旅费用，这些费用也应考虑在采购预算中。

“要尽可能有效地使用资金，使采购项目得以顺利进行，采购单位应从多方面对专家进行咨询，包括预算、招标文件审核、采购结果等。”赵国先说。

资料来源：http://www.chinabidding.com/zxzx.jhtml?method=detail&docId=182291240

想一想：

怎样才能编制精确的采购预算呢？

4.1　编制采购计划

4.1.1　采购计划的含义

采购计划（Procurement Plan），是指企业管理人员在了解市场供求情况、认识企业生产经营活动过程和掌握物料消耗规律的基础上，对计划期内物料采购管理活动所做的预见性的安排和部署。采购计划是根据生产部门或其他使用部门的计划编制的包括采购物料、采购数量、需求日期等内容的计划表格。

4.1.2　采购计划的分类

1）按计划期的长短，可以把采购计划分为年度物料采购计划、季度物料采购计划、月度物料采购计划等。

2）按物料的使用方向，可以把采购计划分为生产产品用物料采购计划、维修用物料采购计划、基本建设用物料采购计划、技术改造措施用物料采购计划、科研用物料采购计划、企业管理用物料采购计划。

3）按物料自然属性，可以把采购计划分为金属物料采购计划、机电产品物料采购计划、非金属物料采购计划等。

4.1.3　编制采购计划的作用

企业的经营开始于购入商品/物料，经加工制成或经组合配制成主推商品，再通过销售获取利润。其中如何获取足够数量的物料，是采购计划的重点所在。因此，采购计划是一项为维持正常的产销活动，在某一特定的期间内，决定应在何时购入何种物料及订购的数量是多少的估计作业。编制采购计划的主要作用如下。

1）采购是企业生产经营活动的起始阶段，按计划组织采购活动是有计划地组织企业生产经营活动的重要保证。

2）采购计划提高了购进原料的稳定性、可靠性、及时性，与企业完成销售等项任务计划紧密衔接，提高了原料供应保证程度。

3）采购要求相应的运输、仓储、资金、人员等各项实施条件，因而采购计划是企业编制和落实财务计划、储运计划、人力资源计划等各项计划的重要依据。

4）采购计划的编制增强了企业内部采购、库存、销售等工作环节的协调，促进企业内部产供销的整合和与外部供应单位的衔接，提高了预见性，减少了不确定性，这对缩减备运时间、降低库存水平、减少费用支出都是十分有利的。

4.1.4　编制采购计划的原则

1．量力而行原则

编制的采购计划要严格按照预算执行并考虑工厂的及时支付能力。

2．适度超前原则

编制采购计划时要充分考虑物料的先进性，考虑物料的现实需求与前瞻需求，在企业财力允许的情况下，适度提高采购物料的余量与内在品质。

3．成本经济型原则

编制采购计划时要充分考虑采购物料与其后续成本支出，按照降低采购成本的总要求，合理地确定规格型号等具体的技术参数。

4．物料分类原则

编制采购成本时需要将采购的物料按照轻重缓急分为不同的等级，对重点物料或急需物料要确保优先安排采购。

5．提高采购整体效益原则

1）对采购价格容易随季节变化的物料，编制采购计划时应将其安排在价格处于低谷的淡季进行采购。

2）对相近或相同的物料采购，编制采购计划时尽量安排一次性采购。

3）对经过认证能够满足企业需求的供应商，编制采购计划时尽量将不同的产品安排在一个供应商名下进行集中采购。

4.1.5　采购计划的编制程序

目前公认的采购计划的主要环节有准备认证计划、评估认证需求、计算认证容量、制订认证计划、准备订单计划、评估订单需求、计算订单容量、制订订单计划，下面分别详细阐述这 8 个环节。

1．准备认证计划

准备认证计划是采购计划的第一步，也是非常重要的一步。关于准备认证计划可以从以下 4 个方面进行详细的阐述。

（1）接收开发批量需求。开发批量需求是启动整个供应程序流动的牵引项，要想制订比较准确的认证计划，首先要做的就是熟悉开发需求计划。目前开发批量需求通常有两种情形。一种情形是在以前或目前的采购环境中就能够挖掘到的物料供应。例如，若以前所接触的供应商的供应范围比较大，就可以从这些供应商的供应范围中找到企业需要的批量物料需求。另一种情形是企业需要采购的是新物料，在原来形成的采购环境中不能提供，需要企业的采购部门寻找新物料的供应商。

（2）接收余量需求。随着企业规模的扩大，市场需求也会变得越来越大，旧的采购环境容量不足以支持企业的物料需求；或者因为采购环境有了下降的趋势从而导致物料的采购环境容量逐渐缩小，这样就无法满足采购需求。以上这两种情况都会产生余量需求，这就产生了对采购环境进行扩容的要求。采购环境容量的信息一般由认证人员和订单人员来提供。

（3）准备认证环境资料。通常来讲，采购环境的内容包括认证环境和订单环境两部分。有些供应商的认证容量比较大，但是其订单容量比较小；有些供应商的情况恰恰相反，其认证容量比较小，但是订单容量比较大。产生这些情况的原因是认证过程本身是对供应商样件的小批量试制过程，这个过程需要强有力的技术力量支持，有时甚至需要与供应商一起开发；但是订单过程是供应商规模化的生产过程，其突出表现就是自动化机器流水作业及稳定的生产，技术工艺已经固化在生产流程之中，所以订单容量的技术支持难度比起认证容量的技术支持难度要小得多。因此，可以看出认证容量和订单容量是两个完全不同的概念，企业对认证环境进行分析时一定要分清这两个概念。

（4）制定认证计划说明书。制定认证计划说明书也就是把认证计划所需要的材料准备好，主要内容包括认证计划说明书（物料项目名称、需求数量、认证周期等），同时附有开发需求计划、余量需求计划、认证环境资料等。

2. 评估认证需求

评估认证需求是采购计划的第二个步骤，其主要内容包括3方面：分析开发批量需求、分析余量需求、确定认证需求。

（1）分析开发批量需求。要做好开发批量需求的分析，不仅需要分析量上的需求，而且要掌握物料的技术特征等信息。开发批量需求的样式是多种多样的，按照需求的环节可以分为研发物料开发认证需求和生产批量物料认证需求；按照采购环境可以分为环境内物料需求和环境外物料需求；按照供应情况可以分为可直接供应物料和需要定做物料；按照国界可分为国内供应物料和国外供应物料等。对于如此复杂的情况，计划人员应该对开发物料需求做详细的分析，必要时还应该与开发人员、认证人员一起研究开发物料的技术特征，按照已有的采购环境及认证计划经验进行分类。

可以看出，认证计划人员需要兼备计划知识、开发知识、认证知识等，具有从战略高度分析问题的能力。

（2）分析余量需求。分析余量需求要求首先对余量需求进行分类，前面已经说明了余量认证的产生原因：一是市场销售需求的扩大，二是采购环境订单容量的萎缩。这两种情况都导致了目前采购环境的订单容量难以满足用户的需求，因此需要增加采购环境容量。对于因市场需求原因造成的，可以通过市场及生产需求计划得到各种物料的需求量及时间；对于因供应商萎缩造成的，可以通过分析现实采购环境的总体订单容量与原定容量之间的差别，这两种情况的余量相加即可得到总的需求容量。

（3）确定认证需求。认证需求是指通过认证手段获得具有一定订单容量的采购环境。认证需求可以根据开发批量需求及余量需求的分析结果来确定。

3. 计算认证容量

计算认证容量主要包括4方面的内容：分析项目认证资料、计算总体认证容量、计算承接认证量、确定剩余认证容量。

（1）分析项目认证资料。分析项目认证资料是计划人员的一项重要事务，不同的认证项目其过程及周期也是千差万别的。机械、电子、软件、设备、生活日用品等物料项目，它们的加工过程各种各样，非常复杂。作为从事某行业的实体来说，需要认证的物料项目可能是上千种物料中的某几种，熟练分析几种物料的认证资料是可能的，但是对于规模比较大的企业，分析上千种甚至上万种物料的难度则要大得多。

（2）计算总体认证容量。在采购环境中，供应商订单容量与认证容量是两个不同的概念，有时可以互相借用，但绝不是等同的。一般在认证供应商时，要求供应商提供一定的资源用于支持认证操作，或者一些供应商只做认证项目。总之，在供应商认证合同中，应说明认证容量与订单容量的比例，防止供应商只做批量订单，而不愿意做样件认证。计算采购环境的总体认证容量的方法是把采购环境中所有供应商的认证容量叠加，但对有些供应商的认证容量需要赋予适当的系数。

（3）计算承接认证量。供应商的承接认证量等于当前供应商正在履行认证的合同量。一般认为认证容量的计算是一个相当复杂的过程，各种各样的物料项目的认证周期也是不一样的，一般要求计算某一时间段的承接认证量。最恰当、最及时的处理方法是借助电子信息系统，模拟显示供应商已承接的认证量，以便认证计划决策使用。

（4）确定剩余认证容量。某一物料所有供应商群体的剩余认证容量的总和称为该物料的认证容量，可以用下面的公式进行简单的说明。

物料认证容量=物料供应商群体总体认证容量-承接认证量

这种计算过程也可以被电子化，一般MRP系统不支持这种算法，因而可以单独创建系统。认证容量是一个近似值，仅作为参考，认证计划人员对此不可过高估计，但它能指导认证过程中的操作。

采购环境中的认证容量不仅是采购环境的指标，而且是企业不断创新、维持持续发展的动力源。源源不断的新产品问世是认证容量价值的体现，也由此生产出各种各样的新产品、新部件。

4. 制订认证计划

制订认证计划的主要内容包括对比需求与容量、综合平衡、确定余量认证计划、制订认证计划4个方面。

（1）对比需求与容量。认证需求与供应商对应的认证容量之间一般都会存在差异，如果认证需求小于认证容量，则没有必要进行综合平衡，直接按照认证需求制订认证计划；如果认证需求量大大超出供应商容量，就要进行认证综合平衡，对于剩余认证需求，需要制订采购环境之外的认证计划。

（2）综合平衡。综合平衡是指从全局出发，综合考虑生产、认证容量、物料生命周期等要素，判断认证需求的可行性，通过调节认证计划来尽可能地满足认证需求，并计算认证容量不能满足的剩余认证需求，这部分剩余认证需求需要到企业采购环境之外的社会供应群体之中寻找容量。

（3）确定余量认证计划。确定余量认证计划是指对于采购环境不能满足的剩余认证需求，应提交采购认证人员分析并提出对策，与认证人员一起确认采购环境之外的供应商认证计划。采购环境之外的社会供应群体如果没有与企业签订合同，那么制订认证计划时要特别小心，并由具有丰富经验的认证计划人员和认证人员联合操作。

（4）制订认证计划。制订认证计划是认证计划的主要目的，是衔接认证计划和订单计划的桥梁。只有制订好认证计划，才能根据该认证计划做好订单计划。下面给出认证物料数量及开始认证时间的确定方法：

认证物料数量=开发样件需求数量+检验测试需求数量+样品数量+机动数量

开始认证时间=要求认证结束时间−认证周期−缓冲时间

采购认证计划表如表 4-1 所示。

表 4-1　采购认证计划表

<table>
<tr><td rowspan="2">序号</td><td colspan="7">主项</td><td colspan="7">次项</td><td rowspan="2">现存订单环境容量</td><td rowspan="2">认证资源容量预测</td><td rowspan="2">备注</td></tr>
<tr><td>物料编码</td><td>名称</td><td>型号描述</td><td>年需求量</td><td>单位</td><td>开始日期</td><td>完成日期</td><td>样品图纸</td><td>技术规范</td><td>工艺路线</td><td>工艺指令</td><td>配料清单</td><td>巡回文档</td><td>隶属产品</td></tr>
<tr><td>1</td><td></td><td></td><td></td><td></td><td></td><td></td><td></td><td></td><td></td><td></td><td></td><td></td><td></td><td></td><td></td><td></td><td></td></tr>
<tr><td>2</td><td></td><td></td><td></td><td></td><td></td><td></td><td></td><td></td><td></td><td></td><td></td><td></td><td></td><td></td><td></td><td></td><td></td></tr>
<tr><td>3</td><td></td><td></td><td></td><td></td><td></td><td></td><td></td><td></td><td></td><td></td><td></td><td></td><td></td><td></td><td></td><td></td><td></td></tr>
<tr><td>合计</td><td colspan="7"></td><td colspan="7"></td><td></td><td></td><td></td></tr>
<tr><td>制订</td><td colspan="2"></td><td>日期</td><td colspan="2"></td><td>审核</td><td colspan="2"></td><td>日期</td><td colspan="2"></td><td>批准</td><td colspan="2"></td><td>日期</td><td colspan="2"></td></tr>
<tr><td colspan="2">认证计划编号</td><td colspan="2"></td><td colspan="2">制订部门</td><td colspan="3"></td><td colspan="3">任务来源编号/说明</td><td colspan="2"></td><td colspan="2">来源部门</td><td colspan="2"></td></tr>
</table>

5．准备订单计划

准备订单计划主要分为 4 个方面的内容：接收市场需求、接收生产需求、准备订单环境资料、制订订单计划说明书。

（1）接收市场需求。首先要弄明白什么是市场需求，市场需求是启动生产供应程序流动的牵引项，要想制订比较准确的订单计划，首先必须熟知市场需求计划或市场销售计划。将市场需求进一步分解便得到生产需求计划。企业的年度销售计划一般在上年的年末制订，并报送至各个相关部门，同时下发到销售部门、计划部门、采购部门，以便指导全年的供应链运转。根据年度计划制订季度、月度的市场销售需求计划。

（2）接收生产需求。对于采购来说，生产需求可以称为生产物料需求。生产物料需求的时间是根据生产计划产生的，通常生产物料需求计划是订单计划的主要来源。为了便于理解生产物料需求，采购计划人员需要深入了解生产计划及工艺常识。在 MRP 系统中，物料需求计划是主生产计划的细化，它主要来源于主生产计划、独立需求的预测、物料清单文件、库存文件。编制物料需求计划的主要步骤有以下 3 个。

1）决定毛需求。

2）决定净需求。

3）对订单下达日期及订单数量进行计划。

(3)准备订单环境资料。准备订单环境资料是准备订单计划中一个非常重要的内容。订单环境是在订单物料的认证计划完毕之后形成的，订单环境资料主要包括以下几项。

1）订单物料的供应商消息。

2）订单比例信息（对多家供应商的物料来说，每个供应商分摊的下单比例称为订单比例，该比例由认证人员产生并给予维护）。

3）最小包装信息。

4）订单周期，它是指从下单到交货的时间间隔，一般以天为单位。

订单环境一般使用信息系统管理。订单人员根据生产需求的物料项目，从信息系统中查询了解该物料的采购环境参数及其描述。

(4) 制订订单计划说明书。制订订单计划说明书也就是准备好订单计划所需要的资料，主要内容包括以下几项。

1）订单计划说明书，内容包括物料名称、需求数量和到货日期等。

2）附市场需求计划、生产需求计划、订单环境资料等。

6. 评估订单需求

评估订单需求是采购计划中非常重要的一个环节，只有准确地评估订单需求，才能为计算订单容量提供参考依据，以便制订好的订单计划。它主要包括 3 个方面的内容：分析市场需求、分析生产需求、确定订单需求。

(1) 分析市场需求。市场需求和生产需求是评估订单需求的两个重要方面。订单计划来源于生产计划，一方面，订单计划首先要考虑的是企业的生产需求，生产需求的大小直接决定了订单需求的大小；另一方面，制订订单计划还得兼顾企业的市场战略及潜在的市场需求等。此外，制订订单计划还需要分析市场要货计划的可信度。必须仔细分析市场签订合同的数量与还没有签订合同的数量（包括没有及时交货的合同）等一系列数据，同时研究其变化趋势，全面考虑要货计划的规范性和严谨性，还要参照相关的历史要货数据找出问题所在。只有这样，才能对市场需求有一个全面的了解，才能制订一个满足企业远期发展与近期实际需求相结合的订单计划。

(2) 分析生产需求。分析生产需求是评估订单需求时首先要做的工作。要分析生产需求，首先要研究生产需求的产生过程，然后分析生产需求量和要货时间，这里不再做详细的阐述，仅通过一个企业的例子做简单说明。

【例 4-1】某企业根据生产计划大纲对零部件的清单进行检查，得到部件的毛需求量。第一周，现有的库存量是 80 件，毛需求量是 40 件，那么剩下的现有库存量为：

$$80-40=40\text{（件）}$$

则到第三周时，库存为40件，此时预计入库120件，毛需求量70件，那么新的现有库存为：

$$40+120-70=90\text{（件）}$$

每周都有不同的毛需求量和入库量，于是就产生了不同的生产需求。因此，对企业不同时期产生的不同生产需求进行分析是很有必要的。

（3）确定订单需求。根据对市场需求和生产需求的分析结果，就可以确定订单需求。通常来讲，订单需求的内容是：通过订单操作手段，在未来指定的时间内，将指定数量的合格物料采购入库。

7．计算订单容量

计算订单容量是采购计划中的重要组成部分。只有准确地计算好订单容量，才能对比需求和容量，经过综合平衡，最后制订正确的订单计划。计算订单容量主要有4个方面的内容：分析项目供应资料、计算总体订单容量、计算承接订单容量、确定剩余订单容量。

（1）分析项目供应资料。众所周知，在采购过程中，物料和项目是整个采购工作的操作对象。对采购工作来讲，在目前的采购环境中，所要采购物料的供应商信息是非常重要的一项信息资料。如果没有供应商供应物料，那么无论是生产需求还是紧急的市场需求，一切都无从谈起。可见，有供应商的物料供应是满足生产需求和满足紧急市场需求的必要条件。例如，某企业想设计一家练歌房的隔音系统，隔音玻璃棉是完成该系统的关键材料，经过项目认证人员的考察，该种材料被垄断在少数供应商的手中，这样在这种情况下，企业的计划人员就应充分利用好这些情报，这样在下达订单计划时就能有的放矢了。

（2）计算总体订单容量。总体订单容量是多方面内容的组合，一般包括两方面内容：一是可供给的物料数量，二是可供给物料的交货时间。例如，A供应商在12月31日之前可供应5万个特种按钮（i型3万个，ii型2万个），B供应商在12月31日之前可供应8万个特种按钮（i型4万个，ii型4万个），那么12月31日之前i和ii两种按钮的总体订单容量为13万个，其中ii型按钮的总体订单容量为6万个。

（3）计算承接订单容量。承接订单容量是指某供应商在指定的时间内已经签下的订单量，但是，承接订单容量的计算过程较为复杂。仍以一个例子来说明。A供应商在12月31日之前可以供给5万个特种按钮（i型3万个，ii型2万个），若已经承接i型特种按钮2万个、ii型2万个，那么对i型和ii型物料已承接的订单量就比较清楚，即2万个（i型）+2万个（ii型）=4万个。

（4）确定剩余订单容量。剩余订单容量是指某物料所有供应商群体的剩余订单容量的总和，可以用下面的公式表示。

物料剩余订单容量=物料供应商群体总体订单容量−已承接订单量

如上例，特种按钮剩余订单容量=13−4=9（万个）。

8. 制订订单计划

制订订单计划是采购计划的最后一个环节，也是最重要的环节。它主要包括 4 个方面的内容：对比需求与容量、综合平衡、确定余量认证计划、制订订单计划。

（1）对比需求与容量。对比需求与容量是制订订单计划的首要环节，只有比较出需求与容量的关系，才能有的放矢地制订订单计划。如果经过对比发现需求小于容量，即无论需求多大，容量总能满足需求，则企业要根据物料需求来制订订单计划；如果供应商的容量小于企业的物料需求，则要求企业根据容量制订合适的物料需求计划，这样就产生了剩余物料需求，需要对剩余物料需求重新制订认证计划。

（2）综合平衡。综合平衡是指综合考虑市场、生产、订单容量等要素，分析物料订单需求的可行性，必要时调整订单计划，计算容量不能满足的剩余订单需求。

（3）确定余量认证计划。在对比需求与容量时，如果容量小于需求就会产生剩余需求，对于剩余需求，要提交认证计划制定者处理，并确定能否按照物料需求规定的时间及数量交货。为了保证物料及时供应，此时可以通过简化认证程序，并由具有丰富经验的认证计划人员进行操作。

（4）制订订单计划。制订订单计划是采购计划的最后一个环节，订单计划做好之后就可以按照计划进行采购工作了。一份订单包含的内容有下单数量和下单时间两个方面。

下单数量=生产需求量-计划入库量-现有库存量+安全库存量

下单时间=要求到货时间-认证周期-订单周期-缓冲时间

制订订单计划是开展采购工作的基础，是采购工作得以及时、有序进行的有利保证，因此企业应当充分重视。采购订单计划表如表 4-2 所示。

表 4-2　采购订单计划表

<table>
<tr><td rowspan="2">序号</td><td colspan="7">主　项</td><td colspan="7">次　项</td><td rowspan="2">现存库存数量</td><td rowspan="2">订单环境容量</td><td rowspan="2">备注</td></tr>
<tr><td>物料编码</td><td>名称</td><td>型号描述</td><td>年需求量</td><td>单位</td><td>开始日期</td><td>完成日期</td><td>样品图纸</td><td>技术规范</td><td>工艺路线</td><td>工艺指令</td><td>配料清单</td><td>巡回文档</td><td>隶属产品</td></tr>
<tr><td>1</td><td></td><td></td><td></td><td></td><td></td><td></td><td></td><td></td><td></td><td></td><td></td><td></td><td></td><td></td><td></td><td></td><td></td></tr>
<tr><td>2</td><td></td><td></td><td></td><td></td><td></td><td></td><td></td><td></td><td></td><td></td><td></td><td></td><td></td><td></td><td></td><td></td><td></td></tr>
<tr><td>3</td><td></td><td></td><td></td><td></td><td></td><td></td><td></td><td></td><td></td><td></td><td></td><td></td><td></td><td></td><td></td><td></td><td></td></tr>
<tr><td>合计</td><td colspan="7"></td><td colspan="8"></td><td></td><td></td></tr>
<tr><td>制订</td><td colspan="2"></td><td>日期</td><td colspan="2"></td><td>审核</td><td colspan="2"></td><td>日期</td><td colspan="2"></td><td>批准</td><td colspan="2"></td><td>日期</td><td colspan="2"></td></tr>
<tr><td colspan="2">认证计划编号</td><td colspan="2"></td><td colspan="2">制订部门</td><td colspan="3"></td><td colspan="3">任务来源编号/说明</td><td colspan="2"></td><td colspan="2">来源部门</td><td colspan="2"></td></tr>
</table>

4.1.6　编制采购计划时应该注意的问题

1．制订采购计划时注意的问题

在制订采购计划时，应注意的问题有：采购设备、工程或服务的规模和数量，以及具体的技术规范与规格，使用性能要求；采购分几个阶段或步骤，哪些安排在前面，哪些安排在后面，要有先后顺序，且要对每批货物或工程从准备到交货或竣工需要多长时间做出安排；一般应以重要的控制日期为节点制作里程碑式的横条图或类似图表，如开标、签约日、开工日、交货日、竣工日等，并应定期予以修订；货物和工程采购中的衔接；如何进行分包分段，分几个包/合同段，每个包或合同段中含哪些具体工程或货物品目。

2．实际工作中应该注意的有关事项

为更好地组织好采购工作，要建立强有力的管理机构，并保持领导班子的稳定性和连续性。切实加强领导，保证项目采购工作的顺利进行；要根据市场结构、供货能力或施工力量，以及潜在的竞争性来确定采购批量安排、打捆分包及合同段划分。例如，土建合同在采用 ICB 方式招标时，如果规模过小，则不利于吸引国际上实力雄厚的承包商和供货商投标；合同太多、太小也不便于施工监理和合同管理。在确定采购时间表时，要根据项目实施安排，权衡贷款成本，采购过早、提前用款则要支付利息，采购过迟则会影响项目执行。因此，项目采购部门及采购人员要权衡利弊，做出统筹安排。

3．及早做好采购准备工作

根据采购周期及项目周期和招标采购安排的要求，一般来说，在采购计划制订完毕之后，下一步要做的工作就是编制招标文件（包括在此之前的资格预审文件），进入正式采购阶段。通常，最理想的安排是，在项目准备和评估阶段就要开始准备招标文件，同时进行资格预审，到贷款协议生效之前就完成开标、评标工作，协议一生效就可以正式签订合同。这样做可以避免因采购前期准备工作不充分而影响采购工作如期进行。世界银行曾指出，采购进度的快慢主要取决于项目前期准备阶段采购计划和合同包的详细程度。同时，尽早编写招标文件，也对采购进度有相当大的促进作用。

4．选择合适的采购代理机构

采购代理机构的选择要根据项目采购的内容、采购方式及国家的有关规定来确定。通常，属于国际竞争性招标的，要选择国家批准的有国际招标资格的公司承担。对属于询价采购、国内竞争性招标、直接采购的，要视情况而定，可以选择国际招标公司，也选择外贸公司作为代理，还可以由项目单位自行组织采购。在世界银行项目中选择采购代理机构，既是国家有关部门的明文规定，也是由我国现行体制决定的。在绝大多数项目中，业主往往只接触自己的一个项目，几乎所有的工作都从头开始，而采购代理机构则介入了许多项目，对世界银行各方面的规定和程序都有深刻的理解。实践证明业主完全可以借此加快项目进度，并避免产生不必要的错误。

4.2 编制采购预算

4.2.1 采购预算的含义

采购预算是一种用数量表示的计划，是将企业将来采购决策的目标通过有关数据系统地反映出来，是采购决策数量化的表现。预算的时间范围要与企业的计划期保持一致，绝不能够过长或过短。长于计划期的预算没有实际意义，浪费人力、物力和财力，而短期的预算又不能保证计划的顺利执行。企业可获得的可分配资源和资金在一定程度上是有限的，受到客观条件的限制，企业的管理者必须通过有效分配有限的资源来提高效率以获得最大的收益。一个良好的企业不仅要赚取合理的利润，还要保证企业自身良好的资金链，因此，良好的预算既要注重最佳实践，又要强调财务业绩。

4.2.2 采购预算的种类

采购预算的种类不同，所起的作用也不同。

1. 根据时间的长短进行分类

根据时间的长短，可以将采购预算分为长期采购预算和短期采购预算。长期采购预算是时间跨度超过一年的预算，主要涉及固定资产的投资问题，是一种规划性质的资本支出预算。长期采购预算对企业战略计划的执行有着重要意义，其编制质量的好坏将直接影响企业的长期目标能否实现，影响企业较长时间内的发展。企业的短期采购预算是企业一年内对经营财务等方面所进行的总体规划说明。短期采购预算是一种执行预算，对业务计划的实现影响重大。

2. 根据采购预算所涉及的范围进行分类

根据采购预算所涉及的范围，可以将采购预算分为全面采购预算和分类采购预算。全面采购预算又称为总采购预算，是短期采购预算的一种，涉及企业产品或服务的现金收支等方面的问题。总采购预算由分类采购预算综合而成。分类采购预算种类繁多，有基于各种活动的过程预算，也有按各部门制定的部门预算，当然，对分部门来说，这一预算又是总预算。因此，分采购预算与总采购预算的划分是相对的。

4.2.3 采购预算涉及的领域

采购部门中主要有 4 个领域受到预算控制：原料，维护、修理和操作（Maintenance，

Repair & Operations，MRO）供应，资本，以及采购运作费用。

1. 原料

原料预算的主要目的是：确定用于生产既定数量的成品，或者提供既定水平的服务的原材料的数量和成本。原料预算的时间通常是一年或更短，预算的金额是基于生产或销售的预期水平及来年原材料的估计价格来确定的。这就意味着实际有可能偏离预算，这使得在很多组织中详细的年度原材料预算不是很切合实际。因此，很多组织采用灵活的预算来调整实际的生产和实际的价格。

准备充分的原料预算用一种工具为组织提供下列内容。

（1）使得采购部门能够设立采购计划以确保原料需要时能够得到。

（2）用以确定随时备用的原材料和成品部件的最大价值和最小价值。

（3）建立一个财产或财政部门，确定与评估采购支出的财务需求的基础。

尽管原料预算通常基于估计的价格和计划的时间进度，但原料预算可发挥以下几个方面的作用。

（1）为供应商提供产量计划信息和消耗速度计划信息。

（2）为生产和材料补充的速度制订恰当的计划。

（3）削减运输成本。

（4）提供工作量计划的基础。

（5）帮助提前采购。

另外，原料预算还可以提前通知供应商一个估计的需求数量和进度，从而促进采购谈判。

2. MRO 供应

MRO 供应包含在运作过程中，但它们并没有成为生产运作中的一部分。MRO 项目的例子有：办公用品、润滑油、机器修理和门卫。MRO 项目的数目可能很大，对每项都做出预算并不可行。MRO 预算通常由以往的比例来确定，然后根据库存和一般价格水平的预算变化来调整。

3. 资本预算

固定资产的采购通常是支出较大的部分。好的采购活动和谈判能为组织节省很多钱。通过研究可能的来源及与关键供应商建立密切的关系，可以建立既能对需求做出积极响应又能刚好满足所需花费的预算。固定资产采购的评估不仅要根据初始成本进行，还要根据包括维护、能源消耗及备用部件成本等的生命周期总成本进行。由于这些支出的长期性，通常用净现值算法进行预算和做出决策。

4. 采购运作预算

采购运作预算包括采购职能业务中发生的所有花费。通常，这项预算是根据预期的业务和行政的工作量来制定的。这些花费包括工资、空间成本、供热费、电费、电话费、邮政费、办公设施、办公用品、技术花费、差旅与娱乐花费、教育花费及商业出版物的费用。采购运作预算应该反映组织的目标和目的。例如，如果组织的目的是减少间接费用，那么运作预算中的间接费预算就应该反映这一点。高级采购研究中心提供的来自各产业的业务费用比例可能会成为有用的标杆信息。

4.2.4　采购预算的作用

具有良好灵活性和适应性的采购预算能够很好地应对可能发生的不可控事件，也方便企业管理者有效地分配有限的资源来提高销售率并获得最大的收益。良好的预算不但有利于资金的流动，也有利于提高经营业绩，其具体作用表现在如下几个方面。

1）保障企业战略计划和作业计划的执行，确保企业组织目标一致。

2）协调企业各部门之间的合作经营。

3）在企业各部门之间合理安排有限的资源，保证资源分配的效率性。

4）对企业物流成本进行控制、监督。

5）最重要的是考核采购绩效，使其主动完成目标。

4.2.5　采购预算的原则

企业在采购预算过程中应遵循 3 项原则，以减少预算失误及由此带来的损失。

1．预算评估原则

评估预算编制业绩时，采购管理人员应采取积极的态度，根据影响预算的因素，如企业内部人力资源、财务状况、外部经济发展状况、技术发展、竞争者状况等，编制采购预算，以保证预算编制的有效性。例如，考虑到竞争对手的发展状况，为了保证质量优势，采购时须选择优质物料，预算总额将增加，此时，高层管理者应给予客观公正的评价。

2．现金流预算原则

规划采购预算时，应明确现金流比利润、收入更重要，只有现金流不断地循环流动，才能保证企业的顺利运转。因此，采购部应将预算重点放在现金流上。为了使预算对实际的资金调度具有意义，采购预算应以付款金额编订，而非采购金额。

3．趋势预算原则

建立以数据资料为基础的趋势模型，反映服务和产品的需求变化。趋势预算原则的特点及运用要求如表 4-3 所示。

表 4-3　趋势预算原则的特点及运用要求

项　目	说　明
特点	能够预测组织期望的产出，制定清晰、有效的预算文件
运用要求	企业内部须拥有完备的统计资料和历史数据，以便运用数学分析工具使预算结果更加准确

4.2.6　采购预算的编制步骤

采购预算的编制通常包含以下几个步骤，如图 4-1 所示。

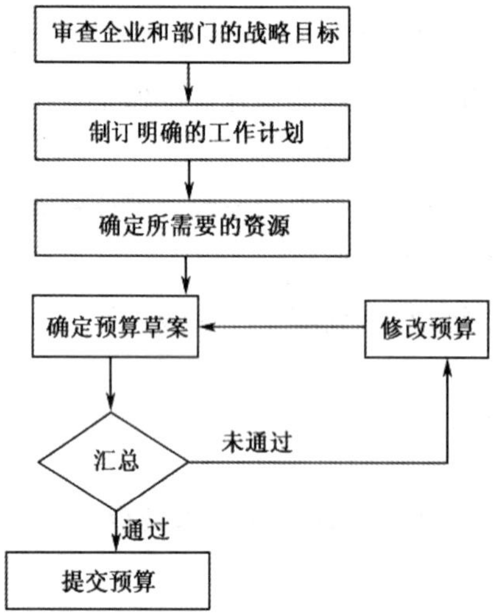

图 4-1　采购预算编制步骤

1. 审查企业和部门的战略目标

预算的最终目的是保证企业目标的实现，企业在编制部门预算前首先要审视本部门和企业的目标，以确保它们之间相互协调。

2. 制订明确的工作计划

管理者必须了解本部门的业务活动，明确它们的特征范围，制订详细的工作计划表，从而确定部门实施这些活动所带来的产出。

3. 确定所需要的资源

有了详细的工作计划表，管理者就可以对支出做出切合实际的估计，从而确定为了实现目标所需要的人力、物力和财力资源。

4. 确定预算草案

管理者提出的预算草案应当保证其最大可能性。可以通过以往的经验做出准确判断，也可以借助数学工具和统计资料，通过科学分析提出准确方案。

5．汇总

汇总各部门、各分单元的预算，最初的预算总是来自每个分单元，而后层层提交、汇总，最后形成总预算。

6．提交预算

预算是冠以预计收入和可能支出的动态模型，它反映的是未来的事情，由于外在的环境总是处于不断变化之中的，因此，必须根据实际情况的变化不断进行修订以确保预算最大限度地贴近现实，反映实际的支出采购预算。由于预算总是或多或少地与实际有所差异，因此有必要设定一个偏差范围。偏差范围可以根据行业平均水平确定，也可以根据企业的经验数据确定，它的主观性很强，同管理者的偏好有很大关系。

4.2.7 采购预算的编制方法

编制采购预算的方法有很多，这里只介绍 4 种比较常用的预算方法，它们分别是弹性预算、概率预算、零基预算和滚动预算。

1．弹性预算

弹性预算也称为变动预算，它是根据计划期间可能发生的多种业务量，分别确定与各种业务量水平相适应的费用预算数额，从而形成适用于不同生产经营活动水平的一种费用预算。

由于弹性预算是以多种业务量水平为基础而编制的一种预算，因此，它比只以一种业务量水平为基础编制的预算（一般称为固定预算或静态预算）具有更大的适应性和实用性。即使企业在计划期内实际业务量发生了一定的波动，也能找出与实际业务量相适应的预算数，使预算与实际工作业绩可以进行比较，从而有利于对有关费用的支出进行有效控制。

编制弹性预算，首先，要确定在计划期内业务量的可能变化范围。在具体编制工作中，对一般企业来说，其变化范围可以确定在企业正常生产能力的 70%～110%之间，其间隔取为 5%或 10%，也可取计划期内预计的最低业务量和最高业务量为其下限和上限。其次，要根据成本形态，将计划期内的费用划分为变动费用部分和固定费用部分，在编制弹性预算时，对于变动部分费用，要按不同的业务量水平分别进行计算；而固定部分费用在相关范围内不随业务量的变动而变动，因为不需要按业务量的变动来进行调整。

弹性预算一般用于编制弹性成本预算和弹性利润预算。弹性利润预算是对计划期内各种可能的销售收入所能实现的利润所做的预算，它以弹性成本预算为基础。

2．概率预算

在编制预算过程中，涉及的变量较多，如业务量、价格、成本等。企业管理者不可能在编制预算时就十分精确地预见到这些因素在将来会发生何种变化，以及变化到何种程度，而只能大体上估计出它们发生变化的可能性，从而近似地判断各种因素的变化趋势、范围和结果，然后对各种变量进行调整，计算其可能值的大小。这种利用概率（即可能性的大小）来编制的预算即概率预算。

概率预算必须根据不同的情况来编制，大体上可分为以下两种情况。

1）销售量的变动与成本的变动没有直接联系。这时，只要利用各自的概率分别计算销售收入、变动成本、固定成本的期望值，即可直接计算利润的期望值。

2）销售量的变动与成本的变动有直接联系。这时，需要用计算联合概率的方法来计算利润的期望值。

3. 零基预算

零基预算是指在编制预算时，对于所有的预算项目均以零为起点，不考虑以往的实际情况，而完全根据未来一定期间生产经营活动的需要和每项业务的轻重缓急，从根本上分析每项预算支出的必要性和支出数额的大小。这种预算编制方法，是由美国的彼得·派尔于 20 世纪 60 年代首先提出的，目前已被西方国家广泛使用。

零基预算的编制方法大致上可分为以下 3 步。

1）提出预算目标。

2）进行成本-收益分析。

3）分配资金、落实预算。

4. 滚动预算

滚动预算又称连续预算或永续预算，其主要特点是预算期随着时间的推移而自行延伸，始终保持一定的期限（通常为 1 年）。当年预算中某一季度（或月份）预算执行完毕后，就根据新的情况进行调整和修改后几个季度（或月份）的预算，以此往复，不断滚动，使年度预算一直含有 4 个季度（或 12 个月）的预算。

滚动预算提出的根据是：第一，企业的生产经营活动在可预见的将来是延续不断的，因此，指导企业经营活动的预算也应该全面反映这一延续不断的过程，使预算方法和生产经营过程相适应；第二，现代企业的生产经营活动是复杂的，随着时间的推移，它将产生各种难以预料的结果。滚动预算在执行过程中可以结合新的信息对其不断进行调整与修订，使预算与实际情况能更好地适应，有利于充分发挥预算的指导与控制作用。

每种预算方法都有自己的优点和缺点，并且有特定的适用范围，如表 4-4 所示。

表 4-4　预算方法的优点、缺点及适用范围

方　法	优　点	缺　点	适用范围
弹性预算	1. 克服了传统预算编制方法的缺陷，扩大了预算的适用范围； 2. 有利于客观地对预算执行情况进行控制、考核、评价； 3. 避免了由于业务量发生变化而对预算的频繁修订	操作复杂，工作量大	1. 适合采购数量随着业务量变化而变化的采购； 2. 适用于市场价格及市场份额不确定的企业

续表

方　法	优　点	缺　点	适 用 范 围
概率预算	期望值实际上考虑了各种概率的加权平均数，实际数将在该期望值的一定范围内发生。这种预算由于较全面地考虑到各种可能性，因而将更符合客观实际	操作复杂，工作量大	适合风险性采购
零基预算	1．合理、有效地进行资源分析； 2．有助于企业内部的沟通、协调，激励各基层单位参与预算编制的积极性和主动性； 3．目标明确，可区别方案的轻重缓急； 4．有助于提高管理人员的投入产出意识； 5．特别有助于解决较难明确核算成本的服务性部门资金浪费问题	1．由于一切开支均以零为起点进行分析研究，编制预算的工作量较大，费用较高； 2．评级和资源分配具有不同程度的主观性，易引起部门间的矛盾	适用于各种采购预算
滚动预算	1．有利于根据前期预算的执行情况及时调整和修订近期预算； 2．有助于保证采购支出的连续性和完整性； 3．能够充分发挥预算的指导和控制作用	操作复杂，工作量大	适用于规模较大、时间较长的工程类或大型设备采购项目的预算

4.2.8　编制采购预算应注意的问题

为了使预算更具灵活性和适应性以应付可能发生的不可控事件，企业在预算过程中应当尽力做到以下几点，以减少预算的失误及由此带来的损失。

1．加强采购部门与生产经营部门和其他接口部门的沟通

为了编制出与企业目标相一致的、可实现的采购预算，必须找出一种科学的方法来达到这一目标，企业管理者应当与采购部门主管就目标积极开展沟通，调查他们的要求和期望，考虑假设条件和参数的变动，制订劳动力和资金需求计划。

2．改革业绩评估方式

为了鼓励部门提交更具挑战性的预算报告，有必要对业绩评估方式进行一些修改。企业的预算规划是在战略目标框架之内提出的，在从设置目标到提交预算这一连续的动态过程中，不但要仔细审查影响预算实现的内部不可控因素，还要详细研究外部不可控因素，并进一步识别影响预算实现的关键成功因素。对这些因素有了初步的认识后，不论是基层管理者还是高层决策人员，都应当以积极的心态，以切合实际的态度，制定实事求是的假设条件。这些假设条件要清楚无误地以书面形式记录下来，并呈交给各相关人员，尤其是人力资源部门，从而使人力资源部门明确认识到哪些是可控因素、哪些是不可控因素。对于那些不可控因素，人力资源部门在进行业绩评估时，必须有这方面的考虑，并向管理者提出建议。积极合理的假设将会使人力资源部做出正确的评估报告，解决部门主管绩效评估的后顾之忧，这就等于解开了束缚他们手脚的麻绳，使他们能够

大显身手。

3．采取合理的预算形式

如果问一位企业的总经理：利润和现金流哪个更重要？你认为他会怎么回答？每位明智的决策者都知道，现金流对企业来说是最重要的，它是企业脉管中流淌的鲜血，时时都有新鲜血液的流动才能使组织充满活力。因此，企业内部各部门所采用的预算形式应把重点放在现金流上而不是收入和利润上。当然，最佳的预算形式最终还取决于组织的具体目标。

4．建立趋势模型

预算讲述的是未来，所有代表期望行为的数字都是估计值，提供的应是代表收入和支出的最可能情况的数字预报。为了确保这些数字的最大价值，应当建立一个趋势模型，模型的建立可以对组织期望的产出有完善的规划和清晰的文件。模型以直接的数据资料为基础，具有时间敏感性，能够反映服务和产品需求的变化。使用这一方法，要求企业内部拥有完备的统计资料，掌握历史数据。

资料 4-1 四项举措挤干预算水分

思考题

一、判断题

（1）对相近或相同的物料采购，编制采购计划时尽量安排一次性采购。（　　）

（2）在分析余量需求的过程中，对于因市场需求原因造成的需求，可以通过分析现实采购环境的总体订单容量与原定容量之间的差别得到，这两种情况的余量相加即可得到总的需求容量。（　　）

（3）编制物料需求计划的主要步骤包括：决定毛需求、决定净需求、对订单下达日期及订单数量进行计划。（　　）

（4）长期采购预算是时间跨度超过一年的预算，主要涉及固定资产的投资问题，是一种规划性质的资本支出预算。（　　）

（5）为了使预算更具灵活性和适应性以应付可能发生的不可控事件，企业在预算过程中应当尽力做到：加强采购部门与生产经营部门和其他接口部门的沟通，改革业绩评估方式，采取合理的预算形式，建立趋势模型。（　　）

二、单选题

（1）按物料的使用方向不同，可以把采购计划分为（　　）。

A．生产产品用物料采购计划、维修用物料采购计划

B．金属物料采购计划、机电产品物料采购计划

C．年度物料采购计划、季度物料采购计划

D．企业管理用物料采购计划、非金属物料采购计划

（2）采购计划编制的原则是（　　）。

A．量力而行原则与物料分类原则　　B．适度超前原则

C．成本经济型原则与提高采购整体效益原则　　D．以上都是

（3）余量需求的来源主要有两个，即（　　）。

A．市场销售量的扩大、采购环境订单客量的扩大

B．市场销售量的萎缩、采购环境订单容量的萎缩

C．市场销售量的扩大、采购环境订单客量的萎缩

D．市场销售量的萎缩、采购环境订单容量的扩大

（4）每种采购预算方法都有自己的优点和缺点，下列说法不正确的是（　　）。

A．弹性预算有利于对预算执行情况进行客观的控制、考核、评价

B．概率预算克服了传统预算编制方法的缺陷，扩大了预算的适用范围

C．零基预算有助于企业内部的沟通、协调，激励各基层单位参与预算编制的积极性和主动性

D．滚动预算有助于保证采购支出的连续性和完整性

（5）为企业所有的维护、修理和运营用料提供采购计划，这是（　　）。

A．原料采购预算　　B．MRO 物品预算

C．资产预算　　D．采购运作预算

三、填空题

（1）________是根据生产部门或其他使用部门的计划制订的包括采购物料、采购数量、需求日期等内容的计划表格。

（2）目前公认的采购计划的主要环节有_________、_________、计算认证容量、制订认证计划、准备订单计划、评估订单需求、计算订单容量、________。

（3）根据采购预算所涉及的范围，可以将采购预算分为_________和_________。

（4）_________是指在编制预算时，对于所有的预算项目均以零为起点，不考虑以往的实际情况，而完全根据未来一定期间生产经营活动的需要和每项业务的轻重缓急，从根本上分析每项预算支出的必要性和支出数额的大小。

（5）零基预算的编制方法大致上可分为_______、_____和分配资金落实预算三步。

四、简答题

（1）编制采购计划的作用是什么？

（2）编制采购计划的原则是什么？

（3）编制采购计划应该注意哪些问题？

（4）编制采购预算的作用是什么？

（5）编制采购预算的原则是什么？

（6）编制采购预算的方法有哪些？

（7）编制采购预算应该注意哪些问题？

技能实训

企业调研

实训目的：

（1）加深学生对采购计划和采购预算内涵的理解。
（2）理解采购计划编制的方法。
（3）理解采购预算编制的方法。
（4）了解采购计划和采购预算编制过程中应该注意的问题。
（5）培养学生的团队合作精神，增强归纳分析及与人沟通能力。

实训组织：

（1）本着自愿原则，学生 5 人一组，每组产生组长一名，由组长分工及协调实训小组的实训任务，并带领大家完成实训任务。

（2）实训以实地调查为主，同时通过互联网、问卷调查等方式收集资料，辅助实训任务的完成。

实训项目：

就近推荐各类企业若干家，包括商业连锁企业、小型商业企业、大型制造企业、小型制造企业，或者自主选择调研企业。

实训要求：

（1）明确小组内成员之间的分工，尽可能调动所有成员参与的积极性，达到实训的效果。

（2）了解调研企业采购部门是怎样编制采购计划和采购预算的，以及采用什么方法进行的，并做好记录。

（3）小组讨论，整理并统计各成员的发言，以便最后进行比较分析。

实训成果：

（1）小组内讨论，最后撰写企业调研报告。

（2）本着互惠双赢的原则，小组讨论，依据自己的看法，提出企业编制采购计划和采购预算的改进措施。

实训考核：

（1）实训过程中职业素养是否得到体现。
（2）小组分工是否明确和均衡，小组成员的能力是否得到充分的发挥。
（3）实训方法选择是否得当，操作是否规范。
（4）小组调研报告思路是否清晰，内容是否充实，重点是否突出。

项目 5

选择与管理供应商

工作领域技能需求

（1）作为采购部门经理/供应商主管，应该能够开发供应商及供应渠道，根据公司的发展需要制订供应商开发计划，维护和发展与重要供应商的关系，掌握供应商的变化情况，并建立考核机制。

（2）作为采购部门的供应商关系专员，应该能够协助供应商主管进行供应商的维护和拓展工作，定期对市场进行调查，收集整理市场信息，建立并维护供应商数据库，并且不定期协助供应商主管对合作的供应商进行回访。

学习领域知识供应

（1）供应商管理概述：供应商管理的含义、供应商管理的目的、供应商管理的环节与流程。

（2）供应商调查与开发：供应商调查、供应商开发。

（3）供应商评价与选择：供应商评价、供应商选择。

（4）供应商关系管理：供应商关系的演变、供应商激励与控制、建立良好供应商关系的策略。

学习建议

（1）网络浏览企业合理选择和管理供应商的相关案例。

（2）实地调研一家企业，详细了解该企业如何开发新的供应商及如何选择供应商。

案例导入

康师傅集团供应商管理策略的演变

从20世纪90年代起，康师傅集团仅用十余年的时间便一跃成为中国的方便面之王，成为台资企业在大陆最大的投资企业。截至2005年，康师傅方便面在大陆方便面市场已占有47%的份额，日产量达到约2600万包。康师傅面业的成功一方面归功于它准确的定位，将目标定在中档面市场，用高品质的面条占领了大陆市场；另一方面，它所采取的适时变通的供应商策略也做了不少贡献。

一、进入市场初期的供应商策略

康师傅集团进入大陆市场初期，国内方便面市场品牌杂乱、质量低劣，方便面原料供应市场不成熟。康师傅集团恪守“诚信、务实、创新”的经营理念，对供货环节严加把关。为了发展方便面事业，确保供货的高品质与及时性，康师傅集团建立起自己的配套事业部，从集团内部获得原料和主要物资的供应。配套事业部主要经营脱水蔬菜、变性淀粉的生产、物流及房产等。与国内供应商相比，配套事业部在品质、价格、交货期等方面都有明显的优势，对康师傅集团方便面事业的起步做出了不小的贡献。虽然这种方式在节省时间和降低采购成本等方面具有一定的优势，但缺乏竞争、绩效低下等制度缺陷也显而易见。而且，随着大陆原材料供应市场的逐步发展，许多优秀的供应商企业也逐步成长起来，将配套作为唯一供应商的弊端越发凸显出来。一方面，这种“纵向一体化”的经营方式不仅增加了企业投资负担，使得康师傅集团不能专注于核心业务的研究与生产，同时增加了企业的行业风险；另一方面，由于配套企业拥有原料及物资全部的供应配额，使得企业不得不面对单一来源的独家采购所带来的弊端，如独家物资供应商的垄断和对新技术的抑制。

二、市场成熟的供应商策略

20世纪90年代后期，大陆方便面原料市场，包括面粉、纸箱、添加剂、包装材料等供应企业发展迅速，这使得康师傅集团转向外部采购成为可能。康师傅集团适时适度地引入竞争机制，将配套企业和外部供应商同时作为供货的选择对象，在一定区域范围内发展并寻找合适的供应商，根据实际情况选择两家或两家以上的协作厂(商)家同时进行原料的供应和研究开发工作。尽管这样，康师傅集团并非依靠供应商获得所有的原料，对于涉及配方的机密材料，譬如方便面中的某些酱包，还是由研发部单独开发。

对于大宗物品(如小麦粉、包装材料)的采购，康师傅集团是按一系列规定的作业流程进行的，包括从供应商的开发到供应商的选择和对供应商的考核等。供应商的开发对于康师傅来说是整个供货体系的核心，供应商的表现也关系到整个企业的发展。

一般来说，供应商开发包括的内容有：供应市场竞争分析；寻找潜在供应商；发展潜在供应商。尽管大陆的原材料供应市场有了一定的发展，但由于面粉加工工艺指标的特殊需求，国内供应的原材料(譬如小麦的生产技术)还是达不到供货的要求，出于国际原材料的配额限制和运输成本的考虑，康师傅集团必须对区域内潜在供应商进行开发，以期供货能达到指定的规格。

选择潜在的供应商，就是要求供应商在能持续满足预先设定的质量标准的前提下，保证按时供货。首先，企业必须选择达到质量标准的供应商，这个选择过程是由康师傅品保部、采购部、研发部的工作人员共同完成的。一般是采购部根据研发部制定的关于原料具体规格要求寻找潜在的供应商，对供应商的质量保证体系进行初步调查，主要包括供应体系的完整性、有效性和员工的参与程度。品保部会对其生产、开发等综合能力进行调查评估，主要包括对供应商的现场生产管理能力、设计开发能力、生产工艺技改能力，以及对不合格产品的控制能力及其采购、储运管理能力等项目的综合调查。目前ISO9000是康师傅集团选择供应商最基本的依据，随着市场环境的改变和市场标准的提升，选择基准也会有相应提高，ISO14000、HACCCP都是企业未来选择标准的方向。

大宗商品在品质、生产条件及供货条件一致的前提下，康师傅集团采用指定招标的方式选择合作伙伴，即由企业预先选择若干个可能的合作伙伴，再进行竞标和决标，与报价最低的合作伙伴签订合同或协议。指定招标只在几个供应商之间进行，对投标者的企业状况都比较了解。因此避免了信息不对称，同时确保了康师傅集团的成本优势。

评估供应商，就是根据精心制定的质量和交货标准，对供应商进行有规律的科学评价。康师傅集团从价格、品质、交货、协调等方面对供应商进行定性与定量的考核评估，并依据供应商供货的水平对供应商划分等级，由此确定下一轮的供应配额。在整个供货过程中，康师傅集团对供应商淘汰的频率比较低，只有10%～15%，这在一定程度上降低了双方的交易成本。

资料来源：http://jpkc.hzvtc.net.cn/cgyccsw/jiaoxueziyuan/jingdiananli/436_2/.

想一想：

康师傅集团供应商管理给我们带来什么启示？

5.1　供应商管理概述

5.1.1　供应商管理的含义

供应商是指可以为企业生产提供原材料、设备、工具及其他资源的企业。供应商可以是生产企业，也可以是流通企业。

企业要维持正常生产，就必须有一批可靠的供应商为其提供各种各样的物资。因此，供应商对企业的物资供应起着非常重要的作用，采购就是直接和供应商打交道，从供应商处采购获得各种物资。因此，采购管理的一个重要工作就是搞好供应商管理。

所谓供应商管理，就是对供应商的了解、选择、开发、使用和控制等综合性的管理工作的总称。其中，了解是基础，选择、开发、控制是手段，使用是目的。

5.1.2 供应商管理的目的

供应商管理的目的，就是要建立起一个稳定可靠的供应商队伍，为企业生产提供可靠的物资供应。

供应商是一个与购买者相独立的利益主体，而且是以追求利益最大化为目的的利益主体。按传统的观念，供应商和购买者是利益互相对立的矛盾对立体，供应商希望从购买者手中多得一点，购买者希望向供应商少付一点，为此常常斤斤计较。某些供应商往往在物资商品的质量、数量上做文章，以劣充优、降低质量标准、减少数量，甚至制造假冒伪劣产品坑害购买者。购买者为了防止伪劣质次产品入库，需要花费很多人力、物力加强物资检验，大大增加了物资采购检验的成本。因此，供应商和购买者之间既互相依赖又互相对立，彼此之间总是一种提心吊胆、精密设防的紧张关系。这种紧张关系对双方都不利。对购买者来说，物资供应没有可靠的保证，产品质量没有保障，采购成本太高，这些都直接影响企业生产和成本效益。

相反，如果找到一个好的供应商，它的产品质量好、价格低，而且服务态度好、保证供应、按时交货，这样，采购时就可以非常放心，不但物资供应稳定可靠、质优价廉、准时供货，而且双方关系融洽、互相支持、共同协调。这样对企业采购管理、生产和成本效益都会有很多好处。最重要的是，好的供应商可以提升企业的竞争力。

为了创造这样一种供应商关系局面，克服传统的供应商关系观念，有必要注重供应商的管理工作，通过多个方面的持续努力，去了解、选择、开发供应商，合理使用和控制供应商，建立起一支可靠的供应商队伍，为企业生产提供稳定可靠的物资供应保障。

5.1.3 供应商管理的流程

1．供应商调查

供应商调查的目的是了解企业有哪些可能的供应商，各个供应商的基本情况如何，为企业了解资源市场及选择正式供应商做准备。

2．资源市场调查

资源市场调查的目的，是在供应商调查的基础上，进一步了解掌握整个资源市场的基本情况和基本性质：是买方市场还是卖方市场？是竞争市场还是垄断市场？是成长的市场还是衰退的市场？此外，还需了解资源生产能力、技术水平、管理水平及价格水平等，为制定采购决策和选择供应商做准备。

3．供应商开发

在供应商调查和资源市场调查的基础上，可能会发现比较好的供应商，但是还不一定能马上得到一个完全合乎企业要求的供应商，还需要在现有的基础上进一步开发，才能得到一个基本合乎企业需要的供应商。将一个现有的原型供应商转化成一个基本符合企业需要的供应商的过程就是一个开发过程，具体工作包括供应商深入调查、供应商辅导、供应商改进、供应商考核等活动。

4. 供应商考核

供应商考核是一项很重要的工作。它分布在各个阶段：在供应商开发过程中需要考核，在供应商选择阶段需要考核，在供应商使用阶段也需要考核。不过每个阶段考核的内容和形式并不完全相同。

5. 供应商选择

在供应商考核的基础上，选定合适的供应商。

6. 供应商使用

与选定的供应商开展正常的业务活动。

7. 供应商激励与控制

这是指在使用供应商过程中的激励和控制。

5.2 供应商调查与开发

5.2.1 供应商调查

供应商管理的首要工作就是了解供应商，了解资源市场。要了解供应商的情况，就需要进行供应商调查。

供应商调查在不同的阶段有不同的要求。供应商调查可以分成 3 种：资源市场调查、供应商初步调查和供应商深入调查。

1. 资源市场调查

（1）资源市场分析。资源市场调查的目的是进行资源市场分析。资源市场分析对企业制定采购策略及产品策略、生产策略等都有很重要的指导意义。

1）要确定资源市场是紧缺型市场还是富余型市场，是垄断性市场还是竞争性市场。对于垄断性市场，企业应当采用垄断性采购策略；对于竞争性市场，企业应当采用竞争性采购策略，如采用招标投标制、一商多角制等。

2）要确定资源市场是成长型市场还是衰退型市场，如果是衰退型市场，则要趁早准备替换产品，不要等到产品被淘汰了再去开发新产品。

3）要确定资源市场总的水平，并根据整个市场水平来选择合适的供应商。通常要选择在资源市场中处于领先水平的供应商，选择产品质量优而价格低的供应商。

（2）资源市场调查的内容。具体内容如下。

1）资源市场的规模、容量、性质。例如，资源市场究竟有多大范围？有多少资源量？多少需求量？是卖方市场还是买方市场？是完全竞争市场、垄断竞争市场还是垄断市场？是一个新兴的成长型市场，还是一个陈旧的衰退型市场？

2）资源市场的环境。例如，市场的管理制度、法制建设、规范化程度、经济环境、政治环境等外部条件如何？市场的发展前景如何？

3）资源市场中各个供应商的情况。对众多的供应商调查资料进行分析，就可以得出资源市场自身的基本情况，如资源市场的生产能力、技术水平、管理水平、可供资源量、质量水平、价格水平、需求状况及竞争性质等。

2．供应商初步调查

（1）供应商初步调查的含义。所谓供应商初步调查，就是对供应商基本情况的调查。其主要内容是了解供应商的名称、地址、生产能力、能提供什么产品、能提供多少、价格如何、质量如何、市场份额有多大、运输进货条件如何。

（2）供应商初步调查的目的。供应商初步调查的目的，一是为选择最佳供应商做准备；二是了解掌握整个资源市场的情况，因为资源市场是由每个供应商共同形成的，那么众多供应商基本情况的汇总就是整个资源市场的基本情况。

（3）供应商初步调查的特点。供应商初步调查的特点：一是调查内容浅，只了解一些简单的、基本的情况；二是调查面广，最好能够对资源市场中所有供应商都有所调查、有所了解，从而能够掌握资源市场的基本情况。

（4）供应商初步调查的方法。供应商初步调查的基本方法，一般可以采用访问调查法，即通过访问有关人员而获得信息。例如，可以访问供应商的市场部有关人士，或者访问有关用户、有关市场主管人员或其他的知情人士。通过访问建立起供应商卡片，如表 5-1 所示。

表 5-1　供应商卡片

供应商名称				成立日期	
详细地址				注册资金	
电　话		传　真		邮　　箱	
联系人		公司负责人		厂房面积	
人员信息	员工总数			管理人员	
	技术人员			质量管理人员	
获得产品认证				质量管理体系认证	
近 3 年的销售额					
主要物料合作供应商					
主要客户名称					
可提供产品类别					
签字/日期：					

在开展计算机信息管理的企业中，供应商管理应当纳入计算机管理中。把供应商卡片的内容输入计算机，利用数据库进行操作、补充和利用。计算机管理有很多优越性，它不但可以很方便地储存、增添、修改、查询和删除信息，而且可以很方便地统计汇总和分析，可以实现不同子系统之间的数据共享。

（5）供应商分析的主要内容。首先要看产品的品种、规格和质量水平是否符合企业需要，以及价格水平如何。只有产品的品种、规格、质量水平都适合企业，才算得上是企业的可能供应商。对可能供应商有必要进行如下的分析。

1）企业的实力、规模如何，产品的生产能力如何，技术水平如何，管理水平如何，企业的信用度如何。企业的信用度，是指企业对客户、对银行等的诚信程度，表现为供应商对自己的承诺和义务认真履行的程度，特别是在诸如产品质量保证、按时交货、往来账目处理等方面能够以诚相待，一丝不苟地履行自己的责任和义务。

2）供应商相对于本企业的地理交通状况如何，进行运输方式、运输时间、运输费用分析，看运输成本是否合适。

3. 供应商深入调查

（1）供应商深入调查的含义。供应商深入调查，是指对经过初步调查后、准备发展为自己的供应商的企业进行更加深入仔细的考察活动。这种考察，是深入到供应商企业的生产线、各个生产工艺部门、质量检验环节甚至管理部门，对现有的工艺设备、生产技术、管理技术等进行考察，看看能不能满足本企业所采购的产品应当具备的生产工艺条件、质量保证体系和管理规范要求。有的供应商甚至要根据生产所采购产品的生产要求进行资源重组并进行样品试制，试制成功以后，才算考察合格。只有通过深入的供应商调查，才能发现可靠的供应商，建立起比较稳定的物资采购供需关系。

（2）何时进行深入调查。进行深入的供应商调查，需要花费较多的时间和精力，调查的成本高，并不是所有的供应商都必须进行深入调查。只在以下情况下才需要进行深入调查。

1）准备发展成紧密关系的供应商。例如，在进行 JIT 采购时，供应商的产品需要准时、免检、直接送上生产线进行装配。这时，供应商已经与企业结成了如同企业的一个生产车间一样的紧密关系。如果要选择这样紧密关系的供应商，就必须进行深入的供应商调查。

2）寻找关键零部件产品的供应商。如果企业所采购的是一种关键零部件，特别是如精密度高、加工难度大、质量要求高、在企业的产品中起核心功能作用的零部件产品，在选择供应商时，就需要特别小心，要进行反复认真的深入考察审核。只有经过深入调查证明供应商确实能够达到要求时，才确定发展它为企业的供应商。

（3）供应商深入调查的阶段。对于最高级的深入调查，在具体实施时，也可以分成 3 个阶段。

1）第一阶段：通知供应商生产样品，最好生产一批样品，从中随机抽样进行检验。如果抽检不合格，允许其改进一下，再生产一批。再检一次，如果还是不合格，则这个供应商就落选，不再进入下面的第二阶段。只有抽检合格的才能进入第二阶段。

2）第二阶段：对于生产样品合格的供应商，还要对供应商的生产过程、管理过程进行全面详细考察，检查其生产能力、技术水平、质量保障体系、装卸搬运体系、管理制度等，看看有没有达不到要求的地方。如果基本符合要求，则深入调查可以到此结束。供应商符合要求，可以中选；如果检查结果不符合要求，则进入第三阶段。

3）第三阶段：对于生产工艺、质量保障体系、规章制度等不符合要求的供应商，要协商提出改进措施，限期改进。供应商愿意改进并限期改进合格者，可以确定为企业的供应商。如果供应商不愿意改进，或者愿意改进但限期改进不合格，则落选。深入调查到此结束。

5.2.2 供应商开发

1. 供应商开发的含义

所谓供应商开发就是指从无到有地寻找新的供应商，建立起适合企业需要的供应商队伍。军队打仗需要粮草，企业生产需要物资，供应商就相当于企业的后勤队伍。供应商开发和管理实际上就是企业的后勤队伍建设。

2. 供应商开发的步骤

供应商的开发是采购体系的核心，其表现也关系到整个采购部门的业绩。一般来说，供应商开发首先要确认供应商是否建立有一套稳定有效的质量保证体系，然后确认供应商是否具有生产所需特定产品的设备和工艺能力。其次是成本与价格，要运用价值工程的方法对所涉及的产品进行成本分析，并通过双赢的价格谈判实现成本节约。在交付方面，要确定供应商是否拥有足够的生产能力，人力资源是否充足，有没有扩大产能的潜力。最后一点，也是非常重要的，就是供应商的售前、售后服务的记录。具体步骤如下。

（1）供应市场竞争分析。供应市场竞争分析，就是了解目前市场的发展趋势是怎样的，各大供应商在市场中的定位是怎样的，从而对潜在供应商有一个大概的了解。再将所需产品按 ABC 分类法找出重点物资、普通物资和一般物资，根据物资重要程度决定供应商关系的紧密程度。

（2）寻找潜在供应商。经过对市场的仔细分析，可以通过前面提到的供应商信息来源来寻找供应商。在这些供应商中，去除明显不适合进一步合作的供应商后，就能得出一个供应商考察名录。

（3）对供应商的实地考察。邀请质量部门和工艺工程师一起参与供应商的实地考察，他们不仅会带来专业的知识与经验，共同审核的经历也有助于公司内部的沟通和协调。

在实地考察中，应该使用统一的评分标准进行评估，并着重对其管理体系进行审核，如作业指导书等文件、质量记录等，重要的还有销售合同评审、供应商管理、培训管理、设备管理及计量管理等。考察中要及时与团队成员沟通，听取供应商的优点和不足之处，并听取供应商的解释。如果供应商有改进意向，可要求供应商提供改进措施报告，做进一步评估。

（4）对供应商的询价与报价。对合格的供应商发出询价文件，一般包括图纸和规格、样品、数量、大致采购周期、要求交付日期等细节，并要求供应商在指定的日期内完成报价。在收到报价后，要对其条款仔细分析，对其中的疑问要彻底澄清，并做相应记录，包括传真、电子邮件等。根据报价中大量的信息进行报价分析，比较不同供应商的报价，选择报价合适的供应商。

（5）合同谈判。对报价合适的供应商进行价格、批量产品、交货期、快速反应能力、供应商成本变动及责任赔偿等方面的谈判。每个供应商都是所在领域的专家，多听取供应商的建议往往会有意外的收获。例如，曾有供应商主动向企业推荐替代的原材料，如用韩国的钢材代替瑞士产品，其成本降低高达 50%，而且性能完全满足要求，这是单纯依靠谈判所无法达到的降价幅度。

（6）确定供应商。通过策略联盟、参与设计，供应商可以有效帮助采购企业降低成本。在企业的成本构成中，有一个非常重要的方面是隐性成本。采购周期、库存、运输等都是看不见的成本，要把有条件的供应商纳入适时送货系统，尽量减少存货，降低公司的总成本。

资料 5-1
供应商开发的 16 个主要渠道

5.3　供应商评价与选择

5.3.1　供应商评价

供应商评价，主要是指同供应商签订正式合同以后正式运作期间，对供应商整个运作活动的全面考核。这种考核应当比试运作期间更全面。

现在采购与供应链绩效考核和评估系统包括许多种考核指标。大多数方法都可以分为两大类：效力标准和效率标准。效力是指通过选择一系列活动流程，企业能满足之前预定的目标或标准的程度。效率，则是指实现预期制订的目标计划与实际成本之间的关系。效率评估通常会将一些投入与绩效产出联系在一起。

供应商评价表如表 5-2 所示。

表 5-2　供应商评价表

供应商：			评估结果			
序号	评价点	评价项目	评分细则	标准	实得	备注
1	纳期与交货	1. 是否按排期交货	延迟一次或连续 2 次数量不够扣 5 分	25		
		2. 交货时是否按仓库规定执行	差、一般、良好、优秀	5		
		3. 交货人员的态度如何	依情况而定	5		
		4. 交货的单据手续是否齐全	缺少 1 次扣 1 分	5		
		5. 由供应商交付问题而引起公司的附加运费	＜300 美元，扣 3 分；＞300 美元，扣 5 分	0		
2	品质	___月—___月品质考评成绩×40%		40		
3	信息反馈	1. 有问题能否及时联系	当天未联系 1 次扣 1 分	3		
		2. 提出的问题能否及时反馈	未按时回复一次扣 1 分	3		
		3. 不良材料是否及时反馈/处理	未及时反馈一次扣 1 分	3		
		4. 月结单是否及时反馈	超过每月 3 日，每天扣 1 分	3		

续表

供应商：			评估结果			
序号	评价点	评价项目	评分细则	标准	实得	备注
4	价格	与同类供应商相比	最低 4，一般 2，偏高 1，垄断 0	8		
合计		实得分＝（各项得分之和÷受评价项目总分）×100		100		
评价标准		90 分以上　A 级　保持并持续改善 80～89 分　B 级　满足供货要求，须改善弱项 66～79 分　C 级　勉强可以供货，根据实际情况，需要时制定改善对策并实施 65 分以下　D 级　不可供货，须制定改善对策并实施 （获 D 级者及我司要求回复时必须在一周内书面回复改善对策）				
评语						
对策						

备注：评语和对策项目可以另外附页。

在具体进行评价时，应从以下几方面进行。

1．产品质量

产品质量是最重要的因素，在开始运作的一段时间内，要加强对产品质量的检查。检查可以分为两种：一种是全检，一种是抽检。全检工作量太大，一般可以用抽检的方法。质量的好坏可以用质量合格率来描述。

$$质量合格率（P）=合格件数÷抽检件数×100\%$$
$$退货率 = 退货÷交货次数×100\%$$

如果在 N 次交货中，每次的产品合格率 P 都不一样，则用平均合格率 P 来描述。

2．交货期

交货期也是一个很重要的考核指标。考察交货期主要是考察供应商的准时交货率。准时交货率可以用准时交货次数与总交货次数之比来衡量。

$$交货准时率 = 准时交货次数÷总交货次数×100\%$$

3. 交货量

考察交货量主要是考核按时交货量，按时交货量可以用按时交货量率来评价。按时交货量率是指定交货期内的实际完成交货量与期内应当完成交货量的比率。

按时交货量率 = 期内实际完成交货量÷期内应当完成交货量×100%

未按时交货量率 = 期内实际未完成交货量÷期内应当完成交货量×100%

如果每期的交货量率不同，则可以求出各个交货期的平均按时交货量率。

平均按时交货量率 = ∑按时交货量率÷N

考核总供货满足率可以用总供货满足率或总缺货率来描述。

总供货满足率 = 期内实际完成供货量÷期内应当完成供货总量×100%

总缺货率 = 期内实际未完成供货量÷期内应当完成供货总量×100%

或　　总缺货率 = 1 − 总供货满足率

4. 工作质量

考核工作质量，可以用交货差错率和交货破损率来描述。

交货差错率 = 期内交货差错量÷期内交货总量×100%

交货破损率 = 期内交货破损量÷期内交货总量×100%

5. 价格

考核供应商的价格水平，可以与市场同档次产品的平均价和最低价进行比较，分别用市场平均价格比率和市场最低价格比率来表示。

平均价格比率 =（供应商的供货价格 − 市场平均价格）÷市场平均价格×100%

最低价格比率 =（供应商的供货价格 − 市场最低价）÷市场最低价×100%

价格还涉及一个最低价格和公平价格的问题，使用最低价格交易，表面上可以使自己获得更多的利润，但是产品没有质量保证，没有售后服务承诺，没有反单机会，这次交易双方所得到的仅仅是一次合作经历。而采购公平价格是指公司制定一些可以接受的购买价格，这些价格都要经过公司领导的审批，可能是过去 3～5 年的平均价格水平，以最大限度地满足双方的利益，将单次交易发展成长期合作关系。

6. 进货费用水平

供应商的进货费用水平可以用进货费用节约率来考核。

进货费用节约率 =（本期进货费用 - 上期进货费用）÷上期进货费用×100%

7. 信用度

信用度主要考核供应商履行自己的承诺、以诚待人，不故意拖账、欠账的程度。

信用度 = 期内失信的次数÷期内交往总次数×100%

8. 配合度

配合度主要考核供应商的协调精神。在和供应商相处的过程中，常常因为环境的变化或具体情况的变化，需要把工作任务进行调整变更，这种变更可能导致供应商工作方式的变更，甚至导致供应商要做出一点牺牲。这时可以考察供应商在这些方面积极配合的程度。另外，如果工作出现了困难，或者发生了问题，可能也需要供应商配合才能解决。在这些时候，就可以看出供应商的配合程度。供应商的配合度靠人们的主观评分来考核。找与供应商相处的有关人员，让他们根据这方面的体验为供应商评分。也可能会有上报或投诉的情况，这时可以把上报或投诉的情况作为评分依据。

可以看出，以上前 7 项都是客观评价，第 8 项是主观评价。客观评价都是客观存在的，而且是可以精确计量的，而主观评价主要依靠人的主观感觉。

5.3.2 供应商选择

资料 5-2 六招告诉你独立设计师品牌应该如何选择供应商

1. 供应商选择概述

供应商选择是供应商管理的目的，是供应商管理中最重要的工作。选择一批好的供应商，不但对企业的正常生产起着决定作用，而且对企业的发展也非常重要。实际上，供应商选择融合在供应商开发的全过程中。供应商开发的过程包括几次供应商的选择过程：在众多的供应商中，每个品种要选择 5～10 个供应商进行初步调查。初步调查以后，要选择 1～3 个供应商进行深入调查；深入调查之后又要做一次选择，初步确定 1～2 个供应商。初步确定的供应商进入试运行，又要考核和选择，确定最后的供应商结果。

资料 5-3 “营改增”后如何选择供应商

2. 供应商应该具备的条件

一个好的供应商的标准，一是产品好，二是服务好。所谓产品好，就是要求产品质量好，产品价格合适，产品先进、技术含量高，发展前景好，产品货源稳定，供应有保障；所谓服务好，就是要求供应商在供货、送货方面能够及时，有很好的技术支持和售后服务，守信用，愿意协调配合客户企业。因此，一个好的供应商需要具备以下一些条件。

（1）企业生产能力强。表现在：产量高，规模大，生产历史长，经验丰富，生产设备好。

（2）企业技术水平高。表现在：生产技术先进，设计能力和开发能力强，生产设备先进，产品技术含量高，达到国内先进水平。

（3）企业管理水平高。表现在：有一个坚强有力的领导班子，尤其是要有一个有魄力、有能力、有管理水平的一把手；要有一个高水平的生产管理系统；还要有一个有力的、具体落实的质量管理保障体系，要在全企业中形成一种严肃认真、一丝不苟的工作作风。

（4）企业服务水平高。表现在：能对顾客高度负责，主动热诚认真服务，并且售后服务制度完备，服务能力强，愿意协调配合客户企业。

3．选择供应商的原则

许多成功企业的实践经验表明，做好目标明确、深入细致的调查研究，全面了解每个候选供应商的情况，综合平衡、择优选用，是开发新供应商的基本要点。一般而言，选择供应商应该遵循以下原则。

（1）全面、具体、客观原则（总原则）。建立和使用一个全面的供应商综合评价体系，对供应商做出全面、具体、客观的评价。综合考虑供应商的业绩、设备管理、质量控制、成本控制、技术开发、用户满意度、交货协议等可能影响供应链合作关系的因素。

（2）系统全面性原则。企业应该建立和使用全面系统的评价体系。

（3）简明科学性原则。供应商评价和选择的步骤和过程应透明化、制度化和科学化。

（4）稳定可比性原则。评估体系应该稳定运作，标准统一，减少主观因素。

（5）灵活可操作性原则。不同行业、企业、产品需求及环境下的供应商评价是不一样的，企业应该保持一定的灵活操作性。

（6）门当户对原则。供应商规模、层次应与采购商相当。

（7）半数比例原则。购买数量不超过供应商产能的50%，反对全额供货的供应商。如果仅由一家供应商负责100%的供货和100%的成本分摊，则采购商风险较大，因为一旦供应商出现问题，按照“蝴蝶效应”的发展，势必影响整个供应链的正常运行。此外，采购商在对某些供应材料或产品有依赖时，还要考虑地域风险。

（8）供应源数量控制原则。同类物料的供应商数量应保持2～3家，有主次供应商之分，这样可以降低管理成本和提高管理效果，保证供应的稳定性。

（9）供应链战略原则。企业要与重要供应商发展供应链战略合作关系。

（10）学习更新原则。评估的指针、标杆对比的对象及评估的工具与技术都需要不断地更新。

4．企业供应商分类

一个企业的供应商数量可能很多，如果不加以区分，就很难实施科学的管理。企业需要对不同的供应商实施不同的关系策略，因此必须对供应商进行细分。

1）按照与供应商的采购业务关系的重要程度，可以把供应商分成商业型、优先型、重点型和伙伴型，如图5-1所示。

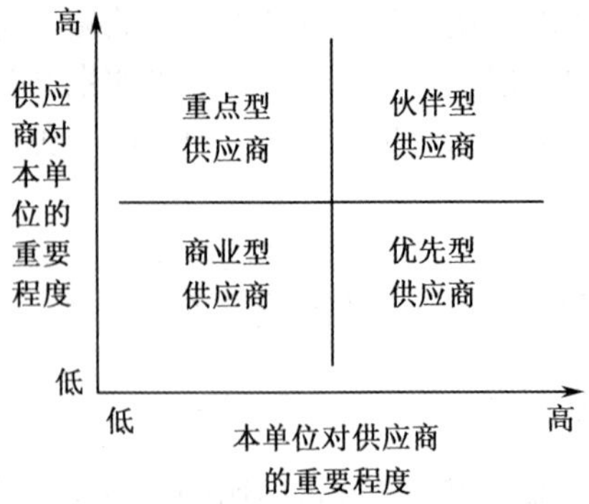

图 5-1　按业务重要性对供应商的分类

2）根据 80/20 规则，企业所采购的约 80%价值的产品是由约 20%的供应商提供的，这类供应商可称为重点供应商。剩下价值约 20%的产品是由占 80%的一般供应商提供的，如图 5-2 所示。

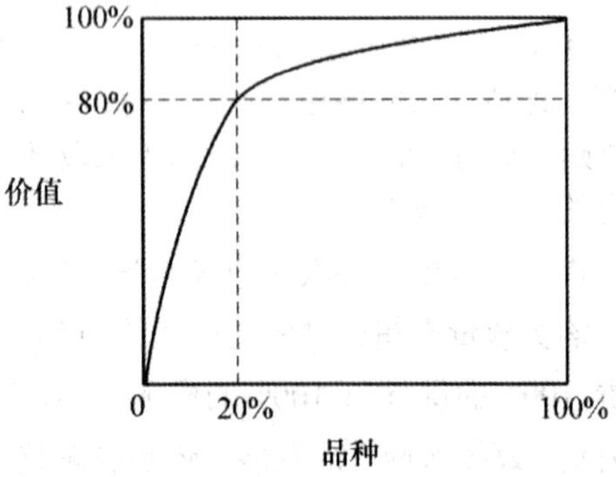

图 5-2　按 80/20 规则对供应商的分类

3）根据供应商的供应能力和积极性，也可将供应商分为从“高”到“可忽略”4 个不同级别，如图 5-3 所示。

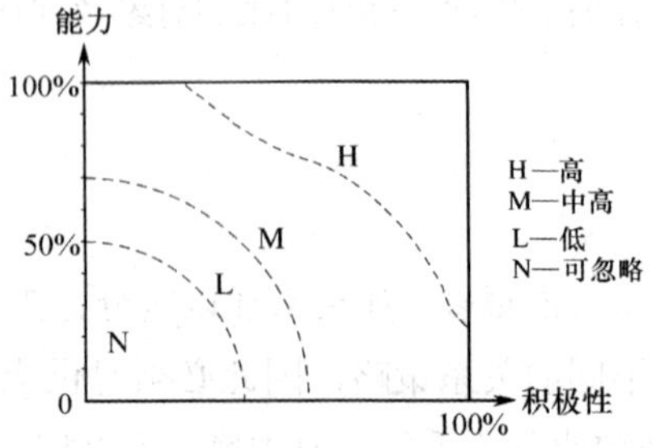

图 5-3　按供应能力和积极性对供应商的分类

4）按照与供应商交易的稳定关系，可以把供应商分成以下几种。

① 双方都只注意通过谈判获得自己利益的短期目标型供应商。这种类型的最主要特征是双方之间的关系为交易关系，它们希望彼此能保持较长时期的买卖关系，获得稳

定的供应，但是双方所做的努力只停留在短期的交易合同上，各自关注的是如何提高自己的谈判技巧，不使自己吃亏，而不是如何改善自己的工作，使双方都获利。供应一方能够提供标准化的产品或服务，保证每笔交易的信誉。当买卖完成时，双方关系也终止了。对双方而言，交易只与业务人员和采购人员有关，其他部门人员一般不参与双方的业务活动。

② 基于长远利益，相互配合共同降低成本的长期目标型供应商。

③ 在长期目标型基础上发展起来的，在产权和人事组织关系上相互融合的渗透型供应商。

④ 从供应链的纵向链条上管理成员关系的联盟型供应商。

⑤ 供应链上各企业相互独立但又像一个企业一样共同掌握信息，集体进行产品或服务的设计，自觉做出有利于供应链整体利益决策的纵向集成型供应商。

与供应商保持长期的关系是有好处的，双方有可能为了共同利益而对改进各自的工作感兴趣，并在此基础上建立起超越买卖关系的合作。长期目标型的特征是从长远利益出发，相互配合，不断改进产品质量与服务水平，共同降低成本，提高供应链的竞争力。同时，合作的范围遍及公司内的多个部门。例如，由于是长期合作，可以对供应商提出新的技术要求，如果供应商目前还没有这种能力，采购方可以对供应商提供技术资金等方面的支持。供应商的技术创新和发展也会促进本企业产品改进，所以这样做符合企业长远利益。例如，飞机制造厂商可以对发动机生产厂商提供技术和资金以使其生产出技术含量更高的发动机，而发动机厂商的技术革新也会促进飞机厂商生产出新型飞机。

另外，在企业供应商目录中还有未选择的供应商、进入采购目录的供应商、偶尔采购的供应商、一般供应商、重点供应商、优先级供应商、战略伙伴型供应商及进入黑名单的供应商 8 种类型。

5．供应商选择的步骤

供应商在供应链中担负重要角色，供应商的选择机制是多元化的，因此，企业的决策者选择供应商时要因地制宜，对企业所处的内外部环境进行详细的分析，根据企业的长期发展战略和核心竞争力，选择适合本企业或本行业的理论和方法，制定相应的实施步骤和实施规则。不同的企业在选择供应商时，所采用的步骤会有差别，但基本步骤应一样，如图 5-4 所示。

（1）成立供应商评选小组。企业需成立一个专门的小组来控制和实施供应商评价，这个小组的组员以来自采购、质量、生产、工程等与供应链合作关系密切的部门为主。小组组员必须有团队合作精神，还应具备一定的专业技能。评选小组必须同时得到采购企业和供应商企业最高领导层的支持。

（2）分析市场竞争环境。企业必须知道现在的产品需求是什么、产品的类型和特征是什么，以此来确认客户的需求，确认是否有建立供应关系的必要。如果已经建立了供应关系，需要根据需求的变化确认供应合作关系变化的必要性，分析现有供应商的现状，总结企业存在的问题。

（3）确立供应商选择目标。企业必须确定供应商评价程序如何实施，而且必须建立实质性的目标。供应商评价和选择不仅仅是一个简单的过程，更是企业自身的一次业务流程重构过程。如果实施得好，就可以带来一系列的利益。

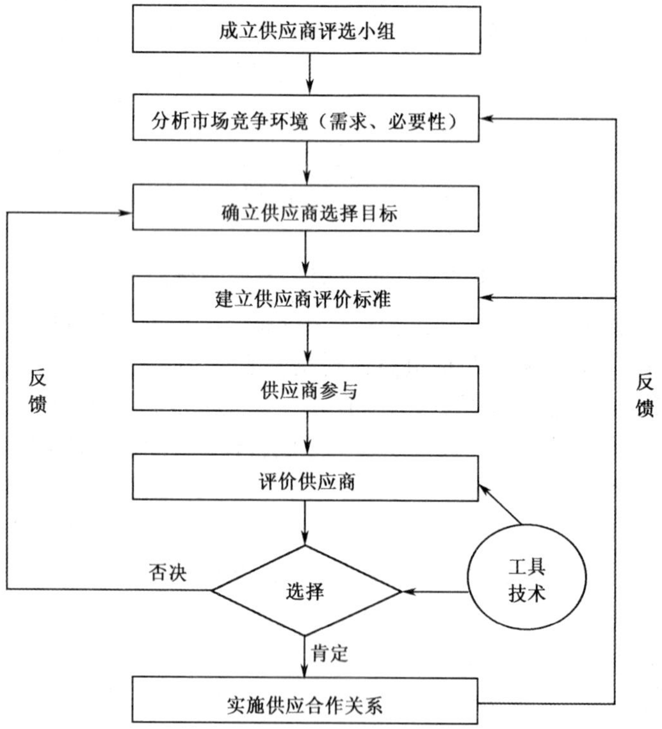

图 5-4　选择供应商的步骤

（4）建立供应商评价标准。供应商评价指标体系是企业对供应商进行综合评价的依据和标准，是反映企业本身和环境所构成的复杂系统的不同属性的指标，是按隶属关系、层次结构有序组成的集合。不同的行业、企业，不同产品需求和环境下的供应商的评价应是一样的，但供应商的评价标准应涉及以下几个方面：供应商业绩、设备管理、人力资源开发、质量控制、成本控制、技术开发、客户满意度和交货协议等。根据企业实际状况和供应商选择的时间跨度，对供应商的要求也有不同，按时间的长短分别有相应的短期标准和长期标准。具体如表 5-3 所示。

表 5-3　供应商评价的短期标准和长期标准

供应商选择的短期标准	商品质量合适、成本低、交货及时、整体服务（安装服务、培训服务、维修服务、升级服务、技术支持服务）水平高、履行合同承诺的能力强等
供应商选择的长期标准	供应商质量管理体系是否健全，供应商内部机器设备是否先进及保养情况如何，供应商的财务状况是否稳定，供应商内部组织与管理是否良好，供应商员工的状况是否稳定等

在确定选择供应商的标准时，一定要考虑短期标准和长期标准，把两者结合起来，才能使所选择的标准更全面，进而利用标准对供应商进行评价，最终找到理想的供应商。

（5）供应商参与。一旦企业决定实施供应商评选，评选小组需尽可能让供应商参与到评选的设计过程中，确认他们是否有获得更高业绩水平的愿望。

（6）评价供应商。主要工作是调查、收集有关供应商生产运作等的全方位信息。在收集供应商信息的基础上，就可以利用一定的工具和技术方法进行供应商的评价了。

（7）实施供应合作关系。在实施供应合作关系的过程中，市场需求也将不断变化。企业可以根据实际情况的需要及时修改供应商评选标准，或重新开始供应商评估选择。在重新选择供应商时，应给予新旧供应商以足够的时间来适应变化。

6. 供应商的选择方法

目前，可以应用于供应商选择的技术方法和工具主要分为 3 类：定性方法、定量方法及定性与定量相结合的方法。具体工具有直观判断法、考核选择法、招标选择法、协商选择法、ABC 成本法、线性规划方法、层次分析法（AHP）、模糊综合评判法、神经网络法、TOPSIS 法、数据包络分析（DEA）、成分分析法、灰色综合评价法及这些方法的集成应用法等，制造型企业可以根据自己的实际情况选择其中的方法加以应用。常用的方法如下。

（1）直观判断法。直观判断法是指通过调查、征询意见、综合分析和判断来选择供应商的一种方法。它是一种主观性较强的判断方法。它主要是倾听和采纳有经验的采购人员的意见，或者直接由采购人员凭经验做出判断。这种方法的质量取决于对供应商资料掌握得是否正确、齐全，以及决策者的分析判断能力与经验。这种方法运作简单、快速，但是缺乏科学性，受掌握信息的详尽程度限制，常用于选择企业非主要原材料的供应商。

（2）考核选择法。考核选择法是指在对供应商充分调查了解的基础上，进行认真考核、分析比较而选择供应商的方法。供应商的调查可以分为供应商初步调查和供应商深入调查。每个阶段的调查对象都有一个供应商选择问题，而且选择的目的和依据是不同的。初步供应商调查对象的选择非常简单，基本依据就是其产品的品种规格、质量价格水平、生产能力、运输条件等。在这些条件合适的供应商中所选择出的几个，就是初步供应商调查的对象。供应商深入调查对象的选择，是基于影响企业的关键产品、重要产品的供应商，对这些供应商进行深入的研究考察，选择标准主要是企业的实力、产品的生产能力、技术水平、质量保障体系和管理水平等。在对各个评价指标进行考核评估之后，还要进行综合评估。综合评估就是把以上各个指标进行加权平均计算，得到一个综合成绩，可以用下式计算：

$$S=\sum W_iP_i/\sum W_i\times 100\%$$

式中，S 是综合指标；P_i 是第 i 个指标；W_i 是第 i 个指标的权数，根据各个指标的相对重要性而主观设定。S 为供应商表现的综合描述，值越高的供应商表现就越好。

通过试运行阶段，得出各个供应商的综合成绩后，基本上就可以最后确定供应商了。

（3）招标选择法。当采购物资数量大、供应市场竞争激烈时，可以采用招标方法来选择供应商。采购方作为招标方，事先提出采购的条件和要求，邀请众多供应商企业参加投标，然后由采购方按照规定的程序和标准从中一次性择优选择交易对象，并提出最有利的条件，最后由投标方签订协议。注意整个过程要公开、公正和择优。

（4）协商选择法。在可选择的供应商较多、采购单位难以抉择时，也可以采用协商选择方法，即由采购单位选出供应条件较为有利的几个供应商，同它们分别进行协商，再确定合适的供应商。与招标选择方法相比，协商选择方法因双方能充分协商，因而在商品质量、交货日期和售后服务等方面较有保证，但由于选择范围有限，不一定能得到最便宜、供应条件最有利的供应商。当采购时间较为紧迫、投标单位少、供应商竞争不激烈、订购物资规格和技术条件比较复杂时，协商选择方法比招标选择方法更合适。

5.4 供应商关系管理

5.4.1 供应商关系的演变

近十几年来，供应商关系逐渐在转变，随着 JIT、全面质量管理与供应链管理等观念的普及，制造商–供应商已逐渐由互相竞争的关系转变为互相合作的关系。

总的来看，供应商关系的发展历程可以分为下列 4 个阶段：

1．传统模式（Traditional Model）阶段

1970 年前，制造商–供应商关系为传统模式。在此时期，供应商与制造商之间的关系为敌对状态。制造商设定供应商的特殊契约，持续更换供应商以寻求价格的折扣，彼此间的信息很少流动，各自寻求交易中的最大利益。在此时期，双方只针对价格争论，较少涉及质量、设计和运输能力。

2．压力模式（Stress Model）阶段

1970 年以后，由于全球市场的衰退及激烈的竞争，供应商持续忍受了制造商不断降价的要求，双方的竞争更为激烈。此时，质量控制的观念开始兴起，制造商开始对供应商的质量做评定，也逐渐开始将供应商纳入新产品的开发过程。这时制造商–供应商关系符合波特的五力竞争模型，买卖双方都不断增强自身的议价能力。

3．溶解模式（Resolved Model）阶段

1980 年以后，由于价格已成为决定主要绩效的来源，质量和运输对绩效的重要性开始凸显。制造商开始认识到与供应商建立关系的重要性，很多公司开始采用 JIT 运送策略，且让供应商得到长期契约，双方开始交换信息。供应商在承受降低价格的压力之下，还需根据制造商的要求做出相应的改变。

4．供应商伙伴关系与网络（Supplier Partnerships and Networks）阶段

1990 年之后，西方制造商认识到日本企业通过与供应商建立良好关系是其主要竞争优势来源，从此之后，JIT 被广泛采用，制造商也认识到对供应商的支持有助于零部件的质量保证与运送的可靠性。在网络组织关系的制造商–供应商关系中，交易双方可建立复杂的关系来管理供应链中的产品和服务。通过买卖双方的互动，打破了两个个体的边界，

增加了彼此的竞争优势。这个时期强调的是伙伴及网络关系，强调彼此的互相帮助、信任及技术和信息的共享。

5.4.2　供应商激励与控制

供应商激励和控制的目的，一是充分发挥供应商的积极性和主动性，努力搞好物资供应工作，保证本企业的生产生活正常进行；二是防止供应商企业的不轨行为，预防一切对企业、对社会的不确定性损失。因此，企业对供应商的激励和控制可以采取以下措施。

1．逐渐建立起一种稳定可靠的关系

企业应当和供应商签订一个较长时间的业务合同关系，如 1 年至 3 年。时间不宜太短，太短了让供应商不完全放心，从而不能全心全意为搞好企业的物资供应工作而倾注全力。只有合同期限长，供应商才会感到放心，才会倾注全力与企业合作，搞好物资供应工作。特别是当业务量大时，供应商会把采购企业看作它生存发展的依靠和希望，这就会更加激励它努力与企业合作，形成一种休戚与共的关系。但是，合同时间也不能太长。一方面是因为未来市场可能发生变化，如市场变化导致产量变化甚至产品变化、组织机构变化等；另一方面，也是为了防止供应商产生一劳永逸、“铁饭碗”的思想而放松对业务的竞争进取精神。为了促使供应商加强竞争进取，就要使供应商有危机感。所以合同时间一般以一年比较合适，并说明如果合适，第二年可以再续签；第二年不合适，则合同终止。这样签合同的目的，就是既要让供应商感到放心，可以在一段较长时间内稳定工作；又要让供应商有危机感，不要放松竞争进取精神，这样才能保住明年的工作。

2．有意识地引入竞争机制

有意识地在供应商之间引入竞争机制，促使供应商之间在产品质量、服务质量和价格水平方面不断优化。例如，在几个供应量比较大的品种中，每个品种可以实行 AB 角制或 ABC 角制。所谓 AB 角制，就是一个品种设两个供应商，一个 A 角，作为主供应商，承担 50%～80%的供应量；一个 B 角，为副供应商，承担 20%～50%的供应量。在运行过程中，对供应商的运作过程进行结构评分，一个季度或半年进行一次评比。如果主供应商的月平均分数比副供应商的月平均分数低 10%以上，就可以把主供应商降级成副供应商，同时把副供应商升级成主供应商。同样，变换的时间间隔不要太短，最少一个季度。太短了不利于稳定，也不利于一旦偶然出错的供应商纠正错误。ABC 角制则实行 3 个角色的制度，原理与 AB 角制一样，也是一种激励和控制的方式。

3．与供应商建立相互信任的关系

疑人不用，用人不疑。当供应商经考核转为正式供应商之后，一个重要的措施就是应当将验货收货逐渐转为免检收货。免检，是给予供应商的最高荣誉，也可以显示企业对供应商的高度信任。当然，免检不能不负责任地随意给出，应当稳妥地进行。既要积

极地推进免检考核的进程，又要确保产品质量。一般免检考核要经历 3 个月左右的时间，在免检考核期间内，起初总要进行严格的全检或抽检。如果全检或抽检的结果中不合格率很小，则可以降低抽检的频次，直到不合格率几乎降到零。这时，要组织供应商有关方面的人员，稳定生产工艺和管理条件，保持零不合格率。如果供应商真能保持零不合格率一段时间，就可以实行免检了。当然，免检期间，也不是绝对免检，企业还要不时地随机抽检一下，以防供应商质量滑坡影响本企业的产品质量。抽检的结果如果满意，则继续免检；一旦发现了问题，就要增加抽检频次，进一步加大抽检的强度，甚至取消免检。通过这种方式，也可以激励和控制供应商。

此外，建立信任关系还包括其他很多方面。例如，不定期地召开一些企业负责人的碰头会，交换意见，研究问题，协调工作，甚至开展一些互助合作。特别对涉及企业之间的一些共同业务、利益等的问题，一定要开诚布公，把问题谈透、谈清楚。要搞好这些方面的工作，需要树立起一个指导思想——“双赢”。一定要尽可能让供应商有利可图，不要只顾自己，不顾供应商的利益。只有这样，双方才能真正建立起比较协调可靠的信任关系。这种关系实际上就是一种供应链关系。

4. 建立相应的监督控制措施

在建立信任关系的基础上，也要建立比较得力的、相应的监督控制措施。特别是一旦供应商出现了一些问题或可能发生问题的苗头之后，一定要建立起相应的监督控制措施。根据情况的不同，可以分别采取以下一些措施。

1）对一些非常重要的供应商，或者当问题比较严重时，可以向供应商单位派常驻代表。常驻代表的作用是沟通信息、技术指导、监督检查等。常驻代表应当深入生产线各个工序、各个管理环节，帮助发现问题，提出改进措施，切实保证把有关问题彻底解决。对于那些不太重要的供应商或问题不那么严重的单位，则视情况分别采用定期或不定期到工厂进行监督检查，或者设监督点对关键工序或特殊工序进行监督检查，或者要求供应商自己报告生产条件情况，提供工序管制上的检验记录，让大家进行分析评议等，实行监督控制。

2）加强成品检验和进货检验，做好检验记录，退还不合格品，甚至要求赔款或处以罚款，督促供应商改进。

3）组织本企业管理技术人员对供应商进行辅导，提出产品技术规范要求，使其提高产品质量水平或企业服务水平。

5.4.3 建立良好供应商关系的策略

1. 高层管理会议

对于关键供应商，各组织的高层管理者应该定期举行会议，与关键供应商讨论长期战略及目标。

2．加强供应商与客户之间的联系

供应链中的每个成员都应该理解他们为同一个最终客户服务，这样就会有共识。

3．及时付款

供应商需要依赖采购方支付的货款来支持自己的运作，延迟付款将会使供应商对采购方产生敌意，并且可能导致供应商的财政问题，影响供应商对它的供应商的支付能力或影响对合同的执行，从而对采购方的客户服务带来不良影响。

4．公平地对待供应商

对所有供应商提供相同的条件、变化和机会是与供应商之间建立相互信任和忠诚关系的关键。

5．定期进行供应商调查

通过调查，定期获得供应商的反馈信息，并提出问题，如：采购方的知识性如何？说明书是否准确？支付的时效性如何？采购方应该做些什么来使供应商的工作更简单？如何能降低供应商的费用？调查可以使供应商就采购组织如何成为好的客户这一问题提供匿名的反馈信息，采购组织可以根据这些反馈信息来修正自己的行为，采购方的目标就是成为“优秀的客户”，为了获得世界级的供应商，采购方必须成为世界级的客户。

6．加强双方的交流

良好的计算机连接（电子数据交换、互联网等）以及面对面的交流是双方达成共识并能愉快合作的关键。

7．供应商培训

许多采购组织给它们的供应商提供培训来帮助它们提高质量和改进其他方面。这是在供应商业绩上的投资，也是为了能与供应商保持良好的合作关系所进行的投资。

8．增强机密性

所有与采购组织的供应商有关的成本、技术和有关合作的信息等，都应该被严格保密，许多组织与供应商签订保密协议。不过在政府采购中除了关键的方针政策方面的信息外，其他信息是不需要保密的。

思考题

一、判断题

（1）目前，可以应用于供应商选择的技术方法和工具主要分为定性方法、定量方法两种。（　）

（2）溶解模式出现在 1990 年之后，由于价格已成为决定主要绩效的来源，质量和运输对绩效的重要性开始凸显。（　）

（3）疑人不用，用人不疑。当供应商经考核转为正式供应商之后，一个重要的措施就是应当将验货收货逐渐转为免检收货。（　）

（4）高层管理会议是针对关键的供应商进行的，与关键供应商讨论长期战略及目标。（　）

（5）政府采购中的所有信息都应该被严格保密。（　）

二、单选题

（1）资源市场调查就是进行资源市场分析，（　）不是资源市场分析的目的。

A．紧缺型市场还是富余型市场　　B．成长型市场还是衰退型市场

C．完全竞争市场还是垄断市场　　D．资源市场总的水平

（2）建立供应商卡片的信息来源不可以是（　）。

A．供应商的市场部有关人士　　B．供应商的人事主管部门

C．访问有关用户　　D．有关市场主管人员

（3）供应商评价除（　）是主观评价外，其余指标都是客观评价。

A．信用度　　B．配合度

C．进货费用水平　　D．价格

（4）在企业供应商目录中，不会出现的是（　）。

A．未进入采购目录的供应商　　B．进入采购目录的供应商

C．重点供应商　　D．偶尔采购过的供应商

（5）供应商选择的常用技术方法不包括（　）。

A．考核选择法　　B．招标选择法

C．协商选择法　　D．客观判断法

三、填空题

（1）所谓供应商管理，就是对供应商的________、________、________、________等综合性的管理工作的总称。

（2）供应商管理的首要工作是________。

（3）准时交货率可以用准时交货的次数与总交货次数之比来衡量。准时交货率的公式是________。

（4）考核工作质量，可以用________和________来描述。

（5）选择供应商应该遵循的总原则是________、________、________。

四、简答题

（1）供应商管理的流程有哪些？

（2）如何对供应商进行追踪考核？

（3）开发供应商有哪些步骤？

（4）供应商选择的步骤有哪些？

（5）企业应如何对供应商进行激励和控制？

技能实训

企业顶岗实习

实训目的：

（1）加深学生对供应商管理与选择的理解。

（2）了解供应商在企业运营中的价值。

（3）了解企业选择供应商的方法。

（4）培养学生的团队合作精神，增强归纳分析及与人沟通能力。

实训组织：

（1）本着自愿原则，挑选专业优秀学生做代表完成实训任务。

（2）实训以实地顶岗实习为主，同时通过互联网、调查等方式收集资料，辅助实训任务的完成。

实训项目：

推荐校企合作企业。

实训要求：

（1）明确顶岗实习成员的责任，尽可能调动成员参与的积极性，达到实训的效果。

（2）了解调研企业供应商管理相关信息，并做好记录。

（3）汇报成果，整理并统计各成员的发言，以便最后进行比较分析。

实训成果：

本着互惠双赢的原则，汇报成果，依据自己的看法，提出企业采购组织运营的改进措施。

实训考核：

（1）实训过程中职业素养是否得到体现。

（2）小组分工是否明确和均衡，小组成员的能力是否得到充分的发挥。

（3）实训方法选择是否得当，操作是否规范。

（4）小组调研报告思路是否清晰，内容是否充实，重点是否突出。

项目 6

采购定价与采购谈判

工作领域技能需求

（1）作为采购部门主管/经理，应该能够理解影响采购价格的因素，并且利用合适的方法确定采购的价格。

（2）作为采购谈判主管，应该能够理解采购谈判的程序，把握采购谈判的时机，选择合适的采购谈判策略。

学习领域知识供应

（1）采购价格的确定：影响采购价格的因素、价格的种类、确定采购价格的方法。

（2）采购谈判：采购谈判的含义及条件、采购谈判前的准备工作、采购谈判的程序、采购谈判的策略。

学习建议

通过互联网及学校图书馆藏资料了解一些企业采购谈判的经典案例，全面了解采购定价与谈判。

案例导入

拒绝有理，说来也动听

广东玻璃厂厂长率团与美国欧文斯公司就引进先进的玻璃生产线一事进行谈判。对于我方来说，美方就是顾客。双方在部分引进还是全部引进的问题上陷入了僵局，我方的部分引进方案美方无法接受，我方遭到拒绝。

这时，我方首席代表虽然心急如焚，但还是冷静分析形势，如果我们一个劲儿说下去，就可能会越说越僵。于是他聪明地改变了说话的战术，由直接讨论变成迂回说服。“全世界都知道，欧文斯公司的技术是一流的，设备是一流的，产品是一流的。”我方代表转换了话题，从微笑中开始谈天说地，先来一个第一流的诚恳而又切实的赞叹，使欧文斯公司由于谈判陷入僵局而产生的抵触情绪得以在很大程度上消除。“如果欧文斯公司能够帮助我们广东玻璃厂跃居全中国一流，那么全中国人民很感谢你们。”刚离开的话题很快又转了回来，但由于前面说的那些话，消除了对方心理上的对抗，所以，对方听到的这些话似乎也顺耳多了。

“美国方面当然知道，现在，意大利、荷兰等几个国家的代表团，正在我国北方省份的玻璃厂谈判引进生产线事宜。如果我们这次的谈判因为一点点的小事而失败，那么不但是我们广东玻璃厂的损失，更重要的是欧文斯公司方面将蒙受重大的损失。”说话中仅使用“一点点小事”来轻描淡写，目的是引起对方对分歧的关注。同时，指出谈判万一破裂将给美国方面带来巨大的损失，完全为对方着想，这一点不容对方拒绝。

“目前，我们的确有资金方面的困难，不能全部引进，这点务必请美国同事们理解和原谅，而且我们希望在我们困难的时候，你们能伸出友谊之手，为我们将来的合作奠定一个良好的基础。”这段话说到对方心里去了，既通情，又达理，不是在做生意，而是朋友间的互相帮助，因此迅速签订了协议，打破了僵局，问题迎刃而解。

资料来源：https://cgygys.sziit.edu.cn/kejian/jnxl/3/jnxl3.swf.

想一想：

结合案例，谈一谈在谈判中如果遇到分歧该怎么处理？

6.1 采购价格的确定

采购价格是指企业进行采购作业时，通过某种方式与供应商确定的所需采购的物品和服务的价格。

6.1.1 采购价格的种类

采购价格可分为到厂价、出厂价、现金价、期票价、净价、毛价、现货价、合约价、定价、实价等。

1. 到厂价

到厂价是指供应商的报价负责将物品送达买方的工厂或指定的地点，其间所发生的各项费用均由卖方承担。以国际采购而言，即到岸价加上运费（包括在出口厂商所在地至港口的运费）和货物抵达买方之前一切运输保险费，其他还有进口关税、银行费用、利息及报关费等。这种到厂价方式下，通常由国内的代理商以人民币报价方式（形同国内采购），在向外国原厂进口货品后售予买方，一切进口手续皆由卖方办理。

2. 出厂价

出厂价是指卖方的报价中不包括运送责任，即须由买方雇用运输工具前往卖方的制造厂提货。这种情形通常出现在买方拥有运输工具或卖方加计的运费偏高，或者当处于当卖方市场时，供应商不再提供免费的运送服务。

3. 现金价

现金价是指以现金或相等的方式支付货款，但是“一手交钱，一手交货”的方式并不多见。企业界的习惯是月初送货、月中付款，或者月底送货下月中付款，此即视为现金交易，并不加计迟延付款的利息。现金价可使卖方免除交易风险，买方享受现金折扣。

4. 期票价

期票价是指买方以期票或延期付款的方式来采购物品。通常卖方会在售价中加计迟延付款期间的利息。如果卖方希望取得现金周转，会使加计的利息超过银行现行利率，以使买方舍期票价取现金价。另外，从现金价加计利息变成期票价，也用贴现的方式计算价格。

5. 净价

净价是指卖方实际收到的货款，不再支付任何交易过程中的费用。

6. 毛价

毛价是指卖方的报价可以因为某些因素加以折让。

7. 现货价

现货价是指每次交易时，由供需双方重新议定价格；若有签订的买卖合约，完成交易后即告终止。在众多的采购项目中，采用现货交易的方式最频繁，买卖双方按照当时的行情进行，不必承担预立合约后价格可能发生巨幅波动的风险或困扰。

8. 合约价

合约价是指买卖双方按照事先议定的价格进行交易；合约价格涵盖的期间依契约而定，短的几个月，长的一两年。由于价格议定在先，所以会经常造成与时价或现货价的差异，使买卖时发生利害冲突。因此，合约价必须有客观的计价方式或定期修订，才能维持公平、长久的买卖关系。

9. 定价

定价是指物品标示的价格。若市场的习惯是不二价，那么牌价就是实际出售的价格，但有些商场还保持“讨价还价”的习惯。当然，使用牌价在某些行业有正当的理由。当买方叫价时，卖方则以调整折扣率来反映时价，就无须提供新的报价单给买方。所以牌价只是名目价格，而非真实价格。

10．实价

实价是指买方实际上所支付的价格。特别是卖方为了达到促销的目的，经常提供各种优惠的条件给买方，如数量折扣、免息延期付款、免费运送与安装等，这些优待都会使买方真实的总成本降低。

6.1.2 影响采购价格的因素

采购价格的高低受各种因素的影响。对国内采购而言，尽管地区、商业环境、时间和人际关系等方面有所不同，但其价格变动性还是比较易于预测和控制的。对涉外采购而言，来自世界各地市场的供应关系及其他许多因素，包括规格、服务、运输及保险、交货期限等，都对价格有相当大的影响。影响采购价格的因素主要包括以下几个。

1．供应商成本的高低

供应商成本的高低是影响价格最根本、最直接的因素。供应商进行生产，其目的是获得一定的利润，否则生产无法进行。所以，采购价格一般在供应商的成本之上，两者之差即为供应商的利润，供应商的成本是采购价格的底线。在日常采购中，一些采购人员认为可随意报价，而后通过与供应商谈判达到最低价格。这种情况不是没有，那是供应商报价中“水分”太多的缘故，更多的情况下，谈判者不能随心所欲地决定价格。

2．物品的规格与质量

企业对所采购物品的规格要求越复杂，采购价格就越高。价格的高低与所采购物品的质量也有很大的关系。如果采购物品的质量一般或低下，供应商则会主动降价，以求赶快脱手，有时甚至会贿赂采购人员。采购人员应首先确保采购物品能满足本企业的需要，质量能满足产品的设计要求，千万不要只追求价格最低，而忽略了质量，更不能接受供应商贿赂而置质量于不顾，让企业蒙受损失。

3．采购数量

如果采购数量大，企业就可享受供应商的数量折扣，从而降低采购价格。因此，大批量、集中采购是降低采购价格的有效途径。

4．采购物品的供需关系

当企业需采购的物品为紧俏商品时，则供应商处于主动地位，它可趁机抬高价格；当企业所采购的物品属于大众化商品时，则企业处于主动地位，可以获得相对优惠的价格。

5．生产季节与采购时机

当企业处于生产的旺季时，对原材料需求紧张，因此不得不承受更高的价格。避免这种情况的最好办法是提前做好生产计划，并根据生产计划制订相应的采购计划，为生产旺季的到来提前做好准备。

6．交货条件

交货条件也是影响采购价格的非常重要的因素。交货条件主要包括运输方式、交货期的缓急等。如果货物由企业来承运，则供应商就会降低价格，反之则会提高价格。有时为了争取提前获得所需货物，采购商会适当提高价格。

7．付款条件

在付款条件上，供应商一般都规定有现金折扣、期限折扣，以刺激企业提前用现金付款。

6.1.3　确定采购价格的方法

由于市场竞争的加剧，在供应链管理环境下，采购方与主要供应商建立了更密切的合作关系，并且寻求持续的发展。这种密切的合作关系使买卖双方都愿意分享价格成本方面的信息。现在，在确定价格的方法上，除了成本定价法外，还有许多企业使用目标定价法来确定产品的价格。如果将成本定价法与目标定价法相结合，会在产品的整个生命周期内持续推动成本降低，同时让供应商从所建议的成本节省方法中受益，达到双赢。

1. 目标定价法

（1）目标定价法的含义。

目标定价法是在新产品发展周期初始阶段，在买方与卖方之间建立合同价格的一种新方法。日本的制造商为了推动工程师选择生产成本低的设计而创立了目标定价法。这些制造商提出了一个简单的概念来描述成本：新产品的成本不再是产品设计过程的产出，而是这一过程的投入。但该方法的困难在于：如何按照要求的性能与质量，以能够产生合理利润的成本设计一种产品。例如，在新型小汽车的设计中，开发团队可能和营销部门一起决定新车型在其市场细分中的目标价格。以最终价格为基础，产品被分为几个主要体系，如发动机和动力系统，每一体系都有一个目标成本；在零部件层次（它是体系层次的进一步分解），目标成本就是买方想要从供应商那里获得的价格（如果该项目外包）。

例如本田在美国的制造企业使用目标定价法寻求成本降低的机会。该企业把产品成本分解到零部件层次，要求供应商提供其成本的详细分解表，包括物料、劳动力、工具和所要求的包装，以及送货、经营管理和其他费用。成本分解表有助于对供应商寻求改进的方法提出建议，从而降低成本。

（2）与传统的定价方法比较。在目标定价法条件下，产品可接受的成本是目标市场愿意支付的价格与该产品的利润目标之差的函数。在传统定价方法下，产品成本+利润＝销售价格。但是，利用目标定价方法，销售价格-利润=可接受的产品成本。

一般来讲，第一次谈判通常不能让供应商实现目标成本，并且供应商提供产品或服务的当前价格可能高于买方企业设定的目标价格。这两个数字之差就是战略性的成本削减目标。这一差距必须通过双方的共同工作来弥合，如价值工程、质量功能配置、生产/装配的设计与标准化等工作。如果在产品层次设置的目标成本太具掠夺性，目标成本就不能实现。如果设置的战略性成本削减的挑战性太小，就很容易实现目标成本，但是会损害市场竞争地位。在设置目标价格与目标成本时，新产品开发团队应当在头脑中保持着目标成本法的基本准则：目标成本不容违背。另外，即便工程师找到一种方法能改进产品功能，也不能做这些改进，除非它们能抵消额外成本。一旦买方与供应商就合同的第一年建立了一个目标价格，产品的生命周期之内剩下的成本削减就可以通过成本定价法来实现。

2. 成本定价法

成本定价法与传统的市场定价法在以下两个方面有所不同。

1）成本定价法需要确认生产一个项目的总成本，市场定价法不是这样的。

2）利润是用于所购项目的生产性投资的函数和供应商资产的回报（即投资回报），不是成本的直接函数（在市场驱动的价格下常常如此）。

成本定价法推动供应商寻求持续的绩效改进，分享成本降低，促进生产领域的投资。

成本定价法的一个重要特征是，它能在财务上激励供应商改进运营绩效，达到并超过采购合同协议的绩效改进。这不同于传统的市场定价方法，后者往往是一方（通常是采购方）想办法获取因供应商改进而产生的全部成本降低。传统的定价方法已经成为合作改进设计产品与工序的阻碍。成本定价法则认识到了需要在财务上激励供应商，同时与之发展更密切的关系。

成本定价法显然对大多数采购产品都不适用。许多产品不适于这种成本分析，可以由市场决定价格。那些能从多家供应商得到的、标准化的而非客户定制的及受市场供求关系影响很大的产品不适于成本定价法。

3. 定价成功的先决条件

要实施目标定价法和成本定价法，必须就供应商生产某产品的全部成本达成一致。全部成本的确认为建立共同的改进目标奠定了基础。生产产品的总成本包括劳动、物料、其他直接成本、与准备和生产相关的任何成本，以及经营、销售和其他相关费用。

除了总成本，各方还必须确认和认同各种产品的产量、各时间点单位产品成本。供应商的资产基础及其回报要求决定了产品的利润，各方还必须对此达成一致。对于分享收益的办法及何时共享产生的成本降低也要达成一致。达到或超过合同协议的绩效改进目标而产生的成本降低，及共同的绩效改进目标附带产品所产生的成本降低，都要共同分享。

这种方法要求高度信任、信息分享及问题的共同解决。如果一家企业利用了另一方或破坏了信息共享的机密性，就会造成失败。各方还应当自愿提供必要的数据信息来解决对总体成功产生影响的问题。

另一个重要的先决条件是与目标定价相关的风险管理能力。主要风险可能来自产量的变化，因为产量影响成本，所以双方必须仔细考虑与处理因计划产量的改变所造成的影响。高于计划的产量将使供应商获得更大的经济性与较低的单位成本。但是，这些较低的成本不是供应商绩效改进的结果。反之，低于计划的产量可能会提高供应商的平均成本。各方必须在合同上确定怎样处理购买计划的变化。

6.2　采购谈判

6.2.1　采购谈判的含义

谈判是通过面对面或电子方式进行正式沟通的过程，由两个或多个人就一个或多个问题寻求协议。谈判过程包括管理时间、信息及相互依赖的个人和组织之间的力量。每一方都对另一方有需求，从而认识到满足这种需求往往需要妥协或让步。谈判可分为两个阶段：谈判前的准备阶段和谈判的实质性阶段。另外，谈判者一定要认识到谈判过程不仅包括企业间的关系，还包括个体之间的关系。处理人际关系是谈判的一个重要组成部分。谈判的中心内容是每一方都试图说服另一方做出最有利于自己的决策。

在谈判中，人的因素是不可忽视的，甚至可以说，人是谈判中的关键因素，谈判的参与者除了要具备有效的谈判者所需的知识与技能之外，还应该有谈判时的团队合作精神。1978 年瑞克汉姆和查尔斯最先采用了一个分析法来研究谈判技术，认为成功的谈判者有 3 个特点：

- 谈判双方都认为他们的工作效率很高；
- 他们应该有重大的成功记录；
- 他们的失败发生率应该很低。

成功的谈判者重视行为和交互因素，如形象、诚实、地位和自我实现。

采购谈判（Acquisition Negotiations）是指企业为采购商品作为买方与卖方厂商对购销业务有关事项，如商品的品种、规格、技术标准、质量保证、订购数量、包装要求、售后服务、价格、交货日期与地点、运输方式、付款条件等进行反复磋商，谋求达成协议，建立双方都满意的购销关系。

采购谈判在采购活动中可以发挥如下几个方面的作用：

- 降低采购成本；
- 保证产品质量；
- 保证采购物资及时送货；
- 争取更多优惠的服务项目；
- 降低采购风险；
- 妥善处理纠纷，维护双方的效益及正常关系，为以后的继续合作创造条件。

6.2.2　采购谈判的原则

要想取得采购谈判成功，并满足企业采购需求，在进行采购谈判的过程中要遵守两个原则，即合作原则和礼貌原则。

1．合作原则

合作原则包括以下 4 个方面。

1）量的准则：要求所说的话能包括交谈所需要的信息，不应包含超出的信息。

2）质的准则：要求不要说自知是虚假的话，不要说缺乏足够证据的话。

3）关系准则：要求所说的话内容要关联并切题，不要漫无边际地说。

4）方式准则：要求清楚明白，避免晦涩、歧义，要简练、条理清晰。

2．礼貌原则

礼貌原则包括以下 6 个准则。

1）得体准则：要求减少表达有损于他人的观点。

2）慷慨准则：要求减少表达利己的观点。

3）赞誉准则：要求减少表达对他人的贬损。

4）谦逊准则：要求减少对自己的表扬。

5）一致准则：要求减少自己与别人在观点上的不一致。

6）同情准则：要求减少自己与他人在感情上的对立。

6.2.3 采购谈判前的准备工作

在谈判进行前，谈判人员关心的三个主要问题是：

（1）通过谈判想要获得什么？如更低的价格、改善的关系、更大的折扣、更快的交货、质量的改变。

（2）每项“想获得的”对企业有多大的价值。例如，即时交货＝高的优先权，较低的价格＝中等优先权，质量改变＝低优先权。

（3）我方的进入点和退出点是什么？进入点其实就是我方的“开价”。进入点一旦暴露，我方就不可能再进行提高，所以要对开价进行仔细的考虑。退出点是我方“走开”的位置。要想避免中止讨价还价这种可能性，那么在筹备阶段确认、理解这一点就很重要。

围绕这 3 个问题，谈判前的准备阶段所需要做的具体工作就是：明确谁将参加谈判，谈判中的主要问题是什么，将在何时何地进行谈判，怎样进行谈判。许多谈判相对简单，仅需要基本的准备与计划；有些谈判可能比较复杂，需要数月的准备期。不管怎样，如果买方为谈判做了充分的计划与准备，通常会产生较好的结果。一般认为，谈判前的准备工作包括以下几个方面：确立具体谈判目标；分析各方的优劣势；收集相关信息；了解对方的需要；识别实际情况；为每个问题设定一个成交位置；开发谈判战略与策略；让其他人员简要了解谈判内容；谈判预演。下面进行具体的探讨。

1．确立具体谈判目标

制定有意义的目标对谈判成功至关重要，所以准备工作的第一步就是确立希望通过谈判达到的明确目标。目标是未来通过工作力图实现的愿望或图景。每个参与谈判的人都要清楚，通过谈判要达到什么目标，这些目标是基于什么样的假设才能实现的。所以，企业要通过现有信息对形势进行评估，将在此基础上制定目标。如果一些信息被证明了，就有必要对已提出的目标做出改动，而且如果有可能，也要对所采用的方法进行改动。

采购谈判的基本目标是就所要采购的商品或服务达成协议。并不是所有的谈判都会成功，但是，在谈判真正开始之前，通常双方相信他们能够达成协议。如果双方不这样认为，他们就不会浪费时间与精力来准备谈判了。

谈判的另一个重要目标是在买卖双方之间以公平合理的价格达成协议，通常还包括前置时间的确定、质量指标、双方建立何种关系等。

这里有一点必须注意，就是尽管谈判有众多的目标，但并不是所有的目标都同等重要，因此，买方必须确认每个目标的重要程度。例如，有家公司把它的谈判目标分成“必须实现”和“预备实现”两类，这就把各目标的重要性区分开了。

2. 分析各方的优劣势

有经验的谈判者依靠调研与经历来了解对方。这意味着需要了解什么东西对另一方是最重要的，也意味着要在谈判开始前了解对方的人员与历史。当一家买方公司第一次和供应商谈判时，买方只有经过调研才能充分了解该供应商。

对各方做分析需要评价相对的优势和劣势。这个过程能够影响谈判时采用的战略和策略。买方并不总是对供应商有影响力，很多时候，供应商由于财务规模或对合同没有很大需要而处于比买方有利的位置。

了解供应商的生产体系非常重要。有了这种认识，买方就能够确认供应商是否使用经济有效的技术流程。买方可以估计供应商的成本结构，从而确认一个公平合理的价格。买方还可以确定供应商对数量、物料收益及物料和人工成本变化的敏感性有多大。

3. 收集相关信息

要分析自己和对手的优劣势，就需要收集信息。如果买方和卖方原先有过采购合同的谈判，这个过程就不那么困难。在这种情况下，买方可能已经对许多重要问题有了答案，如双方和自己谈判的是原先那些人还是其他人、对供应商来说重要的问题是什么、意见不同的领域有哪些、谈判规则里有没有自己想要改进的地方。

如果买方并不了解供应商，那么应到哪里去收集所需信息呢？这些信息源包括行业杂志、其他商业出版物、行业协会数据、政府报告、年度报告、财务评价、商业数据库、直接询问供应商及互联网。在谈判前，买方也可能已经通过供应商提供的报价单获得了信息。还有一个很重要的信息源，即企业中与该供应商打过交道的人。这些信息有助于识别该供应商的重要问题是什么，提供背景信息，甚至会提供参加谈判的那些人员的信息。在采购谈判时，谈判者对这些信息源提出的典型问题有以下几类。

（1）当前协议。当前协议持续多长时间；谈判方交易的财务记录是什么；有哪些可利用的成本数据；供应商的交易绩效怎样；它们的质量记录怎样；在合同期曾产生过什么样的争议；应该到什么日期达成协议；我们将和谁谈判。

（2）规格。是否给予了供应商提高规格中价值的机会；规格的哪些方面是关键性的；

哪些规格可以做一下变更以便达到相同的功能；怎样衡量规格的一致性，由谁衡量，在哪里衡量；如果被衡量项目具有特殊性，可否用另一个标准代替它。

（3）交付。希望供应商以怎样的频率交付；交付数量是多少；如何交付原料/零部件；谁对包装负责；交付地址是哪里；交付地是否存在限制；是否用集装箱/火车交付采购物；关于逾期费的立场是什么。

（4）财务。用何种货币进行交易；如果采用外币，使用什么汇率；应用什么信用条款，普通的支付条款是什么；供应商是否要求分期支付；早期支付是否有折扣。

（5）合同。谁对保险负责；保险覆盖的水平是什么；在哪国法律下签订合同（在从国外招标采购的情况下）；有没有明确海关要求；运输方式是否令人满意地达成了一致；采购条款有没有明确说明要为采购成本各要素负哪些责任；供应商是否能以确保有效合同的方式接受价格。

（6）人员。将和谁谈判；对他们有什么了解；如果涉及一个团队，团队的组成如何，这些人是否有权确定协议，这些人中谁负责确保履行协议；供应商处哪些人是关键的联系人；我们的团队应如何组成，由谁领导。

（7）一般问题。我们的优势和劣势是什么；对方的优势和劣势是什么；将要谈判的协议有效期是多长；可利用什么样的公开数据；当前的合同地位是什么；应该在哪天达成协议；主要的问题是什么；做出的主要假设是什么；我们需要什么信息证实这些假设。

4．了解对方的需要

谈判中的买方和卖方在许多方面互为影子。各方都想达成有利于长期成功合作的协议。当买方收集供应商信息时，重要的一点是，确认这些问题对供应商非常重要。例如，供应商想在其行业内保持市场份额与数量，因而，收到一份完全的采购合同而不是一部分合同，可能是该供应商的一个重要谈判目标。

对供应商最重要的问题可能并不是对买方最重要的（反之亦然），当一方的问题或要求对对方不重要时，双方容易达成一致。例如，一个供应商的生产进度体系要求该供应商在傍晚生产买方所需产品，夜间交货。如果买方有夜班，就很容易接受较晚交货，就能够满足供应商较晚交货的要求，因此，双方能在此问题上达成一致。作为回报，买方现在可能希望供应商就一个或多个对买方重要的问题提供方便。给予和所得对谈判都是重要的，哪方都不能期望自己总是占优势。

5．识别实际情况

做谈判准备工作时要求区分实际情况和问题。谈判双方将对什么是实际情况、什么是问题较早达成一致。实际情况可以清晰地描述，是现实或真实的情况。例如，买方想采购一套设备，就不必和供应商商谈买方是否真的需要一套设备（尽管设备的具体型号是需要讨论的未定问题）。相反，问题是要在谈判中解决的条款或主题。例如，确定价格与设备交货日期都属于问题范围。谈判问题的确认非常重要，因为正是在这些问题上需要双方达成协议。除了价格，谈判双方还可以讨论许多问题。计划过程要确认双方想通过谈判解决哪些主要问题。

6. 设定问题成交位置

谈判各方必须为每个即将讨论的问题设定一个成交位置，这个成交位置应当具有某些弹性。因此，谈判者应当建立一系列的成交位置，通常分为最小可接受结果、最大或理想结果和最有可能的目标成交位置。如果这一问题是价格，卖方会有一个目标价格，以此价格把产品卖给买方。当然，如果买方愿意支付，卖方可以索取更高的价格。成交位置范围的关键是卖方的最低价格，这是卖方愿意将产品卖给买方的最低价格。各方必须在谈判前仔细确定这一范围。

7. 开发谈判战略与策略

谈判战略是在与持不同意见的供应商谈判时，为达成对双方有益的协议而采取的一种总体性的方法。战略着眼于长期。战略性计划过程包括策略。策略是指采用某种方法来实现一个结果、目标或战略的过程或技术，它包括用来实现谈判目标与战略的现行行动方案与程序。

战略性谈判问题很广泛，包括谁谈判、谈什么、何时何地及怎样谈判。可以认为，战略和策略是谈判过程的两个方面。理想的情况是有一个设计得很好的谈判战略，辅之以谈判策略。谈判时要注意哪些计划与策略是实施战略所必需的。

8. 介绍谈判内容

采购谈判通常会影响公司里的其他部门。进行谈判的个人或团队应当向这些部门做简要介绍，确保它们了解并赞同谈判目标。在简要介绍中也可以阐述谈判的主要问题并对这些问题设定成交位置。在谈判前让其他人员简要了解谈判内容，可以让人们对谈判做好心理准备。

9. 谈判预演

有经验的谈判者会在正式谈判开始之前进行排练或预演，方法之一就是模拟谈判过程。例如，采购部门以外的工作人员可以扮成供应商。在谈判预演中，对方所提出的问题可能是买方原先没有想到的，提醒买方及早准备，这会对正式谈判有所帮助。

6.2.4 采购谈判的程序

双方面对面地坐下来，就进入了谈判的实质性阶段。

1. 彼此熟悉阶段

开始谈判时，一般双方先彼此熟悉一下，然后就会谈的目标、计划、进度和参加人员等问题进行讨论，尽量取得一致意见，并在此基础上就本次谈判的内容分别发表陈述。它是在双方已做好充分准备的基础上进行的。通过这种商谈可为以后具体议题的商谈奠定基础。在这一阶段，要注意营造良好的谈判氛围，并为正式谈判做好预备工作。双方应就本次谈判的议题、议程、进度和期限等进行交谈，以谋求谈判双方对谈判进程的一致意见。一方主谈人员可以以协商的口气对对方主谈人员提出有关谈判进程方面的一些问题，例如，“××先生，在正式谈判之前，我们想就时间安排问题征求您的意见”，或者“××先生，我想先与您谈谈本次谈判的议程问题，您看如何”等。这里有两个问题必须在这一阶段解决。

（1）采购谈判主题的确定。要进行一次谈判，首先要确定谈判的主题，不能漫无边际地进行谈判。一般地说，凡是与本次谈判相关的、需要双方展开讨论的问题，都可以作为谈判的议题。可以把它们一一罗列出来，然后根据实际情况确定应重点解决哪些问题。

对采购谈判来讲，最重要的是采购物料的质量、数量、价格水平、运输等方面，所以应把这些问题作为谈判议题重点加以讨论。

（2）采购谈判时间的安排。谈判时间的安排，就是要确定谈判在何时举行、为期多久。若是一系列的谈判需要分阶段进行的话，还应对各个阶段的谈判时间做出安排。

一般来说，采购员在选择谈判时间时，要考虑下面几方面的因素。

1）准备的充分程度，要注意给谈判人员留有充分的准备时间，以防仓促上阵。

2）要考虑供应商的情况，不要把谈判安排在对供应商明显不利的时间进行。

3）谈判人员的身体和情绪状况，要避免在身体不适、情绪不佳时进行谈判。

2. 实质性谈判阶段

实质性谈判阶段，即正式阶段。在这一阶段，双方各自提出自己的交易条件，并且尽量提出有说服性的理由进行磋商，争取达到一致。当然，双方的意见可能会存在某些分歧和矛盾，因此，谈判可能要经过多轮。双方为了解决分歧和矛盾，就必须进行讨价还价、反复磋商，磋商的结果要么是企业放弃某些利益，要么是供应商放弃某些利益，也可以是双方进行利益交换。

谈判过程中，一方面，要充分阐述自己的观点，合理地坚持自己的观点，维护自己的利益；另一方面，也要认真听取对方的意见，分析对方是否真有道理，如果真有道理，就应当适当调整自己的观点立场。这时，要随时比较调整后的方案与谈判前预定的目标方案之间的差距是否可以接受，如果不能接受，就不要轻易调整；如果能够接受，就可以调整；如果暂时没有把握，就可以暂时休会，在休会期间再好好思考一下或召集企业相关谈判人员一起仔细讨论一下，或者打电话请示领导之后做出决定，把决定后的方案再进行讨论磋商。这样，经过一系列反反复复的磋商，最终使彼此的立场和观点接近或趋于一致，从而双方达成一致的协议。

总之，在谈判过程中，双方都力求维护本企业的利益，想方设法使对方让步。如果双方都不让步，谈判就进行不下去，即谈判破裂、失败。如果双方能逐步让步、协调，最后大体利益均等，这时谈判双方意见达成一致，谈判就获得了成功，谈判就可以结束了。

3. 结束阶段

谈判结束阶段是较为轻松、活跃的阶段，原先谈判桌上的对手一下子变成了亲密的朋友。谈判结束阶段的主要任务是：尽快达成交易；签订书面协议或合同；谈判资料的回收和整理等。

供需双方在交易将要达成时，必然会对前几个阶段的谈判进行总体回顾，以明确还有哪些问题需要讨论，并据此对某些重要的交易条件、目标做出最后的决定，明确企业为实现本次交易所需做出的最后让步的限度，以及最后阶段所要采用的策略和技巧，开始着手安排签约事宜。

当双方对所有的交易条件都达成共识后，双方就可将谈判结果以法律的形式确认下来，即进入签约阶段。在签约前，双方应当确认谈判过程中所做书面记录的真实性，并据此确认合同的条款。

另外，在谈判结束后，买卖双方还可以举行一次告别酒会，借以联络感情，保持长期的合作关系。当双方回去后，需要立即做的工作是：把谈判资料回收整理入档；开始履行协议的准备；谈判小组进行经验教训的总结等。

6.2.5　采购谈判队伍的组建

采购谈判人员能否审时度势、正确合理地运用谈判策略是采购谈判能否取得预期效果的关键。采购谈判队伍的组建，就是指在对采购谈判对手情况及采购环境等诸因素进行分析研判的基础上，根据谈判的内容、难易程度选择谈判人员，组织高效、精悍的采购谈判队伍。

1. 采购谈判队伍组建的原则

为了保证采购谈判达到预期的目标，提高采购谈判的成功率，组建采购谈判队伍应遵循以下两个原则。

（1）根据需要来选择人员。在确定采购谈判队伍阵容时，应着重考虑谈判主题的大小、重要性等因素，以此来确定选派的人员和数量。

（2）根据谈判对手的情况来选择人员。在对谈判对手的基本情况了解之后，就可以根据对手的特点和作风来配备谈判人员。一般应遵循“对等原则”，即整体实力相同与对等。

2. 采购谈判人员的优化组合

组建采购谈判队伍时，人员的选择与配备应注意以下几个方面。

（1）谈判人员的选择要层次分明、分工明确。由于采购谈判往往会涉及许多专业知识，所以仅靠一个人是很难完成的。因此在选择谈判人员时，既需要掌握全面情况的企业经营者，还需要选拔一批具有各种专业知识的人员，以满足需要。在层次分明的条件下，分工一定要明确，这样才能成为一个强有力的谈判组织。

（2）谈判人员要具有代理人资格或本人就是法定代表人。采购谈判是一种手段，目的是达成协议，签订符合双方利益要求的合同或协议。整个谈判和签订协议的过程，都是依据一定的法律程序进行的。但是作为法人或法人代表，只能行使其权限范围内的权力。

（3）谈判队伍人数应根据谈判的性质、对象、内容和目标等方面综合考虑决定。谈判人员过多，调配不灵，必将产生内耗，增大开支；人员过少，又难以应对采购谈判过程中出现的各种复杂问题。

6.2.6 采购谈判的技巧

1. 采购谈判的基本原则

根据罗伯特·卡迪尼的方法，我们可以把采购谈判的基本原则总结为以下 6 个，它们显示了指导人类行为的基本社会心理原则。

（1）交互性。实际上，地球上的每一群体都遵循交互性原则。交互性指的是，当我们从别人那里收到了什么的时候，我们会感到有义务还给他一些东西。在谈判中，当对方提供了让步的时候，这一原则迫使人们做出善意的回报。谈判高手深谙交互性对大多数人所产生的强有力的影响。

（2）一致性。这一原则指导我们要在信仰和行动上保持一致。在谈判中，如果我们让别人同意了某事，然后又没有一直坚持下去，他们就会认为我们是不一致的和非理性的。谈判高手还知道，当某人同意了某件事的时候，他会比在他同意之前更加认可那件事。此外，一旦有了一个较小的承诺，就比较容易在后来要求一个较大的承诺。

（3）社会证据。按照这一原则，我们根据其他人的行为来决定什么是想要的、适当的和正确的。如果我们根据别人的行为来决定自己的行为，有可能阻碍我们的谈判。例如，卖方可以声称一个受尊敬的公司使用了它的产品，这就为买方采购其产品提供了社会证据。

（4）喜爱。这一原则说明当我们和喜爱的人在一起时，会工作得更好，感到更愉悦。谈判高手知道，当存在亲密融洽的关系时更容易做出让步，因此，谈判高手会花时间来了解对手。

（5）权威。这一原则是说我们更容易接受来自权威方面的成交位置、论点和指示。在采购谈判中，高级销售人员可以影响没有经验的买方。

（6）稀缺。卖方很早就知道了稀缺对买方的影响。如果产品在某一价格上是稀缺的，买方最好在价格上涨以前采购。

2. 采购谈判的技巧

资料 6-1
世界主要国家和地区的商务谈判风格

在了解了谈判心理原则的基础上，在实际谈判中就可以总结出许多规律性、技巧性的经验与策略，我们称之为谈判技巧。谈判技巧包括报价技巧、还价技巧。

（1）报价技巧。在谈判中，报价不仅仅是在价格方面提出自己的想法，还泛指谈判双方在洽谈项目中的利益要求，也就是其想要达到的目的。谈判双方在经过摸底，明确了具体内容和范围之后，提出交易条件，表明自己的立场和利益。

谈判双方通过报价来表明自己的立场和利益要求。但是，任何一方在阐述自己要求的时候，都不会一下子就把自己的底价透露给对方，而总是要打个“埋伏”，给自己留下讨论协商、讨价还价的空间。或者以优于底价的条件成交，超过既定目标完成谈判；或者以不低于底价的条件成交，完成谈判的既定目标。因此，报价是有技巧的。

1）报价要果断。开盘价的报价要坚定、果断，不留任何余地，并且毫不犹豫。这样做能够给对方留下认真而诚实的印象。要记住，任何欲言又止、吞吞吐吐的行为都必然导致对方的不良感觉，甚至不信任感。

开盘报价明确、清晰而完整，可以使对方能够准确地了解我方的期望。实践证明，报价不清最容易使对方产生误解，从而扰乱本方所定步骤，对己方不利。

报价时不要对己方所报价格做过多的说明和辩解，因为对方对我方报价的水分多少都会提出质疑的。如果在对方还没有提出问题之前便主动加以说明，会提醒对方意识到我方最关心的问题，而这种问题有可能是对方尚未考虑的问题。因此，有时过多的说明和解释会使对方从中找出破绽或突破口，猛烈地反击，甚至会使我方十分难堪，无法收场。

2）“低开”策略。“低开”策略也称为“开端”法，是指采购方先提出一个低于己方实际要求的谈判起点，以让利来吸引对方，试图首先去击败参与竞争的同类对手，然后与被引诱上钩的卖方进行真正的谈判，迫使其让步，达到自己的目的。

商业竞争从某种意义上可分为三大类：买方之间的竞争，卖方之间的竞争，以及买方与卖方之间的竞争。在买方与卖方之间的竞争中，一方如果能首先打败同类竞争对手，就会占据主动地位。当对手觉得无所选择时，就会委曲求全。

在谈判过程中应根据具体情况看能否运用“低开”策略，同时要防止对手使用这一策略。如果在谈判开局阶段对方接受或提出某些违反常态的便宜要求，确认对方有“低开”的嫌疑时，就要采取一些破解方法。一般来说，破解此策略的主要方法有以下几个。

① 要求对方预付定金。

② 在洽谈未达成正式协议之前，不要拒绝其他谈判方。

③ 要求速战速决。

④ 先草签协议，把实质性问题定好。

⑤ 如果对方执迷于实施“低开”策略，则可提前点破它。

最重要的是，在谈判时不要低估了对手，不要有占便宜的心理，要知道占小便宜有时会吃大亏。

3）影子报价/要约。影子报价或影子要约是一方说谎或有意误导对方。例如，买方可以告诉卖方说，他收到了另一个供应商的报价，每单不低于 5 美元。如果卖方不对该价格做出相应的变动，就说明他是不想和买方做生意了。卖方也可以使用这种方法。例如，卖方可以通知买方 A，说买方 B 准备以更高的价格采购这些物料（这些物料是稀缺的）。显然这是一个不道德的、冒险的策略，但如果对方担心丢掉这笔生意，就会在自己期望的成交位置做出相应的让步；反之，对方如果对这种威胁性的报价没有反应，就意味着自己的这一策略失效。

4）探知临界价格。在谈判中采购商想知道供应商的最低出让价，供应商想知道采购商的最高接受价，以便判断出一个双方都能接受的临界价格。因此，要运用一些技巧从对方口中探知临界价格。下面一些技巧能有效地帮助采购商准确地探知临界价格。

① 以假设试探。假设要购买更多或额外的东西，价格是否能降低一些。

② 低姿态试探。采购商先告诉供应商它显然没有那么多钱来购买某些贵重的物料，但出于好奇想知道，这些物料现在能值多少钱，没有防备的供应商会毫无保留地说出来。

③ 派别人试探。先让另一个出低价者来试探供应商的反应，然后真正的采购商才出现。

④ 规模购买试探。对于只卖少量物料的供应商，采购商可以提议成批购买。供应商会认为太荒谬，而说出许多不该说的话，使采购商知道供应商真正愿意接受的价格。

⑤ 低级购买试探。采购商先提出购买品质较差的物料，再设法以低价购买品质较好的物料。

⑥ 可怜试探。供应商表现出对供应商的产品很感兴趣，但资金有限买不起，看供应商能否出最低价。

⑦ 威胁试探。告诉供应商，要卖就是这个价，否则就算了。

⑧ 让步试探。采购商提议以让步来交换对方的让步，然后以此为起点继续商谈。

⑨ 合买试探。采购商先问供应商两种物料多少钱，再问其中一种多少钱，然后以这个差价为基础确定另一种物料的价钱。

（2）还价技巧。在报价结束之后，双方就会进入讨价还价的胶着状态，开始一场价格和其他问题的拉锯战，这个过程是漫长而重要的，要求谈判者必须自始至终保持谈判的高昂热情、冷静的头脑与灵敏的应变能力，当然还要掌握相应的还价技巧。

1）还价要有弹性。在价格谈判中，还价要讲究弹性。对采购人员来说，切记不要漫天还价、乱还价格，也不要一开始就还出最低价。前者让人觉得是在“光天化日下抢劫”，而后者会因失去弹性而陷于被动，让人觉得有欠精明，使价格谈判毫无进展的余地。

2）化零为整。采购人员在还价时可以将价格集中开来，化零为整。这样可以在供应商心理上造成相对的价格昂贵感，从而收到比用小数目进行报价更好的效果。因为从心理学的角度来说，价格如果化零为整、化大为小，会从心理上加重商品价格的昂贵感，给供应商巨大的诱惑力。

这种报价方式的主要内容是换算成大单位的价格，加大计量单位，如将“公斤”改为“吨”、“两”改为“公斤”、“月”改为“年”、“日”改为“月”、“小时”改为“天”、“秒”改为“小时”等。

3）过关斩将。所谓“过关斩将”，即采购人员应善用上级主管的议价能力。通常供应商不会自动降价，采购人员必须据理力争，但是供应商的降价意愿与幅度视议价的对象而定。因此，如果采购人员对议价的结果不大满意，此时应要求上级主管来和供应商议价，买方提高议价者的级别，卖方会有受到敬重的感觉，可能同意提高降价的幅度。若采购金额巨大，采购人员甚至可进而请求更高层的主管（如采购经理，甚至副总经理或总经理）邀约卖方的业务主管（如业务经理等）面谈，或者由买方的高层主管与对方的高层主管直接对话，此举通常效果不错。因为，高层主管不但议价技巧与谈判能力高超，而且社会关系及地位更好，甚至与卖方的经营者有相互投资或事业合作的关系，因此，通常只要招呼一声，就可获得令人料想不到的议价效果。

4）压迫降价。所谓压迫降价，是在买方占优势的情况下，以胁迫的方式要求供应商降低价格，并不征询供应商的意见。这通常发生在卖方产品销路欠佳，或者竞争十分激烈，以致发生亏损和利润微薄的情况下。由于市场不景气，故供应商有存货积压，急于脱手产品换取周转资金，这时就形成了买方市场。采购人员通常遵照公司的紧急措施，通知供应商自特定日期起降价若干；若原来的供应方缺乏配合意愿，即行更换供应来源。当然，此种激烈的降价手段会破坏供需方的和谐关系。当市场好转时，原来委曲求全的供应商，不是“以牙还牙”抬高售价，就是另谋发展，供需关系难以维持良久。

5）敲山震虎。在价格谈判中，巧妙地暗示对方存在的危机可以迫使对方降价。通过暗示对方不利的因素，从而使对方在价格问题上处于被动，有利于自己提出的价格获得认同，这就是此法的技巧所在。但该方法必须“点到为止”，而且要给人一种“雪中送炭”的感觉，让供应商觉得并非在幸灾乐祸、趁火打劫，而是真心实意地想合作、想给予帮助。当然，这是有利于双方，那么还价也就理所当然了。

6）欲擒故纵。由于买卖双方势力均衡，任何一方都无法以力取胜，因此必须斗智。采购人员应该设法掩藏购买的意愿，不要明显表露非买不可的心态，否则若被供应商识破非买不可的处境，将使采购人员处于劣势。所以，此时采购人员应采取“若即若离”的姿态，从试探性的询价着手。若能判断供应商有强烈的销售意愿，再要求更低的价格，并做出不答应即行放弃或另行寻求其他来源的表示。

通常，若采购人员出价太低，供应商无销售的意愿，则不会要求采购人员加价；若供应商虽想销售但利润太低，即要求采购人员酌情加价。此时，采购人员的需求若相当急迫，应可同意略加价格，迅速成交；若采购人员并非迫切需求，可表明绝不加价的意思，供应商极可能同意买方的低价要求。

7）差额均摊。由于买卖双方议价的结果存在差距，若双方各不相让，则交易告吹；采购人员无法取得必需的商品，供应商丧失了获取利润的机会，双方都是输家。因此，为了促成双方的交易，最好的方式就是采取“中庸”之道，即将双方议价的差额各承担一半，结果双方都是赢家。

8）釜底抽薪。为了避免供应商处于优势时攫取暴利，采购人员只好同意供应商有“合理”利润，否则胡乱杀价只会给予供应商可乘之机。因此，通常由采购人员要求供应商提供所有成本资料。对于国外货品，则请总代理商提供一切进口单据，借以查核真实成本，然后加计合理的利润作为采购价格。

9）转嫁价格。在协商议价中要求供应商分担售后服务及其他费用。当供应商决定提高售价且不愿有所变动时，采购人员不应放弃谈判，可改变议价方针，针对其他非价格部分要求获得补偿。最典型的例子是要求供应商提供售后服务，如大件家电的维修、送货等。

在一般的交易中，供应商通常将维修送货成本加于售价中，因此常使采购人员忽略此项成本。因此，在供应商执意提高售价时，采购人员可要求供应商负担所有的维修和送货成本，而不将此项成本进行转嫁，如此也可间接起到议价作用。

10）妥协技巧。在供应商价格居高不下时，采购人员若坚持继续协商，往往不能达到效果，此时可采取妥协技巧，在少部分不重要的细节上做让步，再从妥协中要求对方回馈。但使用妥协技巧时须注意以下几个方面。

资料 6-2
妥协的原则

- 一次只能做一点点妥协，如此才能留有再妥协的余地。
- 妥协时马上要求对方给予回馈补偿。
- 即使赞同对方所提的意见，也不要太快答应。
- 记录每次妥协的地方，以供参考。

● 利用专注的倾听和温和的态度博得对方好感。

在议价协商的过程中，威胁吼叫、咄咄逼人并非制胜的武器，因为即使取得了这次合作，也难保下次合作的意愿。因此，采购人员在协商过程中应仔细地倾听对方说明，在争取己方权益时，可利用所获对方资料，或者依据法规章程，合理地进行谈判。

思考题

一、判断题

（1）不同于政治、外交等谈判，采购谈判必须坚持以经济利益为中心的原则。（　）

（2）采购谈判是一种经济谈判，谈判双方为了经济利益只会发生冲突，不可能进行合作。（　）

（3）在选择具体谈判人员时，应尽量选择“全能型专家”。（　）

（4）谈判地点选择在采购方所在地有利于采购方谈判人员少受外界因素干扰，从而以全部精力投入到谈判工作中去。（　）

（5）一般而言，交易的结果对哪方更为重要，则该方在谈判中就处于弱势。（　）

二、单选题

（1）以下不是采购谈判过程中要遵守的合作原则是（　）。

A．量的准则：要求所说的话包括交谈所需要的信息，可适度包含超出的信息

B．质的准则：要求不要说自知是虚假的话，不要说缺乏足够证据的话

C．关系准则：要求所说的话内容要关联并切题，不要漫无边际地胡说

D．方式准则：要求清楚明白，避免晦涩、歧义，要简练、条理清晰

（2）影响采购价格的因素有（　）。

A．供应商成本的高低、交货条件与付款条件

B．采购物品的供需关系、物品的规格与质量

C．采购数量、生产季节与采购时机

D．以上都是

（3）参与采购谈判的各方无论其经济力量是强还是弱，对合作交易项目都有一定的“否决权”。这体现了采购谈判的（　）原则。

A．合作　　B．平等

C．合法　　D．自愿

（4）采购谈判的程序可以概括为 3 个阶段，即（　）。

A．摸底阶段、询价阶段和成交阶段

B．谈判前的准备阶段、磋商阶段和签字认可阶段

C．谈判前的准备阶段、正式谈判阶段和检查确认阶段

D．摸底阶段、磋商阶段和检查确认阶段

（5）在谈判中处于优势的一方是（ ）。

A．交易结果对其更为重要的一方

B．对交易内容和交易条件满足程度更高的一方

C．掌握的商业行情少的一方

D．对时间要求紧张的一方

三、填空题

（1）________是指供应商负责将物品送达买方的工厂或指定的地点，其间所发生的各项费用均由卖方承担。

（2）________指卖方实际收到的货款，不再支付任何交易过程中的费用。

（3）________是通过面对面或电子方式进行正式沟通的过程，由两个或多个人就一个或多个问题寻求协议。

（4）要想取得采购谈判成功，并满足企业的采购需求，在进行采购谈判的过程中要遵守两个原则，即________和________。

（5）在________阶段，双方各自提出自己的交易条件，并且尽量提出有说服性的理由进行磋商，争取达到一致。

四、简答题

（1）简述在采购谈判过程中要遵守的原则。

（2）与实际相结合，采购价格的影响因素有哪些?

（3）传统谈判与现代谈判观念有何差别?

（4）根据谈判的过程环节，你认为最关键的环节何在?

（5）结合实际，谈谈在谈判中可运用的谈判技巧有哪些。

技能实训

采 购 谈 判

实训目的：

（1）加深学生对采购价格确定方法与采购谈判程序及技巧的理解。

（2）理解影响采购价格的因素、价格的种类。

实训组织：

（1）本着自愿原则，学生 5 人一组，每组设组长 1 名，由组长分工及协调实训小组的实训任务，并带领大家完成实训任务。

（2）实训以场景模拟为主，同时通过互联网、问卷调查等方式收集资料，辅助实训任务的完成。

实训项目：

（1）实训地点：教室。

（2）每小组作为一个独立的公司，采购各自公司的生产原料。

（3）角色扮演：每组分为两部分，一部分扮演供应商，另一部分扮演公司采购部门（每部分均有负责人）。

（4）目的：为公司采购满意的生产原料。

实训要求：

（1）明确小组内成员之间的分工，尽可能调动所有成员的参与积极性，达到实训的效果。

（2）结合教材内容，模拟实际。

（3）收集资料，全面了解所需要的各种信息，对谈判进行充分的准备和详尽的规划。

（4）说明采购谈判的程序、内容、结果。

（5）说明各自应用了哪些谈判策略和技巧。

实训成果：

（1）撰写采购谈判实训报告。

（2）将实训报告做成 PPT，各小组选派一人进行陈述。

实训考核：

（1）实训过程中职业素养是否得到体现。

（2）小组分工是否明确和均衡，小组成员的能力是否得到充分的发挥。

（3）实训方法选择是否得当，操作是否规范。

（4）小组实训报告思路是否清晰，内容是否充实，重点是否突出。

项目 7 采购合同管理

工作领域技能需求

（1）作为采购经理/采购合同主管，应该能够制定公司采购合同管理制度，进行合同的签署以及合同的执行工作，检查合同的执行情况，预测合同执行风险，并制定风险防范措施。

（2）作为合同管理专员，应该能够协助主管起草合同文本，确定主要合同条款，并参与合同谈判，执行合同风险防范措施。

学习领域知识供应

（1）合同概述：合同的概念及特征、合同的分类。

（2）采购合同的内容：采购合同的概念及特征、采购合同的内容。

（3）采购合同的资格审查、订立与履行：采购合同资格审查、采购合同订立、采购合同履行。

（4）采购合同的索赔处理：违反合同的责任划分、索赔与理赔。

（5）采购合同的变更、终止和解除：采购合同的变更和终止、采购合同的解除。

（6）仲裁与仲裁裁决的执行：仲裁、仲裁裁决的执行。

学习建议

（1）查阅学校图书馆藏资料，了解合同的一些相关知识，加深对采购合同的理解。

（2）通过互联网查询采购合同的实例及采购合同管理的案例，熟悉采购合同管理的内容。

案例导入

2010 年至 2012 年，甲厂多次向乙厂供应某商品 A，累计价款 1300 万余元。双方每次供货、提货时，均记载了商品 A 的数量和价款，但始终未签订书面采购合同，也未约定付款的具体期限。期间，甲厂曾多次向乙厂催收部分货款，但未提出清偿全部货款及利息的要求。与此同时，双方间供、提商品 A 的业务仍在继续进行。乙厂在提货时也曾多次向甲厂支付过部分货款。至今，两厂间仍有 590 万余元货款未结清。甲厂遂向法院提起诉讼，要求乙厂清偿全部货款和利息，并赔偿其经济损失。

想一想：

你认为甲、乙两厂的买卖行为有合同吗？

7.1 合同

7.1.1 合同概述

1. 合同的含义

我国《合同法》规定：“合同是平等主体自然人、法人、其他组织之间设立、变更、终止民事权利义务关系的协议。”也就是说，合同本质上是一种协议，是当事人意思表示一致的产物。

2. 合同的要素

合同的本质是一种合意或协议。实际上，“协议”一词常常是指“合意”。由于合同是合意的结果，因此必须包括以下要素。

1）合同的成立必须有两个或两个以上的当事人。

2）各方当事人须互相做出意思表示，双方的意思表示是交互的，才能成立合同。

3）各方的意思表示是一致的，也就是当事人达成一致的协议。

由于合同是两个或两个以上当事人意思表示一致的产物，因此当事人必须在平等自愿的基础上进行协商，才能使其意思表示达成一致。如果不存在平等自愿，也就没有真正的合意。

3. 合同活动的基本原则

合同活动的基本原则包括以下几个。

1）合同当事人的法律地位平等，一方不得将自己的意志强加给另一方。

2）当事人依法享有自愿订立合同的权利，任何单位或个人不得非法干预。

3）当事人应当遵循公平原则确定各方的权利义务。

4）当事人行使权利、履行义务时应当遵循诚实信用原则。

5）当事人订立、履行合同时，应当遵守法律、行政法规，尊重社会公德秩序，不得损害社会公共利益。

6）当事人应当按照约定履行自己的义务，不得擅自变更或解除合同，依法成立的合同受法律保护。

4．合同的形式

关于合同的形式，《合同法》规定："当事人订立合同，有书面形式、口头形式和其他形式。法律、行政法规规定采用书面形式的应当采用书面形式。"

（1）口头形式。口头形式是以语言为意思表示订立合同，而不用文字表达协议内容的形式。口头形式简便易行，在日常生活中经常被采用。集市的现货交易、商店里的零售等一般都采用口头形式。

合同采取口头形式，不需当事人特别说明。凡当事人无约定、法律未规定采用特定形式的合同，均可采用口头形式。但发生争议时，当事人必须举证证明合同的存在及合同关系的内容。

口头形式的缺点是发生合同纠纷时难以取证，不易分清责任。所以，对于不能即时清结的合同和标的数额较大的合同，不宜采用这种形式。

（2）书面形式。书面形式，是指以文字表现订立合同的形式。合同书及任何记载当事人要约、承诺和权利义务内容的文件都是合同的书面形式的具体体现。《合同法》第十一条规定："书面形式是指合同书、信件以及数据电文（包括电报、电传、传真、电子数据交换和电子邮件）等可以有形地表现所载内容的形式。"

根据表现形式，书面合同常见分为以下几类。

1）表格合同。表格合同是指当事人双方合意的内容及条件，主要体现为一定表格上的记载，能全面反映当事人权利义务的简易合同。表格合同及其附件、有关文书、通用条款组成一份完整的合同。

2）车票、保险单等合同凭证。车票、保险单等合同凭证不是合同本身，它的功能在于表明当事人已存在的合同关系。合同凭证是借以确认双方权利、义务的一种载体。虽然双方的权利、义务并未完全反映在合同凭证上，但因法律及权力机关制定的规章已有明确的规定，因而可以确认合同凭证标示双方的权利、义务关系。

3）合同确认书。当事人采用电信、数据电文形式订立合同的，须有确认文件，称为确认书。此确认书与电信、数据电文一起构成合同文件。

4）格式合同。格式合同如运输合同，其主要内容按国家有关部门的规定制作，但并未与托运人协商。托运人托运货物，要按照表格上规定的项目逐项填写，经承运人确定后，合同即告成立。铁路及航空货物运输中的货运单就是格式合同。

书面形式的最大优点是合同有据可查，发生纠纷时容易举证，便于分清责任。因此，对于关系复杂的合同、重要的合同，最好采取书面形式。但双方当事人均承认的口头合同，已经履行了主要义务的口头合同，法律认可的其他口头合同均有效。

（3）推定形式。当事人未用语言、文字做出意思表示，仅用行为向对方发出要约，对方接受该要约，做出一定或指定行为或承诺，合同即告成立。

7.1.2 合同的分类

1．有名合同与无名合同

有名合同，是指法律上已经确定了的具有一定名称的合同，如《合同法》规定的买卖合同，供用电、水、气、热力合同等 15 类合同。

无名合同，又称非典型合同，是指法律上尚未确定一定的名称与规定的合同，如在广告中使用他人肖像、信用卡、企业咨询等现代新型合同，都是法律没有规定的无名合同。

2．双务合同与单务合同

所谓双务合同，是指当事人双方互负对等给付义务的合同，即一方当事人愿意负担履行义务，旨在使他方当事人因此负有对等给付的义务。或者说，一方当事人所享有的权利即为他方当事人所应尽的义务，如买卖、互易、租赁合同等均为双务合同。

所谓单务合同，是指合同当事人仅有一方负担给付义务的合同。换言之，单务合同是指当事人双方并不互相享有权利和义务，而主要由一方负担义务，另一方并不负有相对义务的合同。例如，在借用合同中只有借用人负有按约定使用并按期归还借用物的义务。

3．有偿合同与无偿合同

根据当事人是否可以从合同中取得某种利益，可以将合同分为有偿合同与无偿合同。

有偿合同，是指一方通过履行合同规定的义务而给对方某种利益，对方要得到该利益必须为此支付相应代价的合同。有偿合同是商品交换最典型的法律形式。在实践中，绝大多数反映交易关系的合同都是有偿合同。

无偿合同，是指一方给付对方某种利益，对方取得该利益时并不支付任何报酬的合同。在无偿合同中，对方当事人虽不支付报酬，但要承担义务，如借用人无偿借用他人物品，负有正常使用和按期返还的义务。

还需要说明的是，有些合同既可以是无偿合同，也可以是有偿合同，如公民之间的保管合同大多为无偿合同，而法人之间的保管大多为有偿合同。

4．诺成合同与实践合同

所谓诺成合同，是指当事人一方的意思表示，一旦经过对方同意，即能产生法律效果的合同，即"一诺即成"的合同，此种合同的特点是，当事人双方意思表示一致合同即告成立。

所谓实践合同，又称要物合同，是指除当事人双方意思表示一致以外，尚需交付标的物才能成立的合同。在这种合同中，仅凭双方当事人的意思表示一致，还不能产生一定的权利义务关系，还必须有一方实际交付标的物行为，才能产生法律效果。例如，小件寄存合同，寄存人必须将寄存的物品交付保管人，合同才能成立并生效。由于绝大多数合同都从双方形成合意时成立，因此，诺成合同是一般合同形式，而实践合同则必须由法律特别规定，可见实践合同是一种特殊合同。

5. 要式合同与不要式合同

根据合同成立是否应以一定形式为要件，可将合同分为要式合同与不要式合同。

所谓要式合同，是指应当或必须根据法律规定的方式进行操作才能成立的合同。对于一些重要的交易，法律常常要求当事人必须采取特定方式成立合同。例如，中外合资经营企业的合同，属于应当由国家批准的合同，只有获得批准时，合同才能成立。

所谓不要式合同，是指当事人订立的合同，依法不需要采取特定的形式。当事人可以采取口头方式，也可以采取书面形式订立合同。合同除法律有特别规定以外，均为不要式合同。

要式合同与不要式合同的区别在于是否应以一定的形式作为合同成立或生效的条件。根据合同自由原则，当事人有权选择合同形式，故合同以不要式合同为常态。对一些重要的交易，如不动产买卖，法律常规定当事人应当采取特定的形式订立合同。

7.2 采购合同

7.2.1 采购合同概述

1. 采购合同的含义

合同的种类很多，但人们在生活中最常见的就是经济合同，它是法人之间为实现一定的经济目的，明确双方权利义务关系的协议。采购合同是一种经济合同，是供需双方为执行供销任务，明确双方权利和义务而签订的具有法律效力的书面协议。采购合同俗称买卖合同，是商品交换最普遍的形式，也是典型的有偿合同。

2. 采购合同的性质

(1)采购合同是有偿合同。采购合同的实质是以等价有偿方式转移标的物的所有权，即出卖人转移标的物的所有权于买方，买方向出卖人支付贷款。

(2) 采购合同是双务合同。在采购合同中，买方和卖方都享有一定的权利，承担一定的义务。而且，其权利和义务存在对应关系，即买方的权利就是卖方的义务，买方的义务就是卖方的权利。

(3) 采购合同是诺成合同。采购合同自双方当事人意思表达一致就可以生效，不需要交付标的物，因而是诺成合同。

(4) 采购合同一般是不要式合同。通常情况下，采购合同的成立、有效并不需要具备一定形式，但法律另有规定的除外。

3. 采购合同的主要特征

采购合同有以下主要特征。

（1）采购合同是转移标的物所有权和经营权的合同。采购合同的基本内容是出卖人向买受人转移合同标的物的所有权或经营权，买受人向出卖人支付相应的货款，因此它必然导致标的物的所有权或经营权转移。

（2）主体比较广泛。从国家对流通市场的管理和采购实践来看，除生产企业外，流通企业也是采购合同的重要主体，其他社会组织和具有法律资格的自然人也是采购合同的主体。

（3）与流通过程密切联系。流通是社会再生产的重要环节之一，对国民经济和社会发展有着重大影响，重要的工业品生产资料的采购关系始终是国家调控的重要方面。采购合同是采购关系的一种法律形式，以采购这一客观经济关系作为设立的基础，直接反映采购的具体内容，与流通过程密切联系。

7.2.2 采购合同的类型

采购合同可根据以下分类标准进行分类。

1. 按采购内容分类

按采购内容，采购合同可分为货物采购合同、工程项目采购合同和服务采购合同。

联合国国际贸易法委员会 1994 年通过的《贸易法委员会货物、工程和服务采购示他法》第 2 条规定："货物"可指各种各样的物品，包括原料、产品、设备和固态、液态或气态物体和电力，以及货物供应的附带服务，条件是那些附带服务的价值不超过货物本身的价值；"工程"可指与楼房、结构或建筑物的建造、改建、拆除、修缮或翻新有关的一切工作，如工地平整、挖掘、架设、建造、设备或材料安装、装饰和最佳修整，以及根据采购合同随工程附带的服务，如钻挖、绘图、卫生、摄影、地震调查和其他类似服务，条件是这些服务的价值不超过工程本身的价值。"服务"可指除货物或工程以外的任何采购对象。

2. 按采购职能的范围和目标分类

按采购职能的范围和目标，采购合同可分为商业采购合同、政府采购合同和制造业采购合同。

商业采购是指商业领域为转售而进行采购和储存货物，并以营利为目的，如批发商、零售商的进货采购等。商业采购中最大的部分是零售贸易采购，它将大宗货物从农场或工厂采购过来然后销售给最终消费者。商业采购是所有商品零售业组织中极其重要的职能。政府采购是指中央和地方政府及其他公共服务部门为提供公共服务而采购，不以转售和营利为目的。制造业采购是为了制造、加工货物或材料进行采购和销售。采购也是制造业中的重要环节，制成品的大部分成本来自所采购的原料。

3. 按合同支付方式分类

按合同支付方式，采购合同可分为固定价格合同、成本加酬金合同和固定工资合同。

（1）固定价格合同。固定价格合同，即合同订立的价格在履行中不再发生变化。在固定价格合同中，供应方要担保成功地满足合同中的要求，包括在合同期限允许的工作时间内完成供应工作；同时必须担负圆满完成工作的财务责任。采购人和供应方都无权擅自对合同中规定的采购价格和进度做变更。采购方有义务支付主合同中规定的固定价格，但对于供应方完成合同工作的实际成本可以不予考虑。

大多固定价格合同是通过竞争性招标确立的。但是，出于特定采购项目的性质，有时采购方也可以通过成本分析、谈判与供应方达成固定价格合同。

通过竞争性投标所订立的固定价格合同具有许多优点。其一，这类合同要求最低的管理成本，没有审计成本。供应方和采购方的关系也非常简单，供应方独立完成工作，采购方按采购合同验收接货，支付合同价格。在满足合同要求的条件下，供应方节约的每一分钱都是属于自己的。因此，供应方必然努力控制成本，并尽可能地降低成本以满足合同要求。选择效率最高的供货商无疑会给采购方及整个国民经济带来直接的效益和有利影响。其二，对采购方而言，固定价格合同的另一个优点是所有的财务风险都由供应方承担。采购方的最终支付义务仅限于合同中确立的价格，所有超出合同价格的成本都由供应方承担。

从实际履行合同的情况看，在固定价格合同中虽然供应方负有圆满履行合同义务的责任，但供应方提供不良产品或服务的风险可能比其他类型的定价安排合同要大，尤其是在缺乏可供选择的供货来源和适当供货商评价体系的情况下。在采用固定价格合同时，如果不足够重视供应商评估程序，往往会导致很低劣的合同履行结果。因此，采购方必须加强对供货商的选择和合同标的物的验收。

（2）成本加酬金合同。成本加酬金合同确立的基础是采购方将补偿供应方在履行合同义务中负担的成本。这种支付形式要求供应方向采购方公开成本记录。例如，政府采购，供应方需向政府审计员提供其账册记录以便政府对其要求补偿的成本数量进行认证。

在一定意义上，在成本加酬金合同中供应方虽然也要完成所要求的工作，但其所承担的义务大大减少了，因为供应方并不负担完成工作的成本。在成本加酬金合同中，采购方承担了合同不履行和迟延履行的大多数财务风险。当然，采购方和供应方之间风险的划分不仅由合同形式决定，还与是否包含了某些合同条件有关，如担保的激励条件等。另外，合同的技术规格对划分双方的风险也是至关重要的，因为合同履行最终是否复杂和困难取决于构成合同一部分的技术规格或其他技术文件。

（3）固定工资合同。固定工资合同也可以称为以时间为基础的合同，其广泛应用于复杂的研究、施工监理及绝大部分的培训、技术援助任务，因为这类任务难以确定服务的时间和范围。固定工资合同的基本方法：在合同订立时，确定一个直接从事合同工作的人员的补偿价格。例如，如果合同要求进行工程设计，在合同中就规定供应方用于该项工作的每个人员每小时或每天进行工程设计所付出的工作补偿价格，该固定价格包括基本工资、保险、纳税、工具、监督管理、现场及办公室各项开支及利润。

此外，一般还要加上外派工作津贴。将所有成本因素汇总起来，双方就可以达成需要对供应方进行补偿的价格。在合同履行中，采购方要随着项目的进展监督工作的履行情况，以确保供应商所提供的服务符合合同的要求。

固定工资合同类型主要有劳动工时合同、工时及材料合同两种。

7.2.3 采购合同的内容

合同、合约、协议等作为正式契约，应该条款具体，内容详细完整。一份完整的采购合同通常由首部、正文与尾部3部分构成，如表7-1所示。

表7-1 采购合同

GF-90-0101　　　　　　工矿产品购销合同

供方：　　　　　　　　　　　　　　　　合同编号：

需方：　　　　　　　　　　　　　　　　签订地点：

　　　　　　　　　　　　　　　　　　　签订时间：　　年　月　日

一、商品名称、商标、型号、厂家、数量、金额、供货时间及数量

商品名称	商标牌号	规格型号	生产厂家	计量单位	数量	单价	总金额	交（提）货时间及数量									
合计：人民币金额（大写）																	

二、质量要求技术标准、供方对质量负责的条件和期限

三、交（提）货地点、方式

四、运输方式及到达站（港）和费用负担

五、合理损耗及计算方法

六、包装标准、包装物的供应与回收

七、验收标准、方法及提出异议期限

八、随机备品、配件工具数量及供应办法

九、结算方式及期限

十、如需提供担保，另立合同担保书，作为本合同附件

十一、违约责任

十二、解决合同纠纷的方式

十三、其他约定事项

供方	需方	鉴（公）证意见
单位名称（章）	单位名称（章）	
单位地址：	单位地址：	经办人：
法定代表人：	法定代表人：	
委托代理人：	委托代理人：	
电话：	电话：	
电报挂号：	电报挂号：	鉴（公）证机关（章）
开户银行：	开户银行：	年　月　日
账号：	账号：	注：除国家另有规定外，鉴（公）证实行自愿原则
邮政编码：	邮政编码：	

本合同一式　份　　　　　　　　　　　　有效期：　年　月　日至　年　月　日

监制部门：××工商行政管理局　　　　　　印制单位：××文化用品批发公司

1. 首部

采购合同的首部主要包括合同名称、合同编号、签订时间、供需双方的名称、合同序言等。

2. 正文

合同正文是供需双方议定的主要内容，是采购合同的必备条款，是供需双方履行合同的基本依据。合同正文主要包括以下内容。

（1）商品名称。商品名称是指所要采购的物品名称。按照国际上的惯例做法，合同中的品名条款通常都是在“商品名称”或“品名”的标题下，列明交易双方成交商品的名称，或者在合同中直接写明双方交易的商品的具体名称。

（2）质量。质量是指商品所具有的内在质量与外观形态的结合，包括各种性能指标和外观造型。

1）质量条款的基本内容。合同中的质量条款，通常应列明商品名称、规格或等级、标准等。

2）品质机动幅度和品质公差。为了避免交货品质与采购合同不符，可以在合同的品质条款中做一些变通的规定，其常见的做法是规定品质机动幅度和品质公差。

3）在订立品质条款时应注意的问题是：根据商品特性确定表示品质的方法。要准确具体地描述品质要求，既忌笼统含糊（如“大约”“左右”）又忌绝对化。要重视品质机动幅度和品质公差在表示品质方面的作用，凡是能采用和应该采用品质机动幅度和品质公差表示的商品，一般都要注明具体的机动幅度或公差允许值，以免日后产生争议。

（3）价格。价格包括单价和总价。单价是指交易物品每一计量单位的货币数值。总价是指全部商品价值的总和。

在国际采购时，价格条款要复杂得多，虽然合同中的价格条款也包含单位价值和总价值两项内容，但单价主要由计价货币、单位商品货币金额、计量单位、价格术语 4 部分组成。

因此，在订立价格、选择货币和价格术语时应做出正确判断，并明确加以规定。

在此，将简单介绍作价方法、计价货币的选择、价格术语的选用。

1）作价方法。在价格条款中，对单价的表述除了较多地使用固定作价外，也可以用较为灵活的浮动价格和暂定价格。

① 固定作价。在国际货物购销活动中，如果没有特殊规定，合同中的价格一般理解为固定价格，即从订约到付款这段时间内的价格是不变的，任何一方不得以市场发生巨大变化为由更改原定价。这就要求双方订立合同时，尽量考虑市场可能发生的变化，交货期也不要拉得太长。有时，购销双方为了进一步明确其价格的固定性，防止以后发生争议，也可在价格条款中对此做出明确规定，如“合同签订的任何一方不得调整价格”。

② 暂定价格和浮动价格。暂定价格是指合同中约定的价格极不稳定，难以预测。订约时，买卖双方暂时确定一个价格，待交货前一段时间再由双方按当时的市场情况商定一个价格，这一价格即作为最后结算价格。

浮动价格是指某些货物由于价格极不稳定，交货期较长或交货时间较远，为了避免任何一方因此造成巨大损失，而采用浮动作价的方法。采用这一方法作价时，必须在合同中规定一个基础价格，并明确价格上浮或下浮依据。例如，“以结算时的物价指数为依据加价或减价若干”“以结算时某交易所的价格为基础调整价格”。

2）计价货币的选择。在国际贸易中，买卖双方使用何种货币，主要由双方自愿进行选择，一般来说有 3 种情况：使用卖方国家货币、使用买方国家货币和使用第三国货币。对任何一方来说，使用本国货币，承担的风险较小，使用外币则可能承担外汇汇率变动所带来的风险，因为当今国际金融市场普遍实行浮动汇率制，汇率上下浮动是必然的，任何一方都有可能因汇率浮动造成损失。因此，在国际购销业务中，购销双方都必须考虑如何选择货币，以最大限度地减小外汇风险。

3）价格术语的选用。国际贸易中，可供购销双方选用的价格术语很多，由于各种价格术语都有其特定的含义，使用不同的价格术语，买卖双方所承担的责任、义务和风险也不同，价格术语选择正确与否直接关系到购销双方的经济利益。因此，采购人员在选择价格术语时应考虑以下因素。

① 体现我国的对外政策，按照平等互利的原则在双方自愿的基础上选择价格术语。

② 选择双方熟悉的，对购销双方都较为便利的价格术语，如 FOB、CIF、CFR 3 种价格术语已成为各国商人经常使用的价格术语，且双方风险的划分以装运港船舷为界，有利于双方履行合同。

③ 选择价格术语时应考虑我国保险业、运输业的情况，有利于促进我国保险业和运输业的发展。

④ 选用价格时应考虑运费因素。运费在价格中占有很大比重，因此，在选择价格术语时应事先预算运费，采用节约运费的价格术语。

（4）数量。数量条款是交易的组成部分，是购销双方交接货物时对数量评价的依据，也是处理有关数量争议的依据。

1）计量单位。商品不同，计量的单位也不同，通常有 6 类计量单位。

① 按重量计算，如吨、公斤、磅、盎司等，多应用于天然产品及制品，如矿砂、钢铁、羊毛等。

② 按个数计算，如件、双、套、打等，多用于一般杂货及工业制品。

③ 按长度计算，如米、英尺、码等，多应用于金属绳索、纺织品等商品。

④ 按面积计算，如平方米、平方英尺等，多用于纺织品、玻璃等商品。

⑤ 按体积计算，如立方米、立方英尺等。按体积成交的商品不多，仅用于木材、化学气体等商品。

⑥ 按容积计算，如公升、加仑、蒲式耳等，多用于小麦、谷类及大部分液体商品。

2）规定交易的方法。

① 净重，即去皮重，仅商品本身的重量。

② 毛重，指连皮的重量，即净重加皮重。

③ 以毛作净，即以毛重作为净重，计量计价。当包装材料与商品价值相近时，可采取以毛作净的方法。

④ 重量，如生丝、羊毛、棉花易于吸收水分，可采取抽样将水分烘干，再加上双方议定的一定百分比的标准水分，计算出重量。

⑤ 理论重量，如马口铁、钢板等，有固定的规格尺寸，只要尺寸符合，其重量大致相同，根据张数或件数推算出的重量为理论重量。

3）规定数量的方法。

① 规定准确的数量，不多不少，也称定量法。一般单位价格高、容易清点的商品多采用定量法。

② 在一定限度内可多交或少交，叫约量法。在国际市场上这种多交或少交的幅度是由有关商业协会或贸易惯例规定的。例如，在谷物交易中上下可差5%，在木材买卖时多至10%，一般商品为3%～5%。

4）在规定数量条款中应注意的问题。

① 数量条款的规定要明确具体，包括计算数量的单位和方法，都应该明确具体，避免用“约”字。

② 要正确处理成交数量和合同价格的关系。大批量成交，价格应有优惠；小批量成交，价格可以稍高。

③ 根据商品的特点，规定溢短装条款，但不是所有商品都加溢短装条款。例如，进口1000辆轿车，就不应有溢短装条款。

（5）包装。

1）商品合同中包装条款的内容：主要包括包装标识、包装方式、包装材料要求、包装容量、包装质量、环保要求、包装成本、分拣运输成本等。

2）订立包装条款应注意的问题：

- 明确包装材料和包装方式。约定包装材料和方式要明确具体，不宜笼统地规定“适合海运包装”“习惯包装”之类的术语。因为这类术语含义模糊、容易引发争议。
- 包装费用的负担问题。包装费用一般包括在货价之内，不另计价。但如果购方提出特殊要求，额外的包装费用由购方负担。另外，即使由购方承担费用，如果供方包装技术达不到要求，也不要轻易接受，以免引起纠纷。

3）运输标志。按照国际交易习惯，唛头一般由供方决定，而不必在合同中具体规定，但如果购方要求使用其指定的唛头，则应在合同中明确规定唛头的具体式样和内容，或者规定购方提供唛头式样和内容的期限，以免延误供方按时交货。

（6）装运。装运是指把货物装上运载工具，并运到交货地点。该条款的主要内容有：运输方式、装运时间、装运地点与目的地、装运方式（一次装运还是分批装运，直达还是中转）。

1）运输方式中，海洋运输有班轮运输、租船运输，铁路运输有国内铁路运输、国际铁路运输及国际多式联运，还有航空运输等。

2）装运时间又叫装货期，是指供方按购销合同规定将货物交付给购方或承运人的期限。这是合同的主要条款，如果供方违反这一条款，购方有权撤销合同并要求供方赔偿损失。履行FOB、CIP、CFR合同时，供方只需在装运港将货物装上船，取得代表货物所有权的单据，就完成交货任务。

3）装运地点和目的地通常分别各规定一个，按照实际需要，也可分别规定两个或两个以上港口。

4）装运方式中，分批装运是将同一合同项下的货物分若干批次装运。转运指货物在装运港装船后，在中途将货物卸下装上其他运输工具，以完成运输任务。

（7）到货期限。到货期限是指指定的最晚到货时间，以不延误企业生产经营为准，但也不可提前太多，否则将增加购方的库存费用。

（8）到货地点。到货地点是指货物到达的目的地。

（9）检查和验收。在国际采购商品中，检验是指由商品检验机构对进出口商品的质量、数量、包装、残损、环保等进行检验、分析与公证，并出具检验证明。

进出口合同中的检验条款包括：有关检验权的规定，检验或复验的时间、地点，检验机构，检验、检疫证书等。

（10）付款。国际贸易中的支付是指采用一定的手段，在指定的时间、地点，使用正确的方式支付货款。

1）支付工具：包括货币和票据两种。在国际贸易中，货币作为一种支付工具较少使用，主要的支付工具是票据。票据是各国通行的结算工具和信用工具，主要包括汇票、本票和支票。

① 汇票是出票人向付款人发的，要求付款人在见票时或在指定日期无条件支付确定金额给收款人或持票人的票据。

② 本票是出票人签发的，承诺出票人在见票时，无条件支付确定金额给收款人或持票人的票据。

③ 支票是出票人签发的，委托办理支票存款业务的银行或其他金融机构在见票时，无条件支付确定金额给收款人或持票人的票据。

2）付款方式：银行提供信用的方式（如信用证），或者银行不提供信用但可作为代理的方式（如直接付款和托收）。

3）支付时间：预付款、即期付款或延期付款。

4）支付地点：付款人指定银行所在地。

（11）保险。企业向保险公司投保，并交纳保险费，当货物在运输过程受到损失时，保险公司向企业提供经济上的补偿。该条款的主要内容是：确定保险类别及保险金额，指明投保人并支付保险费。根据国际惯例，凡是按 CIF、CIP 条件成交的出口货物一般应由供应商投保；按 FOB、CFR、CPT 条件成交的进口货物由采购方办理保险。

（12）仲裁。仲裁是指发生争议的双方当事人，根据其在争议发生时或争议发生后所达成的协议，自愿将该争议提交中立的第三者进行裁判的争议解决制度和方式。仲裁条款是购销双方自愿将其争议事项提交第三方进行裁决的条款。仲裁协议是仲裁条款的具体体现，它的主要内容是仲裁机构适用的仲裁程序、仲裁地点、解决效力等。

（13）不可抗力。不可抗力是指合同执行过程中发生的不可预见的、人力难以控制的意外事故，如台风、洪水、地震、战争等，遭遇不可抗力的一方可因此免除合同责任。该条款包括的主要内容有：不可抗力的含义、适用范围、法律后果、双方的权利义务能力等。

3. 尾部

合同尾部的主要内容有：合同的份数、使用语言及效力、附件、合同的生效日期、双方签字盖章。

7.3　采购合同的资格审查、订立与履行

7.3.1　采购合同的资格审查

合同依法订立后，双方必须依法严格执行。因此采购人员在订立合同之前，必须审查供应商的合同资格、资信及履约能力，按合同法的要求，逐条订立合同的必备条款。

1．订立合同的资格审查

为了避免与不具备签订合同资格的个人或组织签订合同，以免日后发生不必要的经济纠纷，必须审查供应商是否属于经国家审批程序成立的法人组织。

（1）法人资格审查。没有取得法人资格的社会组织，已被吊销营业执照取消法人资格的企业或组织，无权签订购销合同。尤其要特别警惕根本没有办理工商登记手续或未经批准的所谓公司，它们或私刻公章，冒充法人，或假借他人名义订立合同，旨在骗取采购方的资金。同时，要注意识别那些没有设备、技术、资金和组织机构的“四无”企业，它们往往在申请营业执照时弄虚作假，以假验资、假机构骗取营业执照，虽签订供货合同并收取货款或定金，但根本不具备供货能力。

（2）法人能力审查。法人能力审查主要是审查供应商的经营活动是否超出营业执照批准的范围。超出业务范围的合同属于无效合同。法人能力审查还包括对签约的具体经办人的审查，购销合同必须由法人的法定代表人或法定代表人授权的承办人签订。承办人在代表法人代表签订合同时应出示身份证、法人代表的委托书和营业执照（或副本）。

2．供应商的资信和履约能力审查

资信，即资金和信用。审查供方当事人的资信情况，了解供应商对供货合同的履约能力，对确定购销合同中的权利义务条款具有非常重要的作用。

（1）资信审查。对于资信的审查，一方面要求供应商要有固定的生产经营场所、生产设备和与生产经营规模相适应的资金，这是法人对外签订供货合同起码的物质基础。同时，要注意审查其历史上的资信情况，如在历史上是否信守承诺，是否有过对需求者及工商财税等部门的不诚信行为。

（2）履约能力审查。履约能力是指除资信以外的技术和生产能力、原材料及能源供应、工艺流程、加工能力、产品质量和经营管理水平等方面的综合情况。总之，就是要了解对方有没有履行合同所必需的人力、物力和财力保证。

资料 7-1
采购合同
需要注意 25
项法律事项

7.3.2 采购合同的订立

1. 制作合同

一般供货方都有采购方认可的购销合同形式，供购双方只要按合同的格式填写就可以了。通常的合同内容有产品名称、商标牌号、规格型号、生产厂家、计量单位、数量、单价、总金额、交货时间及数量。

2. 审批合同

采购合同的审批由专人负责，一般由采购主管负责。量大和比较重要的物资的采购合同要报企业主要负责人审阅。

主要的审查内容有：供应商是否为原确定的采购环境的供应商；供应商是否经过调查、考查和认证；采购合同中的品种、数量、质量要求是否与订单相符；价格是否在允许的范围之内；交货期是否能保证生产经营的需要；违约责任的描述是否严密、有利于本企业等。合同从整体上看应能确保订单执行人员依照订单计划在采购环境中操作。

3. 签订并执行合同

一般草签合同都是在供应商处完成的，因为在草签合同之前都有一个对供应商调查、考察和协商谈判的过程，无论对新供应商还是老供应商都是如此。在协商谈判达成共识之后，法人代表的授权承办人就可以草签合同。在草签合同之前，要出示身份证、授权委托书和营业执照副本。合同草签之后，采购人员亲自带回企业，经审批盖上法人章之后寄回或送回，供应商盖上法人章后，合同即告生效。合同随即转入执行阶段。

7.3.3 采购合同的履行

1. 采购合同履行的一般原则

采购合同生效后，当事人对质量、价款、履行期限和地点等内容没有约定或约定不明确的，可以协议补充；不能补充协议的，按照合同有关条款或交易习惯确定。

1）质量要求不明确的，按照国家标准、行业标准履行；没有国家、行业标准的，按照通常标准或符合合同目的的特定标准履行。

2）价款或报酬不明确的，按照订立合同时的市场价格履行；依法应当执行政府定价或政府指导价的，按规定履行。

3）履行地点不明确的，在履行义务一方所在地履行。

4）履行期限不明确的，债务人可以随时履行，债权人也可以随时要求履行，但应当给对方必要的时间。

5）履行方式不明确的，按照有利于实现合同目的的方式履行。

6）履行费用的负担不明确的，由履行义务一方负担。

2．标的物所有权属的转移

标的物所有权属的转移包括以下内容。

1）标的物的所有权自标的物交付时转移。

2）当事人可以在买卖合同中约定买受人未履行支付价款或其他义务时，标的物的所有权属于出卖人。

3）出卖人应当按照约定或交易习惯履行向买受人交付标的物或交付提取标的物的单证，并转移标的物所有权的义务。

4）出卖人应当按照约定或交易习惯向买受人交付除提取单证以外的有关单证和资料。

5）出卖具有知识产权的计算机软件等标的物时，除法律另有规定或当事人另有约定外，该标的物的知识产权不属于买受人。

6）出卖人应当按照约定的期限交付标的物。约定交付期间的，出卖人可以在约定期限内的任何时间交付。

7）标的物在订立合同之前，已为买受人占有的，合同生效的时间为交付时间。

8）出卖人应当按照约定的地点交付标的物。

9）当事人没有约定交付地点或约定不明确的，可以补充协议；不能达成补充协议的，可按照合同有关条款或交易习惯确定。上述办法均不能确定的，适合下列规定。

- 标的物需要运输的，出卖人应当将标的物交给第一承运人以运交给买受人。
- 标的物不需要运输的，出卖人和买受人订立合同时，知道标的物在某一地点的，出卖人应该在该地点交付标的物；不知道标的物在某一地点的，应当在出卖人订立合同时的营业地交付标的物。

3．标的物的质量、数量、包装条款的履行

（1）标的物质量条款的履行。标的物质量条款的履行，首先以当事人在合同中的约定为准；如果没有明确约定，但卖方提供了质量说明的，该说明可以作为质量要求。另外，卖方的产品介绍、产品说明书等，均构成对标的物的明示担保。如果实际的标的物与这些说明不符，即构成违约。

因标的物质量不符合质量要求，致使不能实现合同目的的，买受人可以拒绝接受标的物或解除合同。买受人拒绝接受标的物或解除合同的，标的物坏损、灭失的风险由出卖人承担。

对于不合格标的物的处理有3种办法：一是降低价格销售；二是做返修处理，达到合格标准后再行发货；三是做退货处理，供应商补充发货。

（2）标的物数量条款的履行。在供应商提供的标的物的数量超过合同规定时，可采取两种办法：一种是增加付款，接收多余部分；另一种是退回多余部分，这时要及时通知供应商。

（3）标的物包装条款的履行。当事人应当在合同中对包装要求做出明确规定，没有约定或约定不明确的，可以协议补充，达不成协议的，按交易习惯来定；仍不能确定的，卖方有义务采取通用的包装形式。没有通用包装方式的，卖方有义务提供足以保护标的物的包装方式。如因卖方提供的包装不符合要求导致标的物受损的，卖方应承担责任。

4. 标的物的检验

买受人收到标的物时，应当在约定的检验期间内检验。没有约定检验期间的，应当及时检验。当事人约定检验期间的，应当在检验期间内将标的物的数量或品质不符合约定的情形通知出卖人。买受人怠于通知的，视为标的物的数量或品质符合规定。当事人没有约定检验期间的，买受人在发现或应当发现标的物的数量或品质不符合约定的合理期间内通知出卖人。出卖人知道或应当知道提供的标的物不符合约定的，买受人不受上述通知的限制。

5. 承担标的物的风险

标的物毁损、灭失的风险，在标的物交付之前由出卖人承担，交付之后由买受人承担，但法律另有规定或当事人另有约定的除外。

1）因买受人的原因致使标的物不能按照约定的期限交付的，买受人应当自违反约定之日起承担标的物毁损、灭失的风险。

2）出卖人出卖交由承运人运输的在途标的物，除当事人另有约定的以外，毁损、灭失的风险自合同成立起由买受人承担。

3）当事人没有约定交付地点或约定地点不明确，标的物需要运输的，出卖人将标的物交给第一承运人之后，标的物的毁损、灭失风险由买受人承担。

4）出卖人按照约定或依照《合同法》有关规定将标的物置于交付地点，买受人违反约定没有收取的，标的物毁损、灭失风险自违反约定之日起由买受人承担。

5）出卖人按照约定，未交付有关标的物单证和资料的，不影响标的物毁损、灭失风险的转移。

6）因标的物品质不符合要求，致使不能实现合同目的的，买受人可以拒绝接受标的物或解除合同。买受人拒绝接受标的物或解除合同的，标的物毁损、灭失的风险由出卖人承担。

7）标的物毁损、灭失的风险由买受人承担的，不影响出卖人因履行债务不符合规定，买受人要求其承担违约责任的权利。

7.4 采购合同的索赔处理

7.4.1 违反合同的责任划分

采购业务中处理好争议索赔是一项重要工作。索赔一般有 3 种情况：购销双方之间的贸易索赔、向承运人的运输索赔和向保险人的保险索赔。因此，一定要分清谁应该承担违反合同的责任，从而确定应该由谁进行赔偿。

1. 违反采购合同的责任

（1）供方责任。

1）商品的品种、规格、数量、质量和包装等不符合合同规定，或者未按合同规定日期交付，应偿付违约金、赔偿金。

2）商品错发到货地点或接货单位，除按合同规定负责运到规定地点或接货单位外，还要承担因此而多付的运杂费，如果造成逾期交货，应偿付逾期交货违约金。

（2）需方责任。

1）中途退货应偿付违约金、赔偿金。

2）未按合同规定日期付款或提货，偿付违约金。

3）错填或临时变更到货地点，承担因此多支出的费用。

2. 违反运输合同的责任

当商品需要从供方所在地运送到需方指定的地点时，如未能按采购合同的要求到货，要分清是货物承运方的责任还是托运方的责任。

（1）承运方的责任。

1）不按运输合同规定的时间和要求发运的，偿付托运方违约金。

2）商品错运到货地点或接货人，应无偿运至合同规定的到货地点或接货人，如果货物运到时已逾期，偿付逾期交货的违约金。

3）运输过程中商品灭失、短少、变质、污染、损坏的，按实际损失赔偿。

4）联运的商品发生灭失、短少、变质、污染、损坏，应由承运方承担赔偿责任的，由终点阶段的承运方按照规定赔偿，再由终点阶段的承运方向负有责任的其他承运方追偿。

5）在符合法律和合同规定条件下运输，由下列原因造成商品丢失、短少、变质、污染、损坏的，承运方不承担违约责任：不可抗力的地震、洪水、风暴等自然灾害；商品本身的自然性质；商品的合理损耗；托运方或收货方本身的错误。

（2）托运方的责任。

1）未按运输合同规定的时间和要求提供货物和运输条件，偿付给承运方违约金。

2）由于在商品中夹带、匿报危险商品，错报笨重货物重量而招致商品摔损、爆炸、腐蚀等事故，承担赔偿责任。

3）罐车发运的商品，因未随车附带规格质量证明或化验报告，造成收货方无法卸货时，托运方需偿付承运方卸车等存费和违约金。

（3）保险方的责任。已投财产保险的，保险方对保险事故造成的损失和费用在保险金额的范围内承担赔偿责任。其中，海洋货物运输的保险条款包括3种基本险别，为平安险、水渍险和一切险。除基本险别外，还有附加险。附加险分为一般附加险和特殊附加险两类。被保险方为了避免或减少保险责任范围内损失而进行的施救、保护、整理、诉讼等所支出的合理费用，依据保险合同的规定偿付。

7.4.2 索赔与理赔

索赔和理赔是一项维护当事人权益和信誉的重要工作，也是一项涉及面广、业务技术性强的细致工作。因此，提出索赔和处理索赔时，必须注意下列问题。

1. 索赔期限

索赔期限是指争取索赔的当事人向违约方提出索赔要求的违约期限。关于索赔期限，应根据不同商品的具体情况做出不同的规定。一般来说，农产品、食品等的索赔期限短些，一般商品的索赔期限长些，机器设备的索赔期限更长。如果逾期提出索赔，对方可以不予理赔。

2. 索赔的依据

提出索赔时，必须出具因对方违约而造成需方损失的证据，当争议条款为商品的质量条款或数量条款时，该证明要与合同中的检验条款一致，同时出示检验的出证机构。

3. 索赔及赔偿方法

关于处理索赔的办法和索赔的金额，除了个别情况外，通常在合同中只做笼统规定，而不做具体规定，因为违约的情况较为复杂，当事人在订立合同时往往难以预计。有关当事人应根据合同规定和违约事实，本着平等互利和实事求是的精神，合理确定损害赔偿金额或其他处理办法，如退货、换货、补货、整修、延期付款、延期交货等。

当商品因质量出现与合同规定不符造成采购方蒙受经济损失时，如果违约金能够补偿损失，则不再另行支付赔偿金；如果违约金不足以抵补损失，还应根据所蒙受的经济损失额支付赔偿金以弥补其差额部分。

7.5 采购合同的变更、终止和解除

7.5.1 采购合同的变更和终止

1. 采购合同的变更

当事人协商一致，可以变更合同。当事人对合同变更内容约定不明确的，推定为未变更。

2. 采购合同的终止

（1）采购合同终止的条件。应当先履行债务的当事人，有确切证据证明对方有下列情形之一的，可以终止履行合同。

1）经营状况严重恶化。

2）转移财产、抽逃资金，以逃避债务。

3）丧失商业信誉。

4）有丧失或可能丧失履行债务能力的其他情形。

当事人没有确切证据终止履行的，应当承担违约责任。当事人依据上述理由中止履

行的，应当及时通知对方。对方提供适当担保时，应当恢复履行。终止履行后对方在合理期限内未恢复履行能力并且未提供担保的，终止履行的一方可以解除合同。

（2）采购合同终止的方法。《合同法》中规定，采购合同终止的方法主要有以下几种。

1）采购合同的清偿。清偿是指采供双方已按照合同约定履行完了自己的义务。在采购合同中，采供双方订立合同的目的，就采购方来说，是获得标的物及标的物的所有权；就供应商来说，是获得相应的价款。

2）合同的抵消。采购合同的抵消是指采购合同债务的相互抵销，具体是指在采购合同中当事人双方互相有债务时，各自用自己的债权在对等的数额内与对方抵销债务的行为。

3）采购合同的提存。采购合同的提存是指在采购合同中因享受权利的一方当事人的原因而无法向其交付合同的标的物时，履行义务的一方当事人将标的物交给提存机关而使采购合同的权利义务关系终止的单方法律行为。

4）采购合同的债权债务的混同。采购合同的债权债务的混同是指在采购合同中债权人和债务人成为一个人，致使债权人与债务人之间的权利义务关系终止。

7.5.2 采购合同的解除

1. 采购合同解除的条件

有下列情形之一的，当事人可以解除合同。

1）因不可抗力原因致使不能实现合同的。

2）在履行期限届满之前，当事人一方明确表示或以自己的行为表明不履行主要债务。

3）当事人一方延迟履行主要债务，经催告后在合理期限内尚未履行。

4）当事人一方延迟履行债务或其他违约行为致使不能实现合同的。

2. 采购合同解除后的业务处理

合同解除后，尚未履行的，终止履行；已经履行的，根据履行情况和合同性质，当事人可以要求恢复原状，采取其他补救措施，并有权要求赔偿损失。合同权利义务的终止不影响合同中结算和清理条款的效力。

7.6 仲裁与仲裁裁决的执行

7.6.1 仲裁概述

1. 仲裁的含义

仲裁，是指当事人根据他们之间订立的仲裁协议，自愿将其争议提交由非官方身份的仲裁庭进行裁判，并受该裁判约束的一种制度。

经济仲裁，是指仲裁机构依照法定程序对当事人在经济活动中所产生的经济争议居中调解、进行裁决的活动。它是仲裁委员会对合同纠纷和其他经济纠纷进行法律性质解决的一种具有约束力的司法活动。合同发生纠纷时，当事人应当及时给予协商解决，如果双方协商不成，应根据合同中订立的仲裁条款或纠纷发生后达成的仲裁协议向仲裁委员会申请调解和仲裁；也可以直接向人民法院起诉。通过仲裁活动，阐明事实，分清是非，明确责任，及时解决合同纠纷，保护当事人合法权益。为保证公正、及时地仲裁经济纠纷，保护当事人的合法权益，保障社会主义市场经济的健康发展，1994 年 8 月 31 日八届人大九次会议通过了《中华人民共和国仲裁法》（以下简称《仲裁法》）。

当采购方与供应商发生纠纷需要仲裁时，可按照一般的仲裁程序到相应的受理机构提出仲裁申请。仲裁机构受理后，经调查取证，先行调解，如调解不成，进行庭审，开庭裁决。

2. 仲裁的受理机构

我国有关法律规定，凡是我国法人之间的经济合同纠纷案件，统一由国家工商行政管理局设立的经济合同仲裁委员会仲裁管辖；凡是有涉外因素的经济纠纷或海事纠纷事件，即争议的一方或双方是外国法人或自然人的案件，以及中国企业、公司或其他经济组织间有关外贸合同和交易中所发生的争议案件，由民间（非政府）社会团体——中国国际贸易促进委员会附设的对外经济贸易仲裁委员会和海事委员会仲裁管辖。

3. 仲裁的程序

（1）提出仲裁申请。仲裁申请人必须是与本案有直接利害关系的当事人。仲裁申请书应当写明以下事项：申诉人名称、地址，法人代表姓名、职务；被诉人名称、地址，法人代表姓名、职务；申请的理由和要求；依据、证人姓名和住址。

（2）立案受理。仲裁机关收到仲裁申请后，经过审查，符合仲裁条例规定的，应当在 7 日内立案；不符合规定的，应在 7 日内通知申诉人不予受理，并说明理由。案件受理后，被申诉人应当在 15 日内提交答辩书和有关证据。

（3）调查取证。仲裁员必须认真审阅申请书、答辩书，进行分析研究，确定调查方案及收集证据的具体方法、步骤和手段。

为调查取证，仲裁机关可向有关单位申请查阅与案件有关的档案、资料和原始凭证。有关单位应当如实地提供材料，协助调查。必要时，应出具证明。仲裁机关在必要时可组织现场勘察或对物证进行鉴定。

（4）先行调解。仲裁庭经过调查取证，在查明事实、分清责任的基础上，应当先行调解，促使当事人双方互谅互让、自愿达成和解协议。

调解达成协议，必须双方自愿，不得强迫。协议内容不得违反法律、行政法规和政策，不得损害公共利益和他人利益。

达成协议后，仲裁庭应当制作调解书。调解书应当写明当事人的名称、地址，代表人或代理人姓名、职务，纠纷的主要事实，责任协议内容和费用的承担。调解书由当事人签字，仲裁员、书记员署名，并加盖仲裁机关的印章。

调解书送达后即发生法律效力，双方当事人必须自动履行。调解未达成协议或调解书送达前一方或双方后悔的，仲裁庭应当进行仲裁。

（5）开庭裁决。仲裁庭决定仲裁后，应当在开庭前将开庭审理的时间、地点以书面形式通知当事人。

在庭审过程中，当事人可以充分行使自己的诉讼权利，即申诉、答辩、反诉和变更诉讼的权利，以及委托律师代办诉讼的权利、申请保全的权利、申请回避的权利。仲裁庭应认真听取当事人陈述的辩论，出示有关证据，然后以申诉人、被诉人的顺序征询双方最后意见，再行调解。调解不成的，由仲裁庭评议后裁决，并宣布裁决结果。闭庭后10日内将裁决书送交当事人。

7.6.2　仲裁裁决的执行

《仲裁法》规定，仲裁裁决书自做出之日起发生法律效力，当事人应当履行仲裁裁决。仲裁调解书与仲裁裁决书具有同等的法律效力，调解书经双方当事人签收，即应自觉予以履行。通常情况下，如果当事人协商一致将纠纷提交仲裁，都会自觉履行仲裁裁决。但实际上由于种种原因，当事人不自动履行仲裁裁决的情况并不少见，在这种情况下，另一方当事人即可请求法院强制执行仲裁裁决。

1. 仲裁裁决执行的含义及其意义

所谓仲裁裁决的执行，即仲裁裁决的强制执行，是指人民法院经当事人申请，采取强制措施将仲裁裁决书中的内容付诸实现的行为和程序。

执行仲裁裁决是法院对仲裁制度予以支持的最终和最重要的表现，它构成仲裁制度的重要组成部分，执行仲裁裁决在仲裁制度上具有重要意义。

首先，执行仲裁裁决是使当事人的权利得以实现的有效保证。仲裁裁决的做出只是为权利人提供实现其权利的可能性，因为仲裁裁决被赋了法律上的强制性，可以迫使义务人履行自己的义务。但是，仲裁裁决只有在真正得到执行后，权利人才能由此实现自己的权利。

其次，执行仲裁裁决是仲裁制度得以存在和发展的最终保证。在义务人不主动履行仲裁裁决时，如果法律不赋予仲裁裁决强制执行的效力，仲裁裁决书无疑只是一纸空文。

最后，只有规定执行程序，才能体现仲裁裁决的权威性，才能在保证实现当事人权利的同时，保证仲裁制度的顺利发展。

2. 执行仲裁裁决的条件

仲裁裁决的执行，必须符合下列条件。

（1）必须有当事人的申请。一方当事人不履行仲裁裁决时，只有另一方当事人（权利人）向人民法院提出执行申请后，人民法院才可能启动执行程序。是否向人民法院申请执行是当事人的权利，人民法院没有主动采取执行措施对仲裁裁决予以执行的职权。

（2）当事人必须在法定期限内提出申请。仲裁当事人在提出执行申请时，应遵守法定期限，及时行使自己的权利；超过了法定期限再提出申请执行时人民法院不予受理。关于申请执行的期限，我国《仲裁法》规定，当事人可以依照《民事诉讼法》的有关规定办理，即申请执行的期限，双方或一方当事人是公民的为1年，双方是法人或其他组织的为6个月。此期限从法律文书规定履行期间的最后一日起计算；法律文书规定分期履行的，从规定的每次履行期间的最后一日起计算。

（3）当事人必须向有管辖权的人民法院提出申请。当事人申请执行仲裁裁决，必须向有管辖权的人民法院提出。根据《仲裁法》的规定，应适用《民事诉讼法》的有关规定来确定人民法院的管辖权。

《民事诉讼法》规定由人民法院执行的其他法律文书，由被执行人住所地或被执行人财产所在地人民法院执行。也就是说，当事人应向被执行人住所地或者被执行人财产所在地的人民法院申请执行仲裁裁决。

3. 执行仲裁裁决的程序

（1）申请执行。义务方当事人在规定的期限内不履行仲裁裁决时，权利方当事人在符合前述条件的情况下，有权请求人民法院强制执行。当事人申请执行时应当向人民法院递交申请书，在申请书中说明对方当事人的基本情况及申请执行的事项和理由，并向法院提交作为执行依据的生效的仲裁裁决书或仲裁调解书。

（2）执行。当事人向有管辖权的人民法院提出执行申请后，受申请的人民法院应当根据《民事诉讼法》规定的执行程序予以执行。人民法院的执行工作由执行员进行。

1）执行员接到申请执行书后，应当向被执行人发出执行通知，责令其在指定的期间履行仲裁裁决所确定的义务。如果被执行人逾期不履行义务，则采取强制措施予以执行。

2）被执行人未按执行通知履行仲裁裁决确定的义务，人民法院有权冻结、划拨被执行人的存款；有权扣留、提取被执行人应当履行义务部分的财产；有权强制被执行人迁出房屋或退出土地；有权强制被执行人交付指定的财物或票证；有权强制被执行人履行指定的行为。

3）被执行人未按仲裁裁决书或调解书指定的期间履行给付金钱义务的，应当加倍支付延迟履行期间的债务利息；未按规定期间履行其他义务的，应当支付延迟履行金。人民法院采取有关强制措施后，被执行人仍不能偿还债务的，应当继续履行义务。也就是说，如果申请人发现被执行人有其他财产的，可以随时请求人民法院予以执行。当被申请人因严重亏损，无力清偿到期债务时，申请人可以要求人民法院宣告被执行人破产还债。

4）在执行程序中，双方当事人可以自行和解。如果达成和解协议，被执行人不履行和解协议的，人民法院可以根据申请执行人的申请，恢复执行程序。被执行人向人民法院提供担保，并经申请执行人同意的，人民法院可以决定暂缓执行的期限。被执行人逾期仍不履行的，人民法院有权执行被执行人的担保财产或担保人的财产。

思考题

一、判断题

（1）合同的成立必须有两个或两个以上当事人。（　）

（2）在货物采购合同中，合同的变更一般由供应方提出。（　）

（3）采购合同是一种典型的双务合同。（　）

（4）当事人之间关于不以支付价款为代价取得另一方标的物所有权的协议，不属于采购合同。（　）

（5）高层管理者对既定采购项目的重视程度提高，意味着使用固定价格合同类型的倾向增加。（　）

二、单选题

（1）采购合同的标的物可以是（　）。

A．土地使用权　　B．实物和劳务

C．专利权　　D．商标权

（2）属于严格意义上的采购合同的是（　）。

A．以支付价款为代价取得另一方标的物所有权的协议

B．以赠予方式取得标的物所有权的协议

C．不以支付价款为代价取得另一方标的物所有权的协议

D．以易货贸易方式取得标的物所有权的协议

（3）采购合同按合同支付方式可分为（　）。

A．固定价格合同类型、成本加酬金合同类型和固定工资合同类型

B．个人采购合同、企业采购合同和国家采购合同

C．商业采购合同、政府采购合同和制造业采购合同

D．货物采购合同、工程项目采购合同和服务采购合同

（4）采购合同按采购职能的范围和目标可分为（　）。

A．固定价格合同类型、成本加酬金合同类型和固定工资合同类型

B．个人采购合同、企业采购合同和国家采购合同

C．商业采购合同、政府采购合同和制造业采购合同

D．货物采购合同、工程项目采购合同和服务采购合同

（5）采购合同按采购内容可分为（　）。

A．固定价格合同类型、成本加酬金合同类型和固定工资合同类型

B．个人采购合同、企业采购合同和国家采购合同

C．商业采购合同、政府采购合同和制造业采购合同

D．货物采购合同、工程项目采购合同和服务采购合同

（6）如果采购方力图将管理成本降到最低，比较适合选择（　）。

A．固定价格合同　　B．成本和激励合同
C．成本类型合同　　D．固定工资合同

三、填空题

（1）合同本质上是一种________，是当事人意思表示一致的产物。

（2）当事人订立合同，有书面形式、________和其他形式。法律、行政法规规定采用书面形式的应当采用书面形式。

（3）采购合同是一种_________，是供需双方为执行供销任务，明确双方权利和义务而签订的具有法律效力的书面协议。

（4）采购合同俗称买卖合同，是商品交换最普遍的形式，也是典型的________。

（5）采购合同自双方当事人意思表达一致，就可以生效，不需要交付标的物，因而是___________。

四、简答题

（1）采购合同制定的基本原则是什么？

（2）试述采购合同的分类。

（3）采购合同有哪些特点？

（4）试述采购合同订立的一般程序。

（5）在什么情况下可以解除采购合同？

技能实训

起草采购合同

实训目的：

（1）加深学生对采购合同及采购合同管理的理解。

（2）通过之前的谈判，对已经确定的条款形成书面协议。

实训组织：

（1）按照采购谈判的分组（5 人一组），由组长分工及协调实训小组的实训任务，并带领大家完成采购合同起草的实训任务。

（2）实训以场景模拟为主，同时通过互联网、问卷调查等方式收集资料，辅助实训任务的完成。

实训项目：

（1）实训地点：教室。

（2）每小组在采购谈判完毕后，针对已经谈妥的议题，形成书面协议。

实训要求：

（1）明确小组内成员之间的分工，尽可能调动所有成员参与的积极性，达到实训的效果。

（2）结合教材内容，模拟实际。

（3）收集资料，全面了解所需要的各种信息，对谈判进行充分的准备和详尽的规划。

（4）说明起草采购谈判合同的程序、内容、书面结果。

（5）说明在起草采购合同过程中要注意的问题。

实训成果：

提交本小组拟订的采购合同。

实训考核：

（1）采购合同格式是否规范。

（2）采购合同条款明细是否准确、全面。

（3）采购合同内容是否周全。

（4）采购合同双方责任权利、备注是否明确。

项目 8 追踪订单与质量控制

工作领域技能需求

（1）作为采购跟催专员，应该能够协助采购主管对各项采购作业环节进行客观的预测和合理的规划。对重要物资进行实地查证，定期将供应商累计交货的结果以报表的形式反馈给供应商，以督促供应商按时交货。

（2）作为采购检验专员，应该能够协助主管制定检验标准、规范和流程，协助采购专员定期对供应商进行评估，并提出质量改进意见。

学习领域知识供应

（1）采购订单的跟踪：采购订单、订单跟踪。

（2）采购质量控制：采购质量管理概述、采购质量管理的必要性、采购质量管理的原则、采购质量管理保证体系。

学习建议

（1）通过互联网及学校图书馆藏资料了解一些企业采购质量管理的经典案例，全面了解采购质量控制。

（2）实地调研一家企业，详细了解该企业是如何进行采购质量管理的。

案例导入

海尔的 JIT 采购

海尔物流的特色是借助物流专业公司力量，在自建的基础上实行小外包，总体实现采购 JIT、原材料配送 JIT 和成品配送 JIT 的同步流程。同步模式的实现得益于海尔的现代集成化信息平台。海尔用客户关系管理与 BBP 电子商务平台架起了与全球用户资源网、全球供应链资源网沟通的桥梁，从而实现了与用户的零距离接触，提高了海尔对订单的响应速度。

海尔物流整合了集团内分散在28个产品事业部的采购、原材料仓储配送，通过整合内部资源来获取更优的外部资源，建立起强大的供应链资源网络。供应商的结构得到根本的优化，能够参与前端设计与开发的国际化供应商比例从整合前的不到20%提高到目前的82%。GE、爱默生、巴斯夫、DOW等59家世界五百强企业都已成为海尔的合作伙伴。

海尔实行并行工程，一批跨国公司以其高科技和新技术参与到海尔产品的前端设计中，不但保证了海尔产品技术的领先性，增加了产品的技术含量，同时大大加快了开发速度。海尔采购订单滚动下达到供应商，一般的订单交付周期为10天，加急订单为7天。战略性物资如钢材，滚动每个月采购一次，但每3个月与供应商谈判协商价格。另有一些供应商通过寄售等方式为海尔供货，即将物资存放在海尔物流中心，但在海尔使用后才结算，供应商可通过B2B网站查询寄售物资的使用情况，属于寄售订单的，海尔不收取相关仓储费用。

海尔的BBP采购平台由网上订单管理平台、网上支付平台、网上招标竞价平台和网上信息交流平台有机组成。网上订单管理平台使海尔100%的采购订单由网络直接下达；同步的采购计划和订单，提高了订单的准确性与可执行性，使海尔采购周期由原来的10天减少到3天，同时供应商可以在网上查询库存，根据订单和库存情况及时补货。网上支付平台则有效提高了销售环节的工作效率，支付准确率和及时率达到100%，为海尔节约了近1000万元的差旅费，同时降低了供应链管理成本。目前海尔网上支付已占到总支付额的20%。网上招标竞价平台通过网上招标，不仅使竞价、价格信息管理准确化，而且防止了暗箱操作，降低了供应商管理成本，实现了以时间消灭空间的效果。网上信息交流平台使海尔与供应商在网上就可以进行信息互动交流，实现信息共享，强化合作伙伴关系。除此之外，海尔的ERP系统还建立了其内部的信息高速公路，实现了将用户信息同步转化为企业内部的信息，实现以信息替代库存，接近零资金占用。

在采购JIT环节上，海尔实现了信息同步，采购、备料同步和距离同步，大大减少了采购环节的费用。信息同步保障了信息的准确性，实现了准时采购；采购、备料同步使供应链上原材料的库存周期大大缩短，目前已有7家国际化供应商在海尔建立的两个国际工业园建厂，爱默生等12家国际化分供方正准备进驻工业园；与供应商、分供方的距离同步有力保障了海尔的JIT采购与配送。

资料来源：徐杰，鞠颂东. 采购管理[M]. 北京：机械工业出版社，2008.

想一想：

结合案例谈一谈海尔的JIT采购给你带来的启发。

8.1 采购订单的跟踪

8.1.1 采购订单

采购订单的目的是实施订单计划，从采购环境中购买物料项目，为生产输送符合要求的原材料和配件，同时对供应商绩效进行评价反馈。

1. 采购订单的操作步骤

采购订单的操作主要包括以下8个步骤。

（1）订单准备。

1）熟悉需要订单操作的物料项目。有时会遇到从没采购过的物料项目，订单人员对采购环境不一定熟悉，需要花时间去了解物料项目的技术资料等。此外，订单本身也有难易差异。所以，必须熟悉订单操作的物料项目。

2）价格的确认。作为订单人员应对采购价格负责，不能把价格的确定责任全归于认证人员。订单人员有权向采购环节价格最低的供应商下订单，以维护采购的利益。

3）确认项目质量需求标准。订单人员与供货商联系最为紧密，对供应商的变化是最清楚的，订单标准是否需要调整，订单人员应发挥监督作用。

4）确认项目的需求量。订单计划的需求量与采购环境订单容量应该相适应，或者小于采购环境订单容量，否则认证人员要扩充采购环节容量。

5）制作订单说明书。制作订单说明书是订单准备环节的输出，包括项目名称、确定的价格、确定的质量标准、确定的需求量、是否需要扩展采购环境容量等方面。此外，还包括相关的图纸、技术规范、检验标准等。

（2）选择供应商。

1）查看采购环境。对于小型采购，采购环境记录在认证报告文档上；对于大规模的采购，采购环境使用信息系统来管理。一般来说，一项物料计划应有3家以上的供应商。特殊情况下也会出现一家供应商，即独家供应商。

2）分析供应商现实供应的情况。应计算采购环境中供应商们的容量哪些是饱和的，哪些是空余容量；否则，向一个已经饱和的供应商下单，订单将很难正确执行。供应商容量一旦全部饱和，需通知相关的认证人员采取紧急对策。

3）供应商确认。该步骤的目的是确定本次订单计划由哪家供应商供应，因为供应商各种相关情况的变化都会影响供应商的订单容量，而这种变化需要得到供应商的确认。

4）发放订单说明书。确认供应商之后，就可以向供应商发放相关技术资料。供应商在接到资料并进行分析后，就可以做出接单或不接单的答复。

5）确定物料供应商。订单人员现在可以决定在本次订单计划中所选中的供应商（可以是多家），必要时还可以上报主管审批。

（3）签订订单。

1）采购订单（合同）制作。注意，合同中一定要包括价格及质量标准。一般来说，企业都有固定的订单格式，订单人员只需在标准合同中填写相关的参数及一些特殊的说明即可完成合同的制作。如有采购信息系统，可以直接生成订单，否则需要手工打印。

2）订单（合同）提交审批。主要审查事项为订单（合同）与采购环境的物料描述的符合性、订单（合同）与订单计划的符合性。审查主要是为限制订单人员必须依照订单计划在采购环境中操作，不可选择其他供应商。

3）与供应商签订订单（合同）。经过审批的订单（合同），即可传至供应商并签字。有4种签字方案：双方现场盖章签字；将印好的合同传真给供应商，并由供应商回传；

使用电子邮件进行合同的签订；建立专有的订单管理系统，完成订单信息在买卖双方之间的传递。

（4）订单（合同）的跟踪。

1）跟踪供应商工艺文件的准备。在生产加工工序当中，首要的就是对供应商工艺文件进行跟踪，由订单人员来完成。若工艺文件有问题，应及时要求供应商修改，并提醒供应商如不能保质保量地准时交货，则要按照合同条款赔偿。

2）确认原材料的准备。只有备齐原材料才可能执行工艺流程。订单人员应监督原材料的准备情况。

3）跟踪加工状态。订单人员为了保证货期、质量，必须对加工进行监督。

4）跟踪组装调试检测过程的进展。

5）确认包装入库。这是整个跟踪环节的结束点，订单人员可以向供应商了解物料最终完成的包装入库信息。若能实地核查则更好。

（5）物料检验。

1）确定检验日期及地点。不同物料检验的要求不同，可按惯例确定检验日期及地点。

2）通知检验人员。

3）物料检验。对不同要求的物料，在检验时的标准也略有不同。

4）处理检验问题。对于不同的检验问题，应区别对待。例如，指明严重缺损的物料要求供应商换货；对于微缺陷物料，应与认证人员、质量人员、设计人员协商，看是否可以代用等。

（6）物料接收。

1）与供应商确认物料检验日期。这一点一定要协商好，因为供应商在未经许可的情况下把物料送来，会导致订单操作混乱；如果订单人员未协商而突然要求供应商立即送货，会导致物料不能按期到货。

2）与仓库的协调。必须事先与仓储部门协调，要防止仓库没有接收计划而临时拒收。

3）通知供应商送货。

4）库房接收和物料入库。具体步骤为：检查预到货清单信息是否完整—接收数量—检查送货单据及装箱单据—检查外包装—合同对应检查—卸货—清点物料—搬运入库—填写“物料入库单据”—将物料入库信息录入存储信息系统。只有检验合格的物料方可入库。

5）检验中的问题处理。对出问题的物料一定要做相关的处理。

（7）付款操作。

1）查看物料检验入库信息。国内的付款操作，一般是在物料检验完毕并已入库之后进行。对于国外供应商，则比较复杂。

2）准备付款单。在准备付款单的同时，还要附带合同、物料检验单、物料入库单据、发票。并且必须注意，以上单据中的合同编号、物料名称、单价、数量、总价、供应商必须一致。

3）主管审批。

4）资金平衡。综合各种因素，以确定首先向谁付款，对于不能及时付款的物料，要征得供应商的谅解和同意。

5）向供应商付款。

6）供应商收款。当金额较大时，供应商有必要在付款之后向供应商做出收款提醒。

（8）供应评估。

1）制订供应评估计划。

2）订单部门绩效评估。主要是针对供应及时情况、紧急订单的完成情况、组织效率等因素进行评估。

3）订单角色绩效评估。针对订单人员个人进行评估，绩效突出的进行奖励，反之则进行相关处罚。

4）供应商供应绩效评估。针对供应商供应质量、成本、供应、服务等因素进行评价。

5）建议调整采购分配比例。

订单的步骤根据具体物料订单情况而定，订单环境、订单人员经验等方面的因素都会对订单操作产生影响。

2．采购订单格式及使用

随着信息技术的发展，很多企业都由传统的单证管理手段转变为电子化的管理手段。但无论何种管理手段，都会涉及一些基本的采购单证。

（1）采购通知单。采购通知单是用来通知物料需求的。如表8-1所示是一份采购通知单。采购通知单主要包括以下几项：代购物料或服务的说明、数量和期限、估算的单位成本、应支付的账款、发出通知单的日期、通知单的有效期、负责人签名。采购通知单的传递途径较多，如电话、口头或基于计算机的方式。

表8-1　采购通知单样本

公司名称：

致：采购部门，请提供以下内容　　　　申请编号：

我方订单编号：No.6501

客户代码			订货方	卖方编号
日期	要求送达日期	离岸价格	部门或位置	条款
用途			预计成本	批准
			所需批准	
建议供应商	发货指示			

付税

免税

项目编号	数　量	零部件号码	货　名	价　格

续表

送达事项			核查事项	
确认订单	至	日期	由	方式
采购订单副本至			确认副本 采购方确认相应发票	

授予原因

□低出价	□综合订单	□优先来源
□唯一出价	□唯一通过检验的来源	□来自采购部门外的委托
□唯一可得来源	□紧急	□低出价未被接受（原因附后）
□公司账户/契约供应商	□小批量采购量	□其他或额外的评价

公司管理形式

对于一般现货商品，采购通知单可能包括采购部门所需的所有信息。但对技术复杂或非标准的商品进行采购时，除采购通知单外，还需要额外的信息或详细说明。

（2）征求建议书。采购部门向供应商发出征求建议书，如表8-2所示，要求它们就采购项目进行报价。供应商主要填写详细报价所需要的信息。一般来说，买方至少要获取三份报价，采购部门对这些报价进行评价，挑选出最佳的供应商。

若待购项目是复杂的，或者是新的未经检验的生产过程，采购部门可以通过附加信息或附件向供应商提供帮助，如详细的设计图、样品或工艺图等。另外，买方还可以通过征求建议书初步决定潜在供应商是否有能力生产新的或技术复杂的商品。买方在做出详细的竞争性报价要求前必须确定卖方是否有其所需要的生产能力。如果有，卖方就可以进一步报价，买方据此做出评价，决定最佳供应商。

表8-2 征求建议书样本

对卖方1和3仅使用3条线；对卖方2仅使用4条线。注意使用数字1、2、3 公司名称	公司管理形式	将第2联与第3联分开，保留第1联和第2联，并以完好的形式保存以备报关，将第3、4、5联送至卖方处，将第6联送至询价方 询价 非采购订单 日期 询价编号 询价概要

	数量	No.1	No.2	No.3
No.1[				
▲				
No.2[				
▲	传送日期			
	离岸价格			
No.3[	运费			
▲	项目			

请按以下项目报价：　我们将□　我们将不□　考虑替代品

续表

运送至		运送方		回复需经	
离岸价格		条款		回复地址	
项目编号	数量	货名	单位成本	折扣	净量
1					
2					
3					
公司名称：		采购部门：		经：	
如同意上述条款，请在下面签字表明接受报价或其一部分，则上述货品将按上述报价在指定时间送达指定地点。					
报价日期：________________		企业名：______________		经：　　　______	
报价单须按上述形式提交				采购部复制	

（3）采购订单。采购订单即采购合同，如表 8-3 所示。采购合同根据采购商品的要求、供应商的情况、企业本身要求、采购方针等要求的不同而各不相同。

表 8-3　采购订单

<table>
<tr><td colspan="20">公司管理形式</td></tr>
<tr><td colspan="5">账户代码号/费用核定单号</td><td colspan="5">订货方</td><td colspan="5">订货编号</td><td colspan="5">卖方编号</td></tr>
<tr><td colspan="10" rowspan="4"></td><td colspan="10">采购订单</td></tr>
<tr><td colspan="10">编号</td></tr>
<tr><td colspan="10">采购订单编号必须显示在所有的文件、确认通知、运输单据、装货单、包装单、发票和来往信函上</td></tr>
<tr><td colspan="10">一式三份发票
注意：应付账款</td></tr>
<tr><td colspan="4">签订日期</td><td colspan="4">要求送达的日期</td><td colspan="4">离岸价格</td><td colspan="4">部门或位置</td><td colspan="4">条款</td></tr>
<tr><td colspan="4"></td><td colspan="4"></td><td colspan="4"></td><td colspan="4"></td><td colspan="4"></td></tr>
<tr><td colspan="12">至
此订单以背面条款为准</td><td colspan="8">发货指示
□付税　□免税</td></tr>
<tr><td colspan="5">项目编号</td><td colspan="5">数量</td><td colspan="5">货品</td><td colspan="5">价格</td></tr>
<tr><td colspan="5"></td><td colspan="5"></td><td colspan="5"></td><td colspan="5"></td></tr>
<tr><td colspan="20">重要说明：　　　　公司名称
如不能在规定日期前运送物料或　________________　□　　□
提供服务请立即通知我们　　采购代理　　中介方　　买方</td></tr>
<tr><td colspan="20">注意：此合同中涉及的所有设备、物料及服务必须遵从国家政府关于选址和雇用的安全法规，包括职业安全与卫生条例。</td></tr>
</table>

1）采购订单作为正式的契约，必须条款具体，内容详尽完整。一份采购订单必备的要素有首部、正文和尾部。

① 首部，包括名称、编号、签订日期、签订地点、供需双方的名称等内容。

② 正文，包括商品名称、品质规格、数量、单价和总价、包装、装运、到货期限、到货地点、付款方式、保险、商品检验、纷争与仲裁、不可抗力等。还有一些可选择的内容，如保值条款、价格调整条款、误差范围条款、法律适用条款等。

③ 尾部，包括合同的份数、使用语言的种类及效力、附件、合同的生效日期、双方的签字盖章。

2）在签订采购合同时，应注意以下几项。

① 项目相等。物料名称、规格、数量、单价、总价、交货日期及地点，须与请购单及决策单所列相符。

② 付款办法。一般有两种付款方式：一次性付清、分期付款。

③ 延期罚款。例如，供应商必须配合企业的生产进度，物料最迟在某年某月某日以前，全部送达交验。除因天灾及不可抗力的事故外，如果逾期，每天供应商应赔偿企业采购金额千分之几的违约金。

④ 解约办法。应当规定当供应商不能保证进度或不能符合规定时的解约办法，从而保障企业的权益。

⑤ 验收和保修。应约定供应商物料交给企业后，须另立保修书，自验收日起保修一定时间。

⑥ 保证责任。应在合同中约定由某家实力雄厚的企业担保供应商履行本合同所订的一切规定，保证期间从物料运抵企业验收至保修期满为止。保证人应负责赔偿企业因供应商违约所蒙受的损失。

⑦ 其他附加条款。视物料的性质与需要而增加。

在尚未使用计算机的企业中，一份订单通常有 7～9 个副本。在计算机化的条件下，将一份采购订单的副本送到每个部门的电子邮箱就可以了。可见，在人工采购系统下的书面传输和文件处理成本高，而且只能给企业带来最小的（如果有的话）附加值。目前越来越多的企业正在使用计算机数据库进行操作，实现了“无纸化”办公。

（4）综合采购订单。若重复地从一个供应商那里订购一种或一组商品，采购部门就可以发出综合采购订单，如表 8-4 所示。这是一种开放式订单，有效期为一年，包括重复采购的一种或一组商品。综合采购订单客户不必一有需求就发出采购订单，因为买卖双方已经议定了采购合同的条件，使物料发送成为买卖双方之间的常规事件。

采购订单与综合订单在主要内容上是类似的，它的副本也被送交到与采购订单副本相同的部门。它们之间的不同之处在于交货日期和收货部门的不同。综合订单的信息一直处于开放的状态，不同的综合订单所含的信息通常也不同。

表 8-4　综合采购订单

<table>
<tr><td colspan="6">公司管理形式</td></tr>
<tr><td colspan="2">账户代码号/费用核定单号常规综合订单</td><td>订货方：
订金：</td><td>订单编号：20659</td><td colspan="2">卖方编号：02867</td></tr>
<tr><td colspan="3" rowspan="2">公司名称
采购公司
街道地址</td><td colspan="3">采购订单</td></tr>
<tr><td colspan="3">编号　34833</td></tr>
<tr><td colspan="2">城市、县、邮编
电话</td><td>送发票至
注意：应付账款</td><td colspan="3">采购订单编号必须显示在所有文件、确认书、运输单据、装货单、包装单、发票和往来信函上</td></tr>
<tr><td>签订日期</td><td>要求送达的日期</td><td>离岸价格</td><td>变动或位置</td><td colspan="2">条款</td></tr>
<tr><td>2017/01/08</td><td>按要求</td><td>我们的工厂</td><td>变动范围</td><td colspan="2">2%～10%，净量 30</td></tr>
</table>

续表

<table>
<tr><td colspan="3">至：
米勒铅管供应公司
南京大道 160 号
邮编：150001</td><td colspan="2">发货指示
☑注意：供应室
□
☑付税　□免税</td></tr>
<tr><td>项目编号</td><td>数量</td><td colspan="2">说明</td><td>价格</td></tr>
<tr><td></td><td></td><td colspan="2">综合采购订单
该综合采购订单是你方在 2017 年 12 月 11 日报价基础上签订的，从 2018 年 1 月 3 日到 2018 年 6 月 1 日，我方将从你方采购的阀门、管子及配件的清单。
在你方授权人签名形式为#GP-3809。我方标准综合订单生效前，这份订单不是任何物料的委托书。
所有发货、送运、提货均需有交货单或装货单。
所有包装卡、交付单、发票及其他与订单有关的文件均需要参考此综合采购订单编号及相应的综合采购发货单。
我方保留有随时取消未列在此订单上的订货，而不负担成本或责任的权利。
使该综合采购单生效的授权人签名：</td><td></td></tr>
<tr><td colspan="5">重要说明：　　　　　　　　公司名称
如不能在指定日期前交付货物________________　□　　　□
或服务，请立即通知我们　　　采购代理　　　中介方　　　买方
这一订单适用于背面所列情况</td></tr>
<tr><td colspan="5">注意：此合同中涉及的所有设备、物料及服务必须遵从国家政府关于选址和雇用的安全法规，包括职业安全与卫生条例。</td></tr>
</table>

8.1.2 订单跟踪

采购订单（合同）跟踪是对采购订单（合同）的执行、采购订单（合同）的状态、接收货物的数量及退货情况的动态追踪。订单跟踪的目的在于促使合同的正常执行，协调企业和供应商的关系。订单跟踪主要涉及以下几个方面。

1. 跟踪供应商的货物准备过程

采购方应跟踪供应商准备货物的过程，以保证订单按时、按量、优质地完成。特别对于一些采购方有特殊要求的货物，采购人员要对其加工过程密切关注。若在这个过程当中出现废品率高、替换原材料甚至不能按时交货等状况，负责跟踪的人员要及时反馈，双方商议对策，尽快解决。

2. 跟踪进货过程

货物准备好之后，就要进行包装、运输。采购方一定要对进货过程进行监督跟踪。运输过程中，出现问题的可能性很大，要注意运输工具的选择是否得当、货物是否有特殊要求，以免在运输中发生货损。尤其对于远洋或长途运输，跟踪进货过程非常重要。

3. 控制好货物的检验与接收

货物到达订单规定的地点后，就应该交由采购方控制。采购方的检验人员要根据订单对到货的物品、规格、数量等进行核对，检验是否符合订单要求。

4. 控制好库存水平

当检验完毕，就应该入库了。库存是采购物流当中的重要环节，库存过大或过小都会影响企业的正常运转。控制合理的库存水平尤其重要，在长期的原材料采购中，库存控制问题尤其明显。采购部门应该综合诸多因素来确定最优的订货周期和订货量，从而维持一个较合理的库存水平。

5. 督促付款

货物入库后，财务部门要凭一系列单据办理对供应商的付款。采购方有义务及时提交单据，并督促财务部门按期付款，维护企业信誉。

8.2　采购质量管理

8.2.1　采购质量管理概述

1. 采购质量管理的含义

质量就是顾客需求被满足的程度。当供应商和消费者对产品的要求达成一致并且要求被满足时，就认为产品或服务满足质量需求。因此，质量包含产品的技术性能及用户的易使用性、易操作性，还包括产品的包装和运输、售后服务等内容，是一个广义的概念。

根据哈佛商学院大卫·加温（David Garvin）教授的观点，它至少包括 7 个方面的内容。

1）性能：产品或服务的主要功能。

2）特征：附加到产品或服务上的各种次要的感知性能。

3）耐久性：在一定时期内失灵的概率。

4）合格性：满足规格。

5）服务性：维护性和容易安装。

6）美学性：外观、气味、感觉和声音。

7）印象质量：顾客眼中的形象。

而从采购的角度看，质量还应该具有第 8 个含义，即“可采购性”，也就是市场上长期和短期及在合理价位上的可获得性，以及产品性能不断改进的能力。

采购质量对采购活动提出了必须面对和解决的 3 个问题：① 怎样把质量管理原理

运用在采购部门的动作中。② 怎样与供应商合作，不断改进和提高产品的质量？③ 怎样建立采购管理质量保证体系。因此，采购质量就是指一个组织通过建立采购质量保证体系，对供应商提供的产品进行控制和评价，确保采购的产品符合规定的质量要求。

质量管理是为保证和提高产品质量所进行的调查、计划、组织、协调、控制、检查、处理及信息反馈等各项活动的总称，它的实质是通过企业一系列的管理工作来保证和提高产品质量，从而让用户满意放心。

采购质量管理的主要内容是对采购部门本身的质量管理和对供应商的质量保证。因此，采购质量管理就是通过对供应商质量的评估和认证，建立采购管理质量保证体系，为保证企业的物料供应质量所进行的计划、组织、控制和协调等各项活动的总称。

2．采购质量管理的基本内容

采购质量管理是采购管理工作的重要内容，它直接影响物料使用部门能否生产出合格的产品，这对企业来说是生死攸关的大事。

要实现质量保证的目标，采购质量管理工作的主要内容应包括三个方面：采购部门的质量管理；对供应商的评估和认证；采购认证体系的建立和运转。

（1）采购部门的质量管理。采购部门本身的质量管理是企业质量管理的一项基本管理活动，它的根本任务是根据生产的需要，保证采购部门适时、适量、适质地向生产部门提供各种所需的物料，做到方便生产、服务良好，提高经济效益。

1）物料采购供应的计划工作。在较复杂的采购情况下，针对多品种多批次的需求，采购部门进行需求分析，涉及企业各个部门、工序、材料、设备、工具及办公用品等各种物料，进行大量的、彻底的统计分析，在此基础上编制物料采购计划，并检查、考核执行情况。

2）物料采购供应的组织工作。依据物料采购计划，按照规定的物料品种、规格、质量、价格、时间等要求，与供应商签订订货合同或直接购置。

① 运输与组织到货。确定供应商与采购方案后，根据采购计划内容（包括质量、运输方式、交货时间、交货地点等）要求，组织运输与到货，并尽量在合理时间内提前完成。

② 验收。物料到货后，根据有关标准，经有关部门对进厂的物料进行品种、规格、数量、质量等各方面的检验核实后方可入库。对于质量连续不合格的物料供应商，一方面，提请供应商进行质量改进；另一方面，如果供应商的物料质量已经达到极限，则应从物料设计系统入手，选择适合大批量生产的物料种类。对于质量连续符合标准的物料供应，则可以考虑对供应商实行免检。实行免检的物料事先要签订质量保证协议，并列出相应的处罚措施，从合同上对供应物料质量进行制约，提高供应产品的质量。

③ 存储。对已入库的物料，要按科学、经济、合理的原则进行妥善保管，保证质量完好、数量准确、方便生产。

④ 供应。根据生产部门的需要组织好生产的物料准备工作，按计划、品种、规格、质量、数量进行发送。

3）物料采购供应的协调工作。在一个企业中，采购部门与生产部门由于分工不同，往往会产生一些矛盾与冲突，对这些矛盾与冲突需要进行协调。协调的对象归根结底是人际关系，应通过沟通来克服障碍，从企业的目标和利益出发进行协调，从而达到提高产品质量和经济效益的目的。

4）物料采购供应的控制工作。由于采购活动涉及资金的流动和各方的利益关系，为了减少因贿赂所带来的采购物料质量差及采购活动所带来的风险，必须加强采购控制工作，建立采购预计划制度、采购请求汇报制度、采购评价制度、资金使用制度、到货付款制度、保险制度等。

（2）对供应商的评估和认证。在供应链管理的环境下，为了降低企业的成本，往往需要减少供应商的数量。当然，供应链合作关系并不意味着单一的供应商。从供应链管理的需要和采购产品的质量出发，企业采购质量管理要求进行供应商的评估和认证。

采购质量管理的重点之一在于正确地选择供应商，因此采购质量管理首先是供应商的评估。

1）供应商评估。为了对供应商进行系统、全面的评估，就必须建立一套完善、全面的综合评估指标体系。

2）建立供应商评估指标体系。为了对不同行业、不同产品、不同背景的供应商进行合理的评价，可以从一些基本的共性出发，确定评估的项目、标准及所要达到的目标。因此，评估指标体系主要包括供应商的业绩、管理水平、人力资源开发、成本控制、技术开发，特别是质量控制、交货期、运输条件、用户满意度等指标。在此基础上成立评估小组，制定相应的评估管理办法。

3）供应商分类及评估。我们可以把供应商分成两类：一类是现有的供应商；另一类是潜在的供应商。对于现有的合格供应商，每个月进行一次调查，着重对价格、交货期、合格率、质量等进行正常的评估，每1～2年进行一次详细的评估。对于潜在的供应商，其评估的内容要详细一些，首先根据产品设计对原材料的需求寻找潜在的供应商，由其提供企业概况、生产规模、生产能力、经营业绩、ISO9000认证、安全管理、样品分析等基本情况，然后进行报价。接着对供应商进行初步的现场考察，考察时可以按照ISO9000系列标准进行，然后汇总材料进行小组讨论，在进行供应商资格认定之后，一般考察3个月，如果没有问题，再确定其为正式的供应商。

（3）采购认证体系的建立和运转。采购认证是针对采购流程的质量而言的，对采购的每个环节都要从质量的角度进行控制，从而控制供应商的供应质量。

1）对选择的供应商进行认证。具体内容包括以一定的技术规范考察供应商的软件和硬件。软件是指供应商的管理水平、技术水平、工艺流程、合作意识等；硬件是指供应商设备的先进程度、工作环境的完善性等。

2）对供应商提供的样品进行试制认证。具体分两个阶段：第一阶段，对供应商外协加工的过程进行协调控制，如检查设计人员制定的技术规格和供应商实际生产过程是否存在出入；第二阶段，认证部门会同设计、工艺、质量管理等部门相关人员对供应商提供的样品进行评审，看其是否符合基本规格和质量要求。

3）对供应商提供的小批量物料进行中试认证。这是出于对物料的质量检验，主要是通过测量、监察、试验、度量，与以往规定的标准进行比较，看其是否吻合，但是样品认证合格并不代表小批量物料就能够符合质量要求，往往小批量物料的质量与样品的质量存在差异，因此，中试认证是必要的。

4）对供应商提供的批量物料进行批量认证。其质量控制表现在两个方面：一是控制新开发方案批量生产的物料供应质量的稳定性；二是控制新增供应商的批量物料供应质量的稳定性。

5）保持动态平衡。在供应链管理的前提下，企业的需求和供给都在不断地变化，因此在保持供应商相对稳定的情况下，应该根据实际情况及时修改供应商评估标准，或者进行新的供应商评估。因此，合格的供应商队伍应当始终保持动态，形成一种激励机制和竞争机制，从而促使供应商注重和改进产品质量。

6）以质量为前提。在评估指标体系中，质量是最基本、最重要的前提，虽然价格也很重要，但只有在保证质量的前提下讨论价格才有意义。此外，在供应商评估指标体系中，供应商在行业中的地位、声誉、信用状况、领导的素质也具有很重要的参考价值。

建立供应商评估指标体系的优点是可以避免在选择供应商时掺入过多的主观成分，从而加强质量管理，选择优秀的供应商。

8.2.2 采购质量管理的必要性

1. 高质量的市场采购是保证企业实现再生产的重要条件

企业要实现再生产，必须使产品迅速地销售出去，将产品转化为货币，再以货币采购所需的物资来完成再生产任务。市场采购正是为了使企业尽快实现产品转化为货币，又为货币购进所需物资提供了条件，使企业再生产得以继续进行。因此，市场采购质量的好坏直接关系到社会再生产的发展。

2. 高质量的市场采购是搞好物资流通、安排好市场的基础

企业的经营目的是满足社会需要。为生产服务，是实现市场采购目的的重要基础。没有采购就没有销售，也就不能满足社会需要。只有根据社会需要，及时、保质、保量、齐备地采购适销对路的物资，才能为销售创造条件，安排好市场，更好地满足生产建设和人民物质文化生活的需要。

3. 高质量的市场采购是企业取得经济效益的重要一环

市场采购不仅对安排市场、促进社会再生产方面有直接影响，对企业能否取得良好的经济效益也有直接影响。如果企业能根据社会需要，及时、足量地购进各种价廉物美的物资，就能打开销路，扩大销售，加速资金周转，减少流通费用，增加利润，取得良好的经济效益，为企业和国家增加资金积累。

8.2.3 采购质量管理的原则

1. 以需定进

以需定进就是根据市场需要确定物资的采购目标。在企业经营活动中，销售是中心

环节，采购是首要环节。企业采购的目的是保证销售、满足市场需要、实现社会再生产。有需要才有销路，只有适销对路才能满足需要。企业的经营活动就是周而复始地为卖而买、先买后卖的统一过程。因此，在市场上采购物资时，必须研究和掌握社会需要情况，严格遵守以社会需要确定采购目标的原则。这样，既可以防止有些物资因盲目采购而造成滞销、积压等浪费现象，又可以避免社会需要的某些物资因脱销而供不应求。

值得注意的是，社会需要量只能通过分析预测，获得总体情况的预计数，不可能得到精确数值，生产建设常常发生许多临时急需，市场需求也千变万化。因此，要正确理解和掌握以需定进的原则，不能机械地、片面地理解为市场需要什么就采购什么、需要多少就采购多少，而应该从实际出发，根据不同情况，区别对待，灵活掌握。

1）凡关系国计民生、供不应求的重要物资，根据需要，开拓资源，力争多进。

2）对于供求正常、货源充足的物资，保持正常采购水平，采购量可略大于市场需求量。

3）对于大型专用物资、贵重物资、品种多变的特殊物资，密切注意需求动态，需要多少就采购多少。

4）对于季节性强的物资，季前购齐，季中补充，季末禁购。

5）对于供过于求的物资，严格控制，少量采购，但有些物资，当年暂时供过于求，今后确有需要的，可适当扩大采购，增加储备。

6）对于新产品，要注意少购，积极试销，打开销路，占领市场后再扩大采购。

2. 择优选购

择优选购就是指在满足社会需要的前提下，从运输方便、服务周到的企业采购价廉物美及受用户欢迎的物资。

在企业的采购中，怎样才能做到择优选购呢？下面通过价值分析的方法来说明。

价值分析的方法是一种技术与经济相结合的现代管理方法，在我国企业的物资采购中已成为一种行之有效的方法。价值分析中的价值是指经济效益，即价值高，效益好；价值低，效益差。价值的高低是通过功能与成本（费用）的对比关系来确定的，即

$$价值=\frac{功能}{成本}$$

或

$$价值=\frac{功能}{费用}$$

由此可知，功能一定时，成本越低，价值越高，效益越好；成本一定时，功能越大，价值越高，效益越好。因此，所谓价值分析就是对某种产品的功能和成本做系统分析，以寻求提高价值的途径。而在市场物资采购中，运用价值分析方法的基本原理就是：用户购买某种产品是为了获得它的功能——使用价值，销售者销售某种产品正是为了满足用户需要的功能。而在市场上，具有相同功能的产品往往有多个供货企业，但由于它们的技术水平、生产成本或销售成本不同，其商品的价格也不相同。物流企业经营同样功

能的产品，由于采购渠道不同，采购方式不同，流通费用也不同，销售价格也就不同；用户购买同样功能的产品，支付的货款并不相同。因而，购买者采购产品时，一般都把产品的功能与成本进行分析对比，以便用最少的钱获得必要的功能，或者用同样的钱获得更大的功能。

企业在采购物资时，也应把欲采购的物资功能与成本进行分析对比，择其优者而采购。具体来说，主要从以下几个方面来选择。

1）择功能之优。在采购物资时，要使物资的功能（如品种、规格型号、技术性能等）符合社会需要。在满足需要功能的前提下，应采购标准、通用的物资；或者当价格相同或相近时，采购互换性和替代性强的物资。

2）择质量之优，即采购优质名牌产品。质量好就能保证产品功能，满足用户需要，并在使用中能为用户降低消耗，降低成本。

3）择价廉之优。在市场上同样的产品，功能相同，价格不同，应选择价格较低的；不同产品，功能相同，价格差异大，应选择代用品。

4）择供货企业地理位置和交通运输条件之优。在产品同质同价的条件下，应就地就近选择交通运输条件好的供货企业采购产品，这样产销距离近，交通运输方便，就能经济合理地组织运输，降低流通费用。

5）择服务之优。不同的供货单位所提供的销售服务（包括售前、售时、售后服务）是不同的。服务好的企业能为用户提供多方面的服务，如交货及时、代办运输、技术培训等，能消除用户的后顾之忧。

以上两条原则是相互联系的，“以需定进”偏重于采购的数量控制。

8.2.4 采购质量管理保证体系

采购质量管理保证体系是企业质量保证体系的一个组成部分，是专项质量管理体系之一，它具有目的性、集合性、相关性、整体性、适应性等特征。

1. 采购质量管理机构

为了使采购质量管理保证体系能够卓有成效地运转，使采购部门所采购的产品符合规定的要求，需要建立一个负责采购质量的组织、协调、督促和检查工作的部门，作为采购质量管理保证体系的组织保证，这就是专职的采购质量管理机构。它能起到协调技术部门、使用部门与采购部门，供应商与采购部门的作用，使各部门配合得更好。因此，设立采购质量管理专职机构能够避免各部门各自为政，发挥综合优势，更好地提高采购质量。

采购质量管理专职机构在组织开展采购质量管理保证体系活动中的主要作用有以下几个。

1）统一组织协调采购质量管理保证体系的活动，帮助和推动采购质量管理工作。

2）提高采购质量管理活动的计划性，把采购质量管理保证体系各方面的活动纳入计划轨道。

3）对各部门的采购质量管理的职能和采购质量保证的任务，进行经常性的检查和监督。

4）统一组织采购质量管理信息的流通和传递，并使之充分而有效地发挥作用。

5）研究和提高采购质量管理保证体系的功效。

6）掌握采购质量管理保证体系的动态，积极促进组织内部及组织与供应商之间新的协调和平衡。

采购质量管理专职机构在采购质量管理保证体系中的主要职责是：协调采购副总经理进行日常采购管理工作；开展采购质量管理宣传教育工作；组织采购质量管理活动，编制采购质量管理计划；督促检查采购质量计划的完成情况；制定降低质量成本的目标和方案，协同财务部门进行质量成本的汇集、分类和计算；协调有关部门的采购质量管理活动；研究和推广先进的采购质量管理方法；指导质量管理小组的活动；组织供应商的评估、采购产品的质量调配，进行采购质量评价等。

2. 采购质量管理制度

通过对采购管理工作中有关质量管理的业务工作流程进行分析，使其合理化并固定下来，这就是采购质量管理制度。建立采购质量管理制度可以使采购质量管理条理化、规范化，避免职责不清、互相推诿，所以它既是采购质量管理保证体系的重要内容，又是建立采购质量管理保证体系的一项重要的基础工作。

（1）加强进货检验。加强进货检验的质量管理：进货的验收、隔离、标识；进货检验或试验的方法及判断依据；所使用的工具、量具、仪器仪表和设备维护及使用的要求；对检验员、试验员的技能要求。

（2）做好采购质量记录。做好与采购质量有关的记录：一是与接收产品有关的记录，如验收记录、进货检验与试验报告、不合格反馈单等；二是与可追溯性有关的质量记录，如发货记录、检验报告、使用记录等。

（3）采购质量的检查。采购质量检查的主要内容：是否与供应商建立并保存采购质量控制的具体程序；审查供应商的资格和供货能力，对按ISO9000要求选择的供应商，要对其质量体系进行审核；对供应商要进行供货能力的评估和持续供货能力的评估，并保存好供应商的档案。

（4）制作采购文件。在制作采购文件前，首先应该对采购的物料进行验证，对供应商进行验证，并保存好记录、验证合同；对采购物料的适用性进行认真的审核。

（5）达成详细的质量保证协议。要与供应商达成明确的质量保证协议，得到供应商的认可，质量要求要充分适当，综合考虑其有效性、成本、风险等方面的因素。通常质量保证协议包括供应商的质量体系、货物的检验、试验数据及过程控制记录、供应商进行全检或批次抽样检验的记录。企业对供应商的质量体系要进行评估，对接收的货物要进行检验。

（6）达成采购物料验证方法的协议。采购物料验证方法协议的作用是对供应商所提供产品的验证方法做出明确规定，同时防止由于验证方法的不一致所产生的对产品质量评价的争议。

企业要与供应商达成明确的验证方法的协议，协议中规定的质量要求和检验试验与抽样方法应得到双方的认可和充分理解。通常，验证方法协议的内容有检验或试验依据的规程（规范）、使用的设备工具和工作条件、判断的依据、双方交换检验数据和试验数据方面的协议和方法，以及双方互相检查检验或试验方法、设备、条件和人员技能方面的要求。

8.2.5 采购质量控制的措施

1. 制订联合质量计划

采购现代商品，不仅购买商品本身，还要购买供应商在产品设计、制造工艺、质量控制、技术帮助等方面的服务。要有效地购买供应商的这种服务，需要把供需双方的能力对等协调起来，协调的办法就是制订联合质量计划。联合质量计划中一般要包括经济、技术、管理 3 个方面。

2. 向供应商派常驻代表

为直接掌握供应商商品质量状况，可由采购方向供应商派出常驻代表，其主要职责是向供应商提出具体的商品质量要求，了解该供应商质量管理的有关情况，如质量管理机构的设置，质量体系文件的编制，质量体系的建立与实施，产品设计、生产、包装、检验等情况，特别是对出厂前的最终检验和试验要进行监督，对供应商出具的质量证明材料要核实并确认，起到在供应商内进行质量把关的作用。

3. 定期或不定期监督检查

采购方可根据实际情况派技术人员或专家对供应商进行定期或不定期的监督检查。通过监督检查，有利于全面把握供应商的综合能力，及时发现其薄弱环节并要求其改善，从而从体系上保证供货质量。主要监督检查双方买卖合同的执行情况，重点监督检查拟购商品的质量情况。例如，在生产前主要监督检查原材料和外购件的质量状况；在生产中主要监督检查各工序半成品的质量状况；在生产后主要监督检查产成品的检验、试验及包装情况。需要注意的是，关键工序或特殊工序必须作为重点进行监督检查。

4. 及时掌握供应商生产状况的变化

由于企业内外部环境的变化，供应商的生产状况必然也会随之变化。采购方应及时掌握其变化情况，对生产发生的一些重大变化，应要求供应商及时向采购方报告。例如，对于产品设计或结构上的重大变化、制造工艺上的重大变化、检验和试验设备及规程方面的重大变化等，供应商都应向采购方主动报告说明情况。采购方接到报告后，要认真分析情况，必要时应到供应商那里直接了解，主要应弄清变化对产品质量的影响。在多数情况下供应商变更产品设计，采取新材料、新设备、新工艺是为了提高商品的质量和生产效率，对保证商品质量是有益的。但是，必须注意到，任何改变都有一个适应的过程，在变更的初始阶段容易造成商品质量的不稳定，这就需要通过加强最终检验和试验来把关。

5. 定期排序

对供应商定期排序的主要目的是评估供应商的质量及综合能力，以及为是否保留、更换供应商提供决策依据。

6．帮助供应商导入新的质量体系和管理方法

为有效地控制采购商品的质量，采购方应对供应商导入自己多年总结出的先进质量管理手段和技术方法，主动地帮助、指导供应商在短时间内极大地提升质量管理水平和技术水平，增强质量保证能力。采购方对供应商给予一定的帮助对供应商是有利的，对采购方自己也是有利的。采购方对供应商的帮助是多方面的，主要目的不是扩大生产能力而是提高商品质量。以提高质量为中心，可帮助供应商组织有关人员的技术培训，进行设备的技术改造，实现检验和试验的标准化、规范化，贯彻 ISO9000 系列标准，争取质量体系认证等。对供应商的帮助重点是改善商品质量的薄弱环节，解决影响商品质量的关键问题。

思考题

一、判断题

（1）对于小型采购，采购环境记录在认证报告文档上；对于大规模的采购，采购环境使用信息系统来管理。（　）

（2）采购订单（合同）制作过程中，一定要包括价格和质量标准。（　）

（3）采购方应与供应商确认物料检验日期。（　）

（4）质量管理是为保证和提高产品质量所进行的调查、计划、组织、协调、控制、检查、处理及信息反馈等各项活动的总称。（　）

（5）采购质量管理是采购管理工作的重要内容，它间接影响到物料使用部门能否生产出合格的产品。（　）

二、单选题

（1）下列（　）属于材料。

A．产成品　　B．商品

C．周转材料　　D．半成品

（2）下列不属于材料的是（　）。

A．外购半成品　　B．修理用备件

C．包装材料　　D．自制半成品

（3）采购跟踪的目的在于促使合同的正常执行，协调企业和供应商的关系。有关采购跟踪，主要涉及以下哪些方面？（　）

A．跟踪供应商的货物准备过程及进货过程

B．控制好货物的检验与接收

C．控制好库存水平，督促付款

D．以上都是

（4）以下属于采购质量管理原则的是（　　）。

A．以库存定进　　B．择优选购

C．就远原则　　D．质量从优、价格从低原则

（5）采购订单操作的订单准备步骤不包括（　　）。

A．熟悉需要订单操作的物料项目

B．确认价格，制作订单说明书

C．确认项目质量需求标准，确认项目的需求量

D．发放订单说明书

三、填空题

（1）采购订单作为正式的契约，必须条款具体、内容详尽完整。一份采购订单所必需的要素有__________、__________和__________。

（2）________________是对采购订单（合同）的执行、采购订单（合同）的状态、接收货物的数量及退货情况的动态追踪。订单跟踪的目的在于促使合同的正常执行，协调企业和供应商的关系。

（3）________就是顾客需求被满足的程度。

（4）在企业经营活动中，________是中心环节，_______是首要环节。

（5）______________是企业质量保证体系的一个组成部分，是专项质量管理体系之一，它具有目的性、集合性、相关性、整体性、适应性等特征。

四、简答题

（1）采购订单的操作步骤有哪些？

（2）采购订单跟踪包括哪几个方面？

（3）简述采购质量管理的内涵与基本内容。

（4）简述采购质量管理的原则。

（5）论述采购质量管理的保证体系。

技能实训

质量管理调研

实训目的：

（1）了解企业采购质量管理保证体系的基本构成。

（2）掌握调研企业的质量管理运作程序及各细节过程。

实训组织：

（1）学生 5 人一组，每组设组长一名，由组长分工及协调实训小组的调研任务，并带领大家完成调研任务。

（2）以企业实际调研为主，同时通过互联网、问卷调查等方式收集资料，辅助企业调研任务的完成。

实训项目：

（1）实训地点：学校附近的企业。

（2）每小组通过发送调研问卷或访谈的方法，回收调研所需数据。

实训要求：

（1）明确小组内成员之间的分工，尽可能调动所有成员的参与积极性，达到实训的效果。

（2）结合教材内容，收集资料，全面了解所需要的各种信息，对企业质量管理调研活动进行周密的规划。

实训成果：

撰写企业质量管理调研实训报告。

实训考核：

（1）各小组成员完成调研内容的情况。

（2）有效回答指导教师询问的有关所调研企业的质量管理问题。

附

调 研 问 卷

一、质量管理概况

（1）企业质量管理的组织结构和部门设置、各自的职责，以及相互之间的关系。

____

____

（2）企业是否已通过 ISO/GMP 质量体系认证？□是　□否

（3）实施质量管理的范围和环节有哪些？

____

____

（4）质量方针、目标、手册和流程的制定和执行情况如何？□好　□一般　□坏

（5）描述质量计划的主要内容及用途、主要指标。

____

（6）质量管理中的难点及重点是什么？需要信息化的出发点是什么？

____

二、质量基准

（1）产品质量检验主要关注的任务和指标有哪些？例如，何时、何地检验，检验什么，检验环节与地点（采购入库、仓库、车间/资源/工序、销售出货、客户退货、留样检验等），检验任务（原料、半成品或成品，具体是哪些规格），使用哪些检验要素？

____

（2）每种质量检验指标的检验标准和检验结果是否分级？产品分级的依据是什么？后续处理有何不同？

____

____

（3）检验方式分几种：□抽检　□全检　□破坏性检验

（4）如果存在抽检，抽检时抽检方案如何确定？是否需要系统计算抽检样本量？目前如何做？抽检方案是否动态调整？如何实现调整？调整规则是什么？

____

____

（5）是否要和生产设备连接，直接从现场在线收集数据？□是　□否

（6）是否已有微机实现了在线联机检验？□是　□否

（7）质量检验作业指导书有无必要在系统中维护？内容变动频率如何？主要变动的是哪些因素？

____

____

（8）检验测量仪器校准信息是否必须记录并保存在系统中？□是　□否

（9）同一物料，不同的供应商、客户/工作中心的检验方案是否相同？□是　□否；如果不同，不同的主要依据是什么？

____

____

（10）质量控制技术要求：X-R 图、Pareto 图是否适用？还用什么控制图？

____

____

三、质量业务

（1）质量检验工作流程及需记录的信息有哪些？信息之间的关系如何？

____

____

（2）质量检验之后的处理环节，以及相应的流程和处理结果如何？记录的单据包括哪些信息？信息来源是什么？

（3）是否有验收环节？由谁负责？目的是什么？是否需将质量检验前的验收工作实施系统监控？

（4）不合格品如何判定？审批、处理流程是什么？何部门何岗位负责？后续动作由何部门执行？信息如何传递？单据样表如何制作？

（5）是否使用质量记录单？记录何信息？用途是什么？

（6）是否关注质量成本？在质量部还是财务部？

（7）对供应商进行评估（质量方面）的主要指标和计算方式是什么？

（8）在库检验、销售出货检验是否频繁？目的是什么？

（9）销售退货产品检后后续动作有哪些？处理流程是什么？

（10）质量管理中最需要信息化的工作任务是什么？

（11）针对不同检验类型质量分析的主要报表和内容：

报表名称	报表数据来源	编报人岗位	呈报人	编报日期	其　他

项目 9

收货与结算

工作领域技能需求

（1）作为采购验收员，应该能够熟悉验收前的准备工作，并进行货物的验收，对于质量不符的货物采取适当的处理措施。

（2）作为采购会计，应该清楚采购结算的流程、货款结算的方式和工具，并能够进行付款结算。

学习领域知识供应

（1）采购货款验收：验收准备、组织货物验收、验收结果处理与记录。

（2）采购货款结算：采购货款结算流程、货款结算方式、付款操作步骤。

学习建议

（1）通过互联网及学校图书馆藏资料了解一些企业采购货物验收与采购货款结算的案例，全面了解采购货物验收与采购货款结算。

（2）实地调研一家企业，详细了解该企业采购部门是如何做采购货物验收与采购货款结算的。

案例导入

×××是北京知名的乳品供应商——北京××商贸公司的副总经理，他的另一个身份是北京 171 家供应商联盟的代表。据他透露，超市对付供应商的策略就是一个字：拖。例如，供应商与某大型超市签订的合同是 30 天结算货款。而实际上，30 天之后只是对账的日子。而对账更有不少玄机，如每月 1 日给超市供的货，与当月 30 日供的货，超市方面统一视为同一天（当然是 30 日）供的货，这样对账日期就到了下月 30 日。如此一来，1 日的货款就已拖了 60 天。对完账后，接下来的 30 天，是供应商给超市送增值税发票的日子，而供应商只有在送完税票后的 30 天以内才能领到支票。这样，至少需要 90 天才能结算一个月的货款。而且，如果中间的对账、送票等任何环节出现小问题，结算都会被延迟至下个账期，因此四五个月才收到一次货款也并不稀奇。

资料来源：http://www.commerce.sh.cn/lmxx/xw/mb.asp?text_id=24016&lmbh=2|3|31&sub_lmbh=|3|&y_lmbh=1.

想一想：

结合案例分析，作为采购方，在采购管理过程中，如何做好采购货款结算？

9.1　采购货物验收

采购人员在下达订单后，为确保交货安全，保证采购效果，就要准备进货验收，并认真组织货物验收工作。

9.1.1　做好验收准备

1．确定交货与验收时间

一般情况下，采购合同中要写明供应商必须在某月某日前交货，并必须于交货前若干日先将交货清单送交采购人员，以便采购人员准备验收工作。对于交货验收的时间，应以采购合同中写明的时限要求为准，通常有以下 4 种情况。

1）供应物料的交货日期。

2）生产过程所需的预备操作时间。

3）供应商如有延期交货或需要变更交货，采购人员应根据供应商的说明函件并与供应商确认后确定验收时间。

4）特殊器材技术验收时所需时间或采用分期交货的时间。

2．确定交货与验收地点

对于交货验收的地点，一般以合同指定地点为主。若预定交货地点因故不能使用，需移转他处办理验收工作，采购人员应事先通知供应商。采购人员可根据货物的实际情况、理化性质等，经双方约定，确定最佳的验收地点。一般的验货地点有以下 4 种情况。

1）在指定仓库或交货地点验收。

2）在供应商生产地验收。

3）在其他约定的验货地点验收。

4）在采购商使用地点验收。

3．明确采购验收职责

在国内，供应物料的验收工作由买卖双方共同办理，以示公平，如有争议可提交仲裁。在国外，采购因涉及国际贸易，所以通常情况下委托公证机构办理。但对于采购验收职责，有3种情况需双方在采购合同中明确说明。

1）委托检验，通常用于国外采购或以特殊规格采购。

2）由供应商出具产品合格证明书。

3）自行负责检验，通常用于国内采购。

4. 选择货品检验方法

验收工作做得好坏直接影响所购物料的品质，从而影响生产、成本、销售等各环节，所以采购人员应选择正确的方法，减少因人为因素造成的验收过程的疏忽与错误，以提高验收作业的正确性、可靠性。货品检验方法如表9-1所示。

表9-1　货品检验方法

检验方法	说　　明	具体操作
目视验收	所购物料、货品能以一般度量器具按合同规定的数量予以称量点数的验收方法	使用一般器具对到货物料、货品进行外观、数量等检验
技术验收	检验物料、货品的理化性能及使用效能等，需要采用技术鉴定。由专门技术人员以专门仪器做适当的试验来完成，分为现场检验及实验室鉴定两种	对整套机械设备、建筑工程或简单机件及一般的物料，最好采用现场检验。如果必须进行理化生物试验或装配试用等，就应抽样检验
试验验收	对特殊规格的物料、货品必须做技术上的试验（包括物理试验、化学分析、专家复验），即试验验收	社会上的试验场所；供应商或采购企业实验室内；专家复验
抽样检验法	抽取一定数量货品作为样本进行检验。抽样数量常以经济与判断为基础，若根据数学公式的“量表”进行检验则更为准确	货品数量庞大，无法一一检验，或者物料一经拆封、露光、与空气接触、试用后就不能复原者，都应采取抽样检验的方式进行

9.1.2 组织货物验收

采购人员根据约定的时间、地点，组织相关人员进行货物验收工作。货物验收主要从以下3个方面进行。

1. 点收数量

采购人员一般用直接检验的方法检验实际交货数量是否与运送凭单或订单所记载数量相符。但要注意的是，在检验时为确保准确无误，要对数量进行两次确认。另外，如果货品数量太多，采购人员可采用抽查方式进行数量清点。特别要注意有固定包装者是否数量一致。

2. 检验品质

在检验品质时，采购人员要做到认真、仔细。尤其是对于高级品，尽量做全面检查；而对于购入数量大或单价低的货品，则采取抽样检查，并填写抽样检验表。

3. 检验交货手续

一般在交货时由供应商列具交货清单（清单上要注明交付物料的名称、数量、商标、编号、毛重量、净重量，以及运输工具的牌照号码、班次、日期及其他尚需注明的事宜，同时包括采购合同的统一号码、分区号码、合同签订日期及通知交货日期等）一式若干份，在交货当天或交货前若干天送达采购企业。同时，采购人员应对照供货清单核对交来货品的种类及数量等，并鉴定一切由于运输及搬运而造成的损坏，核对结果编写报告，详细加注于清单上。

9.1.3 验收结果处理与记录

1. 验收结果处理

（1）标识。对于通过验收的货品，采购人员应及时加以标识，以易于与未验收的同类物品有所区别，更便于查明验收经过及时间。同时采购人员还要配合仓储部门及时办理货品入库，以便使用部门安排生产进度。

（2）拒收。对于不符合规定的物料、货品，应一律拒收。如果合同规定准许换货重新交货，等交妥合格品后再予发还。通常供应商对不合格的物品都延迟处置，仓储人员应配合采购人员催促供应商前来收回，否则超过时限，即不负保管责任或自行抛弃。

（3）处理短损。根据验收结果，如有短损情况发生，应立即向供应商或运输单位索赔或办理内部报损手续等。

2. 填写验收报告

到货验收完毕后，采购人员应及时给供应商出具验收证明书。如因交货不符而拒收，必须写明详细原因，以便洽谈办理其他手续。

9.2 采购货款结算

9.2.1 采购货款结算流程

采购货款结算流程如图9-1所示。具体内容阐述如下。

1. 采购订单

采购部根据企业生产的实际需要发出采购订单，明确说明采购货品的型号、种类、价格、数量、技术指标等。

2. 验收入库

供应商进行备货准备，并按订单要求按期交货，企业相关部门根据采购订单要求验货、入库，认真填写验收单等相关单据。

3. 采购订单核对

采购人员将货品验收单与采购订单进行核对，并进行单据汇总，将各项数据进行整理。

4．催收与协调

若存在验收单不齐或与采购订单不符的情况，则采购人员应及时与相关部门人员沟通协调和催收。

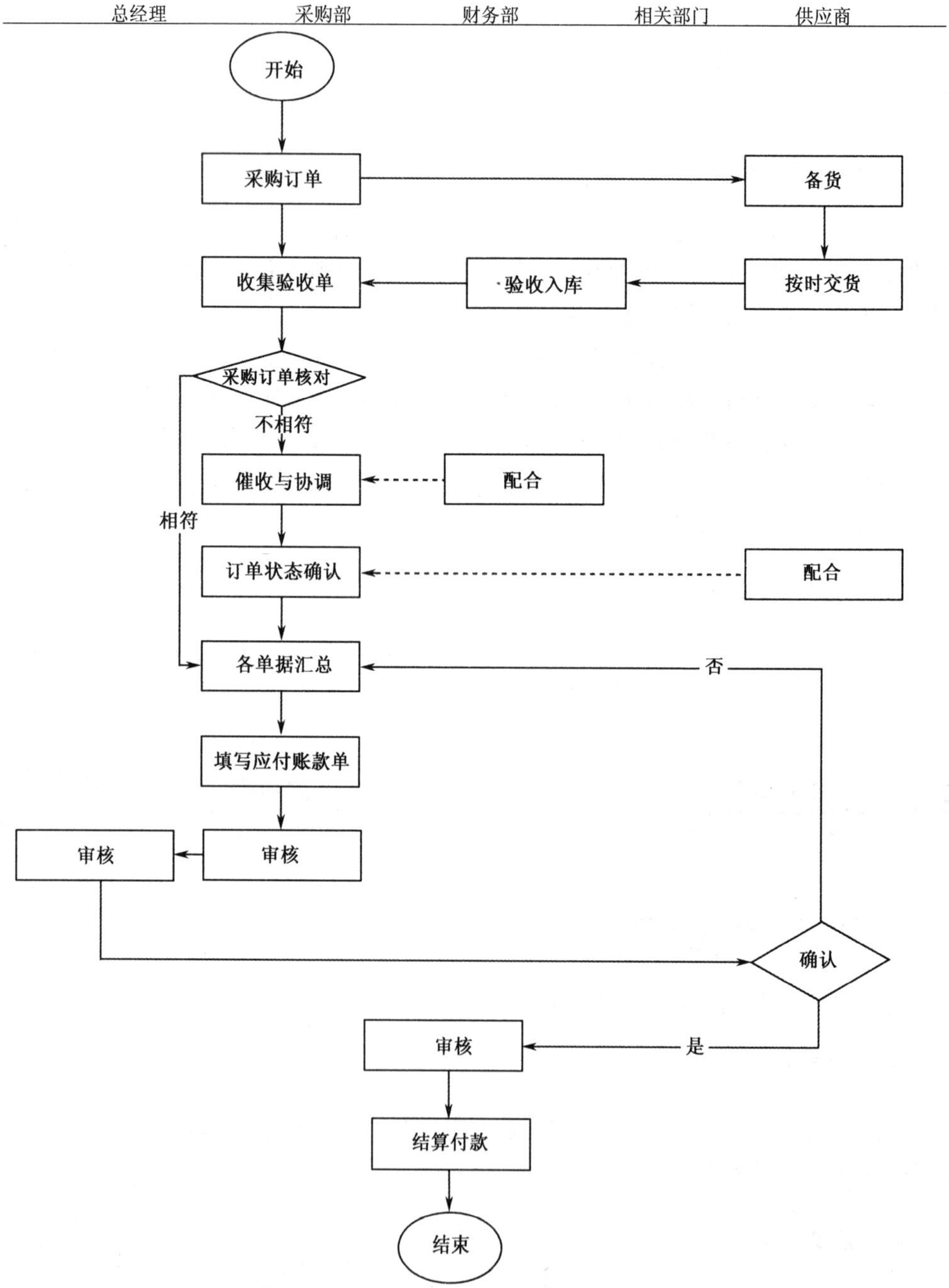

图 9-1 采购货款结算流程

5．订单状态确认

采购人员应就相关部门提出的问题及时与供应商沟通，了解产生问题的原因，确认订单状态，然后进行单据汇总。

6. 填写应付账款单

采购部采购人员根据汇总的各项数据，填写“应付账款单”，列明应付款项明细。

7. 结算付款

采购部与供应商均确认通过的应付账款单，由采购部交与财务部，会计人员根据采购合同、采购订单、验收单等进行审核，查验各类单据是否数据相符、符合财务规定等。经财务部审核没有问题，则根据企业的审批，由财务部安排付款。

9.2.2 货款结算方式

付款是供应商最关心的问题，如果企业在货款的支付上引起供应商的不满，则会使双方关系恶化，会为企业原材料的采购带来诸多困难。一般来说，付款是财务部门的主要工作之一，但不同的企业在付款操作上有很大的区别，有时采购部也会成为付款的主要责任部门。

企业向供应商的付款时间通常有预付、货到付款、月结 30 天（60 天或 90 天）等几种方式。由于市场竞争激烈，对本地供应商的付款绝大多数都采用月结方式，并且付款期限也越来越长，但一般不超过 90 天。如果选择海外企业或国际知名跨国公司作为供应商，因双方对对方的信誉状况不了解，故供应商往往要求预付款。经过一段时间的贸易往来后，双方对对方的情况有了更多的了解，经企业向供应商申请，通常可以改成月结 30 天。

而对于市场紧缺或供应商垄断的商品，供应商通常要求货到付款，如果在企业有足够的流动资金的情况下，采用货到付款这种方式常能得到更优惠的价格。

作为采购员，必须了解货款的支付方式和支付流程，以便选择合适的结算方式。

1. 汇票

（1）汇票的定义。汇票是一种支付命令。它是指由出票人签发的，委托付款人在见票时或指定日期无条件支付一定金额给收款人或持票人的票据。汇票的当事人一般包括出票人、付款人和收款人。汇票对收款人的资格一般不加限制。

（2）汇票的分类。

1）按付款期限不同分类。

① 远期汇票，指出票人与付款人签发票据后一定期限或特定日期汇款。

② 即期汇票，指持票人只要在合理时间内提示付款，债务人就应付款。

2）按信用性质不同分类。

① 银行汇票，是汇款人将款项交存当地出票银行，由出票银行签发的，由其在见票时，按照实际结算金额无条件支付给收款人或持票人的票据。银行汇票如图 9-2 所示。

② 商业汇票，指收款人或付款人（或承兑申请人）签发，由承兑人承兑，并于到期日向收款人或被背书人支付款项的票据。商业汇票的收款人、付款人或承兑申请人一

般指供货或购货单位。商业汇票的付款人为承兑人，其付款地为承兑人所在地。商业汇票按承兑人的不同，可以分为商业承兑汇票和银行承兑汇票两种。商业承兑汇票是指由收款人或付款人签发，经付款人承兑的汇票，如图 9-3 所示。银行承兑汇票是指收款人或承兑申请人签发，并由承兑申请人向开户银行提出申请，经银行审查同意承兑的汇票，如图 9-4 所示。

付款期限 壹 个 月

中国建设银行 银行汇票　2　江苏　XX00000000

第　号

出票日期：年 月 日（大写）		代理付款行：	行号：
收款人：			
出票金额	人民币（大写）		
实际结算金额	人民币（大写）		千 百 十 万 千 百 十 元 角 分

申请人：　　　　账号或住址：

出票行：　　　　行号：

备 注：

凭票付款

出票行签章

	科目（借）
	对方科目（贷）
多 余 金 额	兑付日期：年 月 日
千 百 十 万 千 百 十 元 角 分	复核　　记账

图 9-2　银行汇票

商业承兑汇票　2　××00000000

出票日期　年　月　日

付款人	全　称		收款人	全　称	
	账　号			账　号	
	开户银行			开户银行	
出票金额	人民币（大写）		千 百 十 万 千 百 十 元 角 分		
汇票到期日			交易合同号码	××××	
本汇票已经承兑，到期无条件付款。 承兑人签章 承兑日期　年　月　日			本汇票请予以承兑于到期日付款。 出票人签章		

此联持票人开户行随委托收款凭证寄付款人开户银行

图 9-3　商业承兑汇票

<table>
<tr><td colspan="6">银行承兑汇票　　2 CA/01 ××××××××
出票日期　年　月　日</td></tr>
<tr><td>出票人全称</td><td></td><td rowspan="3">收款人</td><td>全　称</td><td colspan="2"></td></tr>
<tr><td>出票人账号</td><td></td><td>账　号</td><td colspan="2"></td></tr>
<tr><td>付款行全称</td><td></td><td>开户银行</td><td colspan="2"></td></tr>
<tr><td>出 票 金 额</td><td colspan="3">人民币
（大写）</td><td colspan="2">亿 千 百 十 万 千 百 十 元 角 分</td></tr>
<tr><td>汇票到期日
（大写）</td><td></td><td rowspan="2">付款行</td><td>行号</td><td colspan="2"></td></tr>
<tr><td>承兑协议编号</td><td></td><td>地址</td><td colspan="2"></td></tr>
<tr><td colspan="2">本汇票请你行承兑，到期无条件付款。

出票人签章</td><td colspan="3">本汇票已经承兑，到期日由本行付款。
承兑行签章
承兑日期　年　月　日</td><td>复核　　记账</td></tr>
</table>

此联收款人开户行随托收凭证寄付款行作借方凭证附件

图 9-4　银行承兑汇票

3）按记载收款人的不同分类。

① 记名式汇票。记名式汇票的收款人是特定的，票据须经背书后方可转让。

② 指示汇票。指示汇票最终未确定收款人，经背书可转让指示人。

③ 无记名式汇票。无记名式汇票又叫来人式汇票，谁持有汇票谁就拥有票据权利，凭交付即可转让。

4）按有没有附属单据分类。

① 跟单汇票。跟单汇票由于其信用度较高，因此在国际贸易中广泛采用。跟单汇票附有物料装运单据（提单、保险单、发票、检疫证书、商检证书、出口许可证等），出示单据后付款人才予以付款。

② 光票。只要出示光票本身，付款人就应付款，不附带货运单据。银行汇票多采用光票。

（3）汇票的内容。根据我国《票据法》规定，汇票必须记载以下事项：汇票字样，确定的金额，无条件支付的委托，收款人名称，付款人名称，出票日期，出票人签章。上述内容如有一项未记载则汇票无效。同时汇票上记载的付款日期、付款地、出票地等事项应字迹清楚。其中付款日期可分为定日付款、见票即付、出票后定期付款和见票后定期付款；未记载付款日期的，为见票即付。

（4）汇票的使用。

1）商业汇票的使用。签发商业汇票需以合法的商品交易为基础。持票人可持未到期的承兑汇票向开户银行申请贴现，银行扣除贴现日至到期日的利息，付给现款并取得汇票。已在银行开立账户的法人根据买卖合同进行商品交易时可使用商业汇票进行。

2）银行汇票的使用。根据目前银行的结算办法，如单位或个人需要付款，可将款项交给当地银行，由银行签发汇票给收款人在异地办理提取现金或结算。

2. 支票

（1）支票的定义。支票是无条件支付命令。它是指出票人签发一定的金额，委托银行或其他金融机构见票无条件支付给收款人或持票人的票据。支票的当事人有出票人、付款人和收款人三方。其中付款人仅限于办理支票存款业务的金融机构，出票人签发的支票金额应在其存款余额或与付款人约定的透支额度内，如不足支付的，付款人可拒绝付款，出票人应承担相应的法律责任。

（2）支票的分类。

1）按支票是否记名分类。

按支票是否记名可分为记名支票和不记名支票。其中不记名支票又叫空白支票。

2）按付款方式有无特别保障或限制分类。

① 一般支票，又称普通支票或开放支票。持票人可凭票向银行兑现，也可通过银行代收货款。一般支票如图 9-5 所示。

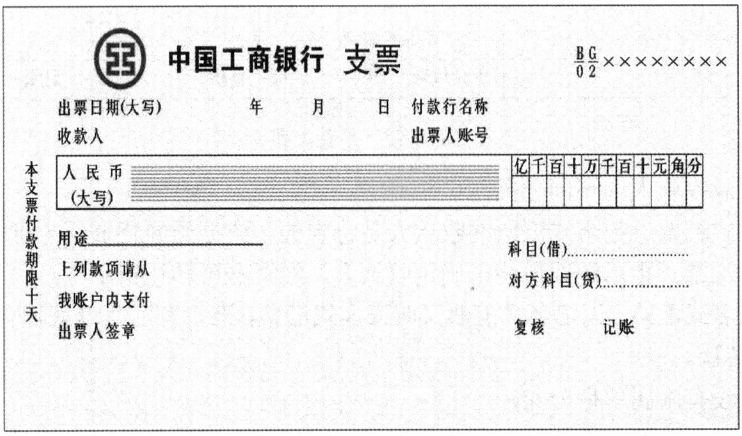

中国工商银行 支票　BG 02××××××××

出票日期(大写)　年　月　日　付款行名称

收款人　出票人账号

本支票付款期限十天

人民币（大写）	亿	千	百	十	万	千	百	十	元	角	分

用途　科目(借)

上列款项请从　对方科目(贷)

我账户内支付

出票人签章　复核　记账

图 9-5　一般支票

② 横线支票，又称划线支票或平行线支票。其中在支票左上角加注两条平行线，同时在横线内注明某银行名称的，只能由指定银行签收；在支票左上角加注两条不平行线的称普通横线支票，可由任何银行代收转账。横线支票如图 9-6 所示。

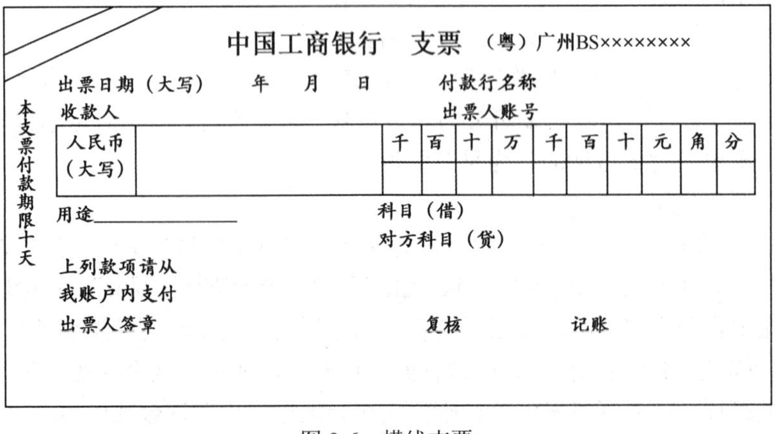

中国工商银行　支票　（粤）广州BS××××××××

出票日期（大写）　年　月　日　付款行名称

收款人　出票人账号

本支票付款期限十天

人民币（大写）	千	百	十	万	千	百	十	元	角	分

用途　科目（借）

对方科目（贷）

上列款项请从

我账户内支付

出票人签章　复核　记账

图 9-6　横线支票

③ 保付支票，是指支票付款人在支票上注明“保付”并签名，由付款人承担全部付款责任的支票。保付支票如图9-7所示。

图9-7　保付支票

3）按支票结算范围分类。

按支票结算范围可分为现金支票、转账支票和普通支票。现金支票（见图9-8）只能用于支取现金；转账支票（见图9-9）只能用于转账。

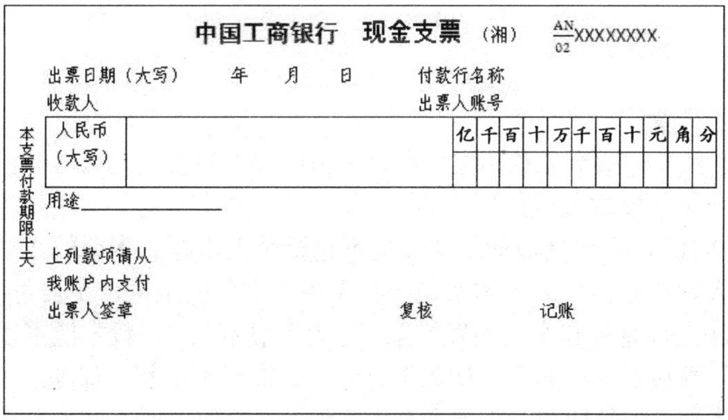

中国工商银行　现金支票　（湘）　AN/02 XXXXXXXX

出票日期（大写）　年　月　日　付款行名称

收款人　出票人账号

本支票付款期限十天

人民币（大写）		亿	千	百	十	万	千	百	十	元	角	分

用途________

上列款项请从

我账户内支付

出票人签章　复核　记账

图9-8　现金支票

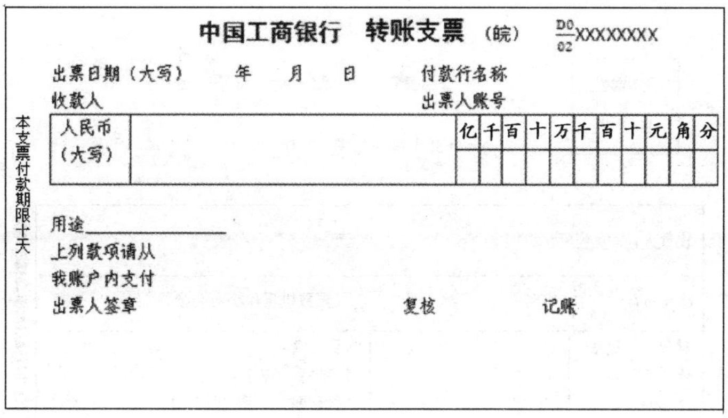

中国工商银行　转账支票　（皖）　D0/02 XXXXXXXX

出票日期（大写）　年　月　日　付款行名称

收款人　出票人账号

本支票付款期限十天

人民币（大写）		亿	千	百	十	万	千	百	十	元	角	分

用途________

上列款项请从

我账户内支付

出票人签章　复核　记账

图9-9　转账支票

（3）支票的内容。支票内必须载明的事项有：确定的金额，无条件支付的委托，表明为支票，出票日期，付款人名称，出票人签章。未记载上述事项的支票无效。

（4）支票的使用。禁止签发空头支票，不得签发与出票人预留本名的签名样式或印章不符的支票，支票一般同城使用。

3．信用卡

（1）信用卡的含义。信用卡是一种非现金交易付款的方式，是简单的信贷服务。信用卡由银行或信用卡公司依照用户的信用度与财力发给持卡人，持卡人持信用卡消费时无须支付现金，待账单日时再进行还款。除部分与金融卡结合的信用卡外，一般的信用卡与借记卡、提款卡不同，信用卡不会从用户的账户直接扣除资金。

（2）信用卡的分类。

1）按照发行机构的性质分，可分为银行发行的信用卡和旅游、商业、劳务机构发行的旅游交际卡。

2）按使用地区、范围分，可分为指定国际通用信用卡和使用地区信用卡两种。

（3）信用卡的内容。信用卡的发放一般以一定量的存款、固定职业或担保人为条件，外观为硬质塑料卡片，在卡上应印有账号、持卡人姓名拼音、签字。持卡人可凭此卡到指定的商店、交通和旅游机构购买商品、支付劳务费用等，不必支付现金，而只需在发票或其他单证上签字即可。

4．本票

（1）本票的含义。

我国《票据法》第七十三条规定：本票是由出票人签发的，承诺自己在见票时无条件支付确定的金额给收款人或持票人的票据。第 2 款接着规定，本法所指的本票是指银行本票（见图 9-10），不包括商业本票，更不包括个人本票。本票的当事人即出票人与收款人，出票人始终是债务人，本票是一种无条件支付的承诺，是自付证券。

国外票据法允许企业和个人签发本票，称为一般本票，一般本票可以是即期的或远期的。但在国际贸易中使用的本票均为银行本票，银行本票都是即期的。而狭义的外汇本票仅指银行本票，不包括商业本票和个人本票。本票的出票人必须具有支付本票金额的可靠资金来源，并保证支付。

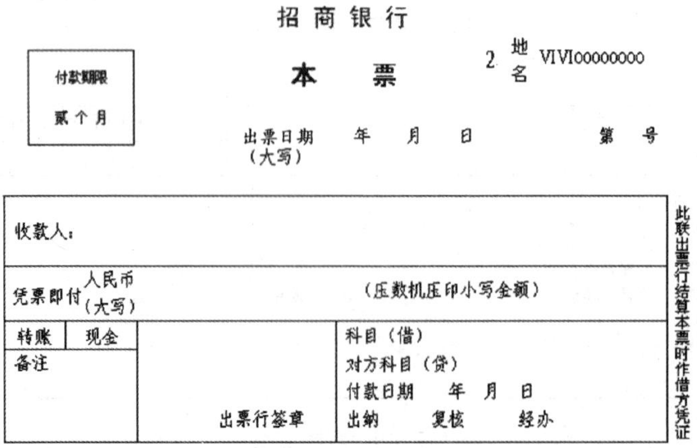
招商银行

付款期限 贰个月

本票

2 地名 VIVI00000000

出票日期（大写） 年 月 日 第 号

收款人：

凭票即付 人民币（大写） （压数机压印小写金额）

转账 现金

备注

出票行签章

科目（借）

对方科目（贷）

付款日期 年 月 日

出纳 复核 经办

此联出票行结算本票时作借方凭证

图 9-10 银行本票

（2）本票的内容。本票必须记载的内容有：表明是本票，无条件支付的承诺，确定的票据金额，收款人名称，出票日期，出票人签章。未记载上述事项的本票无效。

本票上记载付款地、出票地等事项的，应当清楚明确；未记载付款地、出票地的，出票人营业场所为付款地、出票地。

（3）银行本票的使用。银行本票由银行签发，本票的出票人必须具有支付本票金额的可靠资金来源，并保证支付，出票人的资格由中国人民银行审定。本票自出票日起，付款期最长不得超过两个月。

5. 汇兑

（1）汇兑的含义。汇兑是指汇款人委托银行将款项汇给异地收款人的一种结算方式。

（2）汇兑的分类。一般将汇兑分为信汇和电汇两种。

1）信汇。信汇是汇款人向银行提出申请，同时交存一定金额及手续费，汇出行将信汇委托书以邮寄方式寄给汇入行，授权汇入行向收款人解付一定金额的一种汇兑结算方式。信汇凭证如图 9-11 所示。

××银行 **信汇凭证** （回 单） **1**

委托日期 年 月 日

汇款人	全 称		收款人	全 称													
	账 号			账 号													
	汇出地点	省 市/县		汇入地点	省 市/县												
汇出行名称			汇入行名称														
金额	人民币（大写）					亿	千	百	十	万	千	百	十	元	角	分	
汇出行签章			支付密码														
			附加信息及用途： 复核 记账														

此联汇出行给汇款人的回单

规格：8.5cm×17.5cm（白纸黑油墨）

图 9-11 信汇凭证

2）电汇。电汇是汇款人将一定款项交存汇款银行，汇款银行通过电报或电传给目的地的分行或代理行（汇入行），指示汇入行向收款人支付一定金额的一种汇款方式。电汇凭证如图 9-12 所示。

在这两种汇兑结算方式中，信汇费用较低，但速度相对较慢；电汇具有速度快的优点，但汇款人要负担较高的电报电传费用，因而通常只在紧急情况下或金额较大时适用。另外，为了确保电报的真实性，汇出行在电报上加注双方约定的密码；而信汇则不须加密码，签字即可。

（3）汇兑的特点。汇兑结算方式比较适用于单位、个体经济户和个人的各种款项结算。它便于汇款人向异地主动付款。个体经济户和个人需要在汇入行支取现金的，可凭填明“现金”字样的汇款凭证到汇入行支取现金。

××银行 电汇凭证（回 单） 1

□普通 □加急 委托日期 年 月 日

汇款人	全 称		收款人	全 称	
	账 号			账 号	
	汇出地点	省 市/县		汇入地点	省 市/县
汇出行名称			汇入行名称		
金额	人民币（大写）				亿 千 百 十 万 千 百 十 元 角 分
			支付密码		
汇出行签章			附加信息及用途： 复核 记账		

此联汇出行给汇款人的回单

规格：8.5cm×17.5cm（白纸黑油墨）

图 9-12 电汇凭证

6. 异地托收承付

（1）异地托收承付的含义。异地托收承付是根据购销合同，由收款人发货后委托银行向异地付款人收取款项，由付款人向银行承认付款的结算方式。异地托收承付凭证如图 9-13 所示。

托收凭证（汇款依据或收账通知） 4

委托日期 年 月 日 付款期限 年 月 日

业务类型	委托收款（□邮划、□电划） 托收承付（□邮划、□电划）						
付款人	全 称			收款人	全 称		
	账 号				账 号		
	地 址	省 市/县	开户行		地 址	省 市/县	开户行
金额	人民币（大写）						亿 千 百 十 万 千 百 十 元 角 分
款项内容		托收凭据名称		附寄单证张数			
商品发运情况				合同名称号码			
备注： 复核 记账		上列款项已划回收入你方账户内。 收款人开户银行签章 年 月 日					

此联付款人开户行凭以汇款或收款人开户银行作收账通知

规格：10cm×17.5cm（白纸黑油墨）

图 9-13 异地托收承付凭证

（2）异地托收承付的有关规定。

1）收付双方使用托收承付结算必须签有符合《合同法》的购销合同，并在合同上明确使用异地托收承付结算方式。

2)只有是商品交易及因商品交易而产生的劳务供应的款项才能办理异地托收承付。

3）收款人必须在具有商品确已发运的证件（包括铁路、航运、公路等运输部门签发的运单、运单副本和邮局包裹回执）的情况下才能办理托收。

4）收付双方办理托收承付结算必须重合同、守承诺。付款人累计 3 次无理由拒付的,银行应暂停其向外办理托收;收款人对同一付款人发货托收累计 3 次收不回货款的,银行应暂停其向该付款人办理托收。

7. 委托银行收款

（1）委托银行收款的含义。收款人向银行提供收款依据，委托银行向付款人收取款项的结算方式叫作委托银行收款。

（2）委托银行收款的适用范围。委托银行收款的结算方式适用范围比较广，在同城和异地均可使用。它既适用于在银行开立账户的单位和个体经济户的各种款项结算，也适用于水电、邮电、电话等款项的结算。

（3）委托银行收款的有关规定。委托银行收款分为邮寄和电报划回两种，并且它不受金额起点的限制，由收款人选择使用。付款期为 3 天，付款期满，付款人存款余额不足的，按无款支付办理，不予延期。而对于拒付的情况，银行一般不负责审查拒付理由。

9.2.3 付款操作步骤

1. 查询物品入库

如果是国外采购,物品一到指定的交易地点,就必须完成付款手续及开具付款票据,在验收后向供应商支付款项。但在国内，供应商的付款操作一般是在物品检验通过并且完成入库操作后进行的，所以订单操作人员要查询物品入库信息，并对已经入库的物品办理付款手续。而对于长期采购的供应商，可以采用谈判的方式规定付款周期。

2. 准备付款申请单据

对于国内供应商的付款，应拟制付款申请单，并随附合同、发票、物品检验单据、物品入库单据等。作为付款人员要注意：5 份单据（付款申请单、合同、发票、物品检验单、物品入库单）中的合同编号、物品名称、单价、总价、数量、供应商必须一致。

3. 付款审批

付款审批包括 3 方面的内容，具体事宜由管理人员或财务部专职人员负责。

（1）数据的真实性。这是指发票的真假鉴别，检验单、入库单的真假识别等。

（2）单据的匹配性。这是指付款申请单、合同、发票、物品检验单、物品入库单在合同编号、物品名称、数量、单价、总价、供应商等项目上的填写一致性及正确性。

（3）单据的规范性。特别是发票、付款申请单，要求格式标准统一，描述清楚。

4．资金平衡

在企业的采购过程中，企业必须合理利用资金，要综合考虑物品的重要性、供应商的付款周期等因素，从而确定付款顺序。对于不能及时付款的物品，要与供应商进行充分沟通，以征得供应商的谅解和同意。

5．向供应商付款

企业财务部门在接到付款申请单及通知后便可向供应商付款，并提醒其注意收款。

思考题

一、判断题

（1）对于交货验收的地点，一般以合同指定地点为主。若预订交货地点因故不能使用，需移转他处办理验收工作时，采购人员应事先通知供应商。（　　）

（2）一般的验货地点可以是指定仓库或交货地点、供应商生产地、采购商使用地点。（　　）

（3）一般在交货时由供应商列具交货清单，一式若干份，在交货前若干天送达采购企业。（　　）

（4）汇票的当事人一般包括出票人、付款人和收款人。汇票对收款人的资格一般会加以限制。（　　）

（5）现金支票只能用于支取现金；转账支票只能用于转账。（　　）

二、单选题

（1）所购物料、货品能以一般度量器具按合同规定的数量予以称量点数的验收方法是（　　）。

A．目视验收　　B．技术验收

C．试验验收　　D．抽样检验法

（2）由于市场竞争激烈，对本地供应商的付款绝大多数都采用月结方式，并且付款期限也越来越长，但一般不超过（　　）天。

A．45　　B．50

C．60　　D．90

（3）汇票按信用性质不同可分为（　　）。

A．银行汇票、商业汇票　　B．跟单汇票、光票

C．记名式汇票、无记名式汇票与指示汇票　　D．远期汇票、即期汇票

（4）本票自出票日起，付款期最长不得超过（　　）。

A．1个月　　B．45天

C．2个月　　D．90天

（5）（ ）是汇款人向银行提出申请，同时交存一定金额及手续费，汇出行将信汇委托书以邮寄方式寄给汇入行，授权汇入行向收款人解付一定金额的汇兑结算方式。

A．电汇　　B．信汇
C．异地托收承付　　D．委托银行收款

三、填空题

（1）对于通过验收的货品，采购人员应及时加以_______，以易于与未验收的同类物品有所区别，更便于查明验收经过及时间。

（2）到货验收完毕后，采购人员应及时给供应商出具__________。

（3）企业向供应商付款通常有________、_________、月结30天（60天或90天）等几种方式。

（4）_________是一种支付命令。它是由出票人签发的，委托付款人在见票时或指定日期无条件支付一定金额给收款人或持票人的票据。

（5）_________是由银行及一些饭店、旅馆和其他专门机构发给私人使用的短期消费信贷凭证。

四、简答题

（1）如何组织货物的验收工作？
（2）论述物料的验收方法。
（3）阐述采购货款结算的流程。
（4）简述货款结算方式。
（5）阐述付款操作步骤。

技能实训

收货与结算

实训目的：

加深学生对采购货款结算步骤、货款结算具体操作方法的理解，使其具备在货款结算中填写常用单据的能力。

实训组织：

（1）本着自愿原则，学生5人一组，每组设组长一名，由组长分工及协调实训小组的实训任务，并带领大家完成实训任务。

（2）实训以场景模拟为主，同时通过互联网、查阅图书等方式收集资料，辅助实训任务的完成。

实训项目：

（1）实训地点：教室。

（2）实训方式：每组成员扮演不同的角色，模拟票据；供采双方核对采购合同和实际验收数量等单据，并确定付款方式；采购部人员与财务部核准数量，签发票据；采购部人员及时将票据等有关文件交与银行或供货商，供货商收取货款。完成企业采购货款结算的整个流程。

（3）角色扮演：每组成员分饰银行、供应商、企业采购部门及财务部门（每部分均有负责人），小组各成员相互调换角色训练。

（4）目的：完成企业采购部门货款结算流程。

（5）评估：小组各成员相互评价，老师点评。

实训要求：

（1）明确小组内成员之间的分工，尽可能调动所有成员的参与积极性，达到实训的效果。

（2）结合教材内容，模拟实际。

（3）收集资料，全面了解所需要的各种信息，组织企业采购部门货款结算流程。

（4）说明采购货款结算的流程、内容、结果。

（5）说明各自采用了什么样的付款方式。

实训成果：

（1）撰写采购谈判实训报告。

（2）将实训报告做成 PPT，各组选派一人进行陈述。

实训考核：

（1）实训过程中职业素养是否得到体现。

（2）小组分工是否明确和均衡，小组成员的能力是否得到充分的发挥。

（3）实训方法选择是否得当，操作是否规范。

（4）小组实训报告思路是否清晰，内容是否充实，重点是否突出。

项目 10 采购绩效评估

工作领域技能需求

（1）作为采购部门的主管/经理，应该能够了解采购绩效评估的含义，制定采购绩效评估的原则，制定采购绩效评估的流程和指标体系，选择合适的采购绩效评估方法。

（2）作为采购部门的一员，应该能够了解采购绩效评估的意义，并且配合进行采购绩效的评估。

学习领域知识供应

（1）采购绩效评估概述：采购绩效评估的含义及原则、采购绩效评估的目的、采购绩效评估的方法、采购绩效评估存在的问题。

（2）采购绩效评估的实施：采购人员绩效评估的流程、采购绩效评估的指标、采购绩效评估的流程。

学习建议

（1）学生角色扮演采购主管对采购绩效进行评估。

（2）实地调研一家企业，详细了解该企业采购部门是如何实施采购绩效评估的。

案例导入

西门子评价供应商的 15 条原则

（1）寻找行业内最好的供应商，在技术成本和产量规模上领先。

（2）所选定的供应商必须把西门子列为最重要的顾客之一，这样才能保证服务水平和原料的可得性。

（3）供应商必须有足够的资金能力保持快速增长。

（4）每个产品至少由2~3个供应商供货，避免供货风险，保持良性竞争。

（5）每个原材料的供应商数目不宜超过3个，避免过度竞争导致关系恶化。

（6）供应商的经营成本每年必须有一定幅度的降低并为此制度化。

（7）供应商的订货份额取决于总成本分析（价格+质量+物流等服务），成本越高，订单份额就越少。

（8）新供应商可以在平等条件下加入西门子的E-Biding系统，以得到成为合格供应商的机会。

（9）当需要寻找新的供应商时，西门子会进行市场研究以找到合适的备选供应商。

（10）对潜在供应商要综合考察其财务能力、技术背景、质量体系、生产流程、生产能力等因素。

（11）合格的供应商将参与研发或加入高级采购工程部门的设计。

（12）先通过试生产流程的审核来证明供应商能否按西门子的流程要求生产符合西门子质量要求的产品。

（13）然后通过较大规模的试生产，确保供应商达到六西格玛质量标准及质量和生产流程的稳定性。

（14）如果大规模生产非常顺利，就进一步设立衡量系统（包括质量水平和服务表现）；如果不能达到关键服务指标，西门子就会对供应商进行“再教育”。

（15）当西门子的采购策略有变化时，如果供应商的总成本或服务水平低于西门子的要求，供应商的供应资格就可能被取消。

资料来源：http://www.szrc.net.cn/aspcgi/display/dot/shownews3.asp?newsid=1138.

想一想：

西门子对供应商的评价制度对企业开展供应商评价有哪些启示？

10.1 采购绩效评估概述

10.1.1 采购绩效评估的含义及原则

1. 采购绩效评估的含义

评估即评价估量，就其本义而言，是指评论估量货物的价格，现在泛指衡量人物、事物的作用和价值。绩效即功绩、功效，也指完成某件事的效益和业绩。采购绩效就是指采购效益和采购业绩，是采购产出与相应的投入之间的对比关系，它是对采购效率进行的全面整体的评价。

采购绩效评估是指通过建立科学、合理的评估指标体系，全面反映和评估采购政策功能目标和经济有效性目标实现程序的过程。

2．采购绩效评估的原则

（1）持续性。评估必须持续进行，要定期地检查目标达成的程度，当采购人员知道会定期被评估绩效时，自然能够致力于绩效的提升。

（2）整体性。必须以企业整体目标的观点来进行绩效评估。

（3）开放性。采购作业的绩效会受到各种外来因素的影响。评估时，不但要衡量绩效，也要了解各种外来因素所产生的影响。

（4）评估尺度。评估时，可以使用过去的绩效为尺度，也可将其作为评估的基础，还可以与其他企业采购绩效比较的方式来进行评估。

10.1.2　采购绩效评估的目的

许多企业与机构到现在仍然把采购人员看作“行政人员”，对他们的工作绩效还是以“工作品质”“工作能力”“工作知识”“工作量”“合作”“勤勉”等一般性的项目来考核，使采购人员的专业技能与绩效未受到应有的尊重与公正的评量。实际上，若能对采购工作做好绩效评估，通常可以达到下列目的。

1．确保采购目标的实现

各企业的采购目标互有不同。例如，政府采购的采购单位偏重“防弊”，采购作业以“如期”“如质”“如量”为目标；而民营企业的采购单位则注重“兴利”。采购工作除了维持正常的产销活动外，非常注重产销成本的降低。因此，各企业可以针对采购单位所应追求的主要目标加以评估，并督促它的实现。

2．提供改进绩效的依据

绩效评估制度可以提供客观的标准，用以衡量采购目标是否达成，也可以确定采购部门目前的工作表现。正确的绩效评估有助于指出采购作业的缺失所在，从而据以拟订改善措施，收到“检讨过去、勉励将来”之效。

3．作为个人或部门奖惩的参考

良好的绩效评估方法能将采购部门的绩效独立于其他部门而凸显出来，并反映采购人员的个人表现，作为各种人事考核的参考资料。依据客观的绩效评估，实行公正的奖惩，可以激励采购人员不断进步，发挥团队合作精神，使整个部门发挥合作效能。

4．协助甄选人员与训练

根据绩效评估结果，可针对现有采购人员的工作能力缺陷拟订改进的计划，如安排参加专业性的教育训练。若发现整个部门缺乏某种特殊人才，则可另行由公司内部甄选或向外界招募。

5. 促进部门关系

采购部门的绩效受其他部门能否配合的影响非常大，故采购部门的职责是否明确，表单、流程是否简单、合理，付款条件及交货方式是否符合公司的管理制度，各部门的目标是否一致等，均可通过绩效评估而予以判定，并可以改善部门间的合作关系，增进企业整体的运作效率。

6. 提高人员的士气

有效且公平的绩效评估制度将使采购人员的努力成果获得适当的回馈与认定。采购人员通过绩效评估，将与业务人员或财务人员一样，对公司的利润贡献有客观的衡量尺度，成为受到肯定的工作伙伴，对其士气的提升大有帮助。

10.1.3 采购绩效评估的方法

采购绩效评估方法直接影响评估计划的成效和评估结果的正确与否。常用的评估方法有以下 3 种。

1. 直接排序法

在直接排序法中，主管按照绩效表现从好到坏的顺序依次给员工排序，这种绩效表现既可以是整体绩效，也可以是某项特定工作的绩效。

2. 两两比较法

两两比较法是指在某一绩效标准的基础上把一个员工与其他员工相比较来判断谁“更好”，记录每个员工和任何其他员工比较时认为“更好”的次数，根据次数的多少给员工排序。

3. 等级分配法

等级分配法由评估小组或主管先拟订有关的评估项目，按评估项目对员工绩效做出粗略的安排。

10.1.4 采购绩效评估容易出现的问题

实际上，每个公司的考评体系中都或多或少地存在一些易出现的问题。

1. 关注短期的考评标准

很多中小型企业存在关注短期标准和数据的问题。它们收集的典型数据是财务和运营数据。在采购活动中，这意味着对工作负荷和采购活动的短期关注，而忽视了长期或战略考评标准。这种问题经常出现却又很容易被忽略。

2. 绩效考评指标过多或错误

绩效考评指标过多是拥有独立的考评系统的公司最常见的问题。第二个更严重的问题是管理者关心的那些绩效考评指标通常是错误的。对标准的选择一般是按惯例或认为这些标准与成功相关，而实际上可能根本不是这样的。事实上，管理者遵循的考评标准有时可能与其他单位或自己部门领域运用的标准有冲突。一个基本规则就是没有员工能监控 12 项以上的标准，尤其是其中一半是重要标准，因此制定的标准不能过多。

3. 缺少细节

有时报告的数据太简洁以至于信息变得毫无意义。例如，一份关于一季度周期供应商质量的评估报告可能就缺乏细节。采购主管想知道供应商存在的典型缺陷类型是哪些，哪些缺陷使采购方承担成本，以及一段时间内供应商的绩效质量。

例如，一个汽车零部件的主要区域性分销中心的运营经理收到了一个季度以来客户针对分销中心质量问题提出的索赔，他收到的标准必须包括如下细节。

1）发生的问题类型（错误零部件分拣、损坏、缺货和丢失等）。

2）哪些客户对质量提出了索赔。

3）哪些员工对质量失误负责。

4）对该中心进行质量索赔的总成本。

5）符合质量标准的零部件数量。

在报告中，只有包括这些细节性的问题，管理者才能凭借这些信息采取解决分销中心质量问题的行动。

4. 过程考评和结果考评的混用

实施过程考评的问题是无法保证行为一定能产生所要求的结果。例如，追查整个公司合同采购数量的过程考评变得日益普遍，但是更好的考评标准是追查由大的公司合同带来的总节省。另一个过程考评的例子是每季度商品团队召开会议的次数，更好的标准是追查由团队行为所带来的绩效结果。尽管经常有很多实施过程考评的标准，但是只有与最终成果有关的衡量标准才有意义。

5. 不正确的绩效标准导致错误行为

遗憾的是，很多标准所导致的企业行为不是预想的或必需的。如果采购方以采购订单数量作为衡量标准，那么他们将在供应商处将订单分为几部分，以尽可能多地生成采购订单。

10.2 采购绩效评估的实施

10.2.1 采购绩效评估的流程

采购管理绩效评估流程和采购人员绩效评估流程分别如图 10-1 和图 10-2 所示，具体内容阐述如下。

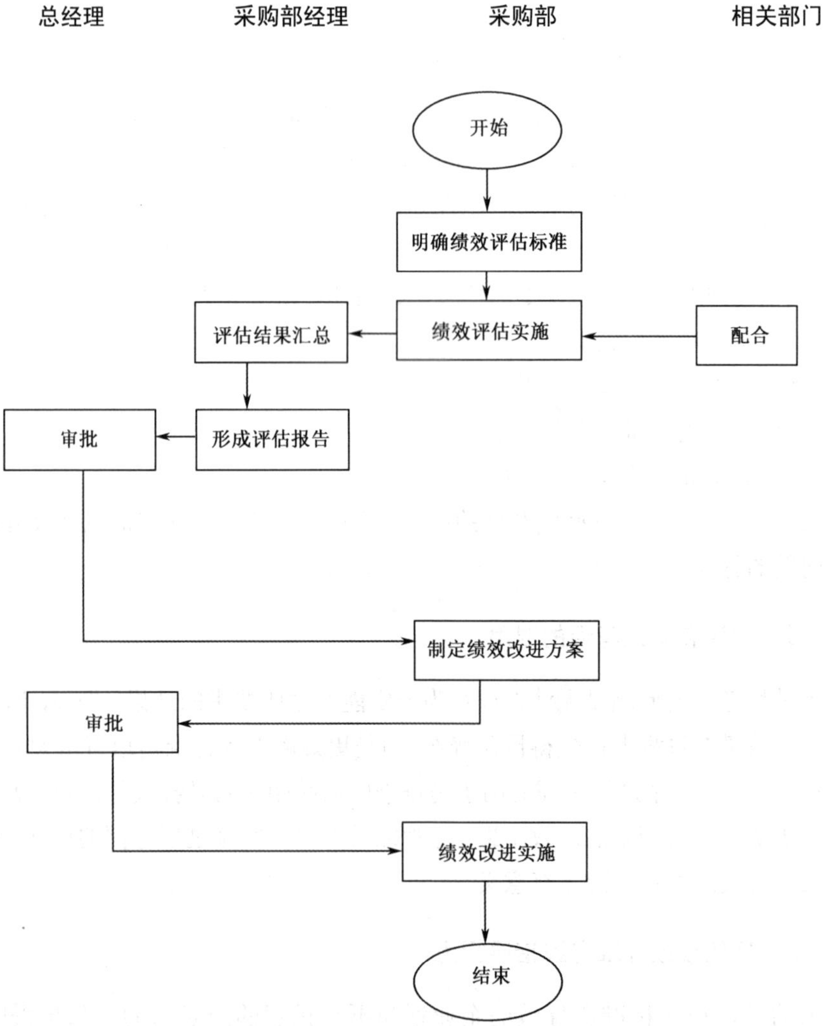

图 10-1 采购管理绩效评估流程

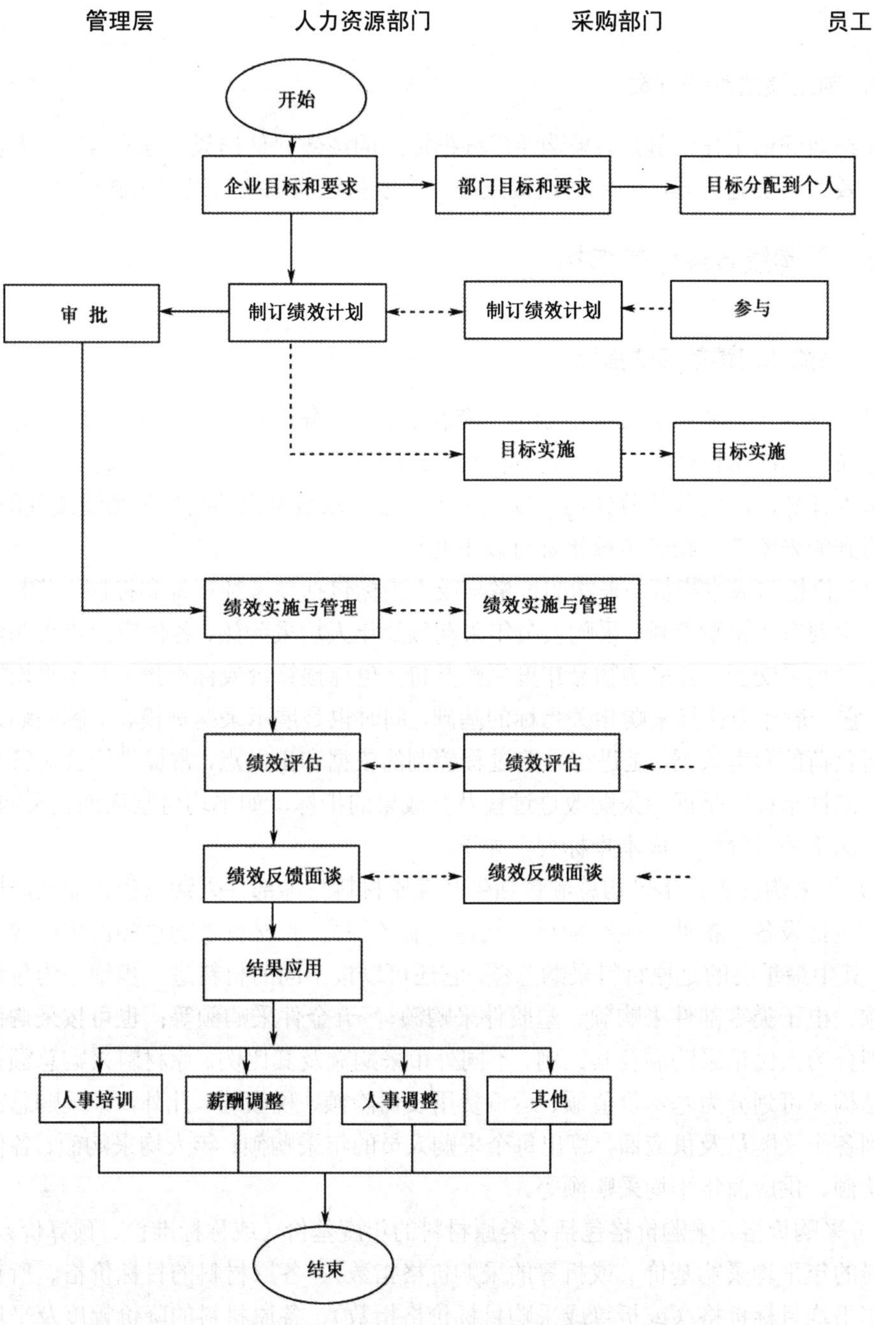

图 10-2　采购人员绩效评估流程

1. 明确绩效评估标准

在对采购部门的工作绩效进行评估前，需要准确了解采购工作绩效评估标准和方法。主要依据采购组织绩效指标体系评估采购工作绩效，它的主要内容包括采购计划完成率、库存周转率、采购成本、来料合格率、采购周期、新开发供应商的个数等。

2. 绩效评估实施

由采购部门的经理根据确定的评估标准，在相关部门的配合下，组织本部门开展绩效评估工作。

3．制定绩效改进方案

在绩效评估工作实施后，采购经理根据汇总的绩效评估结果，与采购部门人员共同制定绩效改进实施方案，制定的绩效改进方案报总经理审批后组织实施。

10.2.2 采购绩效评估的指标

1．采购部门绩效评估指标

采购绩效评估考核的关键是制定一套客观的、充分反映采购人员绩效的、对考核对象有导向作用的指标体系。采购人员在其工作职责上，必须完成适时、适量、适价及适地等基本任务，因此其绩效评估应以任务为中心，以数量化的指标为衡量绩效的尺度。通常用到的采购部门绩效考核指标有以下几种。

（1）价格与成本指标。采购的价格与成本指标包括参考性指标和控制性指标。参考性指标主要有年采购总额、采购人员年采购额及年人均采购额、各供应商年采购额及供应商年平均采购额、各采购物品年度采购基价（也称预算价或标准价）及年平均采购基价等。它一般作为计算采购相关指标的基础，同时也是展示采购规模、了解采购人员及供应商负荷的参考依据，是进行采购过程控制的依据和出发点，常提供给公司管理层参考。控制性指标则是展示采购改进过程及其成果的指标，如平均付款周期、采购降价、本地化比率等。价格与成本指标列举如下。

1）年采购总额。年采购总额包括生产性原材料与零部件采购总额、非生产性采购总额（包括设备、备件、生产辅料、软件、服务等）、原材料采购总额占生产成本的比例等。其中最重要的是原材料采购总额，它还可以按不同的材料进一步细分为包装材料采购额、电子类零部件采购额、塑胶件采购额、 五金件采购额等；也可按采购付款的币种细分为人民币采购额及其比例、不同外币采购额及其比例。原材料采购总额按采购成本结构又可划分为基本价值额、运输费用及保险额、税额等。此外，年采购总额还可分解到各个采购员及供应商，算出每个采购人员的年采购额、年人均采购额、各供应商年采购额、供应商年平均采购额等。

2）采购价格。采购价格包括各类原材料的年度基价（或称标准价、预算价）、所有原材料的年平均采购基价（或折算的采购价格指数）、各原材料的目标价格、所有原材料的年平均目标价格（或折算成采购目标价格指数）、各原材料的降价幅度及平均降价幅度、降价总金额、各供应商的降价目标（降价比例金额）、本地化目标（金额与比例）、与兄弟公司联合采购额及比例（尤其适用于大型工业集团、跨国公司、下属企业）、联合采购的降价幅度等。

（2）质量指标。质量指标主要是指供应商的质量水平及供应商所提供的产品或服务的质量表现，它包括来料质量、供应商质量体系等方面。

1）来料质量。来料质量包括批发质量合格率、来料抽检缺陷率、来料在线报废率、来料免检率、来料返工率、退货率、对供应商投诉率及处理时间等。

2）供应商质量体系。质量体系包括通过 ISO 国际质量体系认证的供应商比例、实行来料质量免检的物品比例、来料免检的供应商比例、来料免检的价值比例、开展专项质量改进的供应商数目及比例、参与本公司质量改进小组的供应商人数及供应商比例等。

（3）企划指标。企划指标是指供应商在接收订单过程、交货过程中的表现及其运作水平。该指标包括订单与交货、企划系统等。

1）订单与交货。订单与交货包括各供应商及所有供应商平均的准时交货率、首次交货周期、正常供货的交货周期、交货频率、交货数量的准确率、订单变化接受率、季节性变化接受率、订单确认时间、交货运输时间、平均报关时间、平均收货时间、平均退货时间、退货后补货的时间等。

2）企划系统。企划系统包括供应商采用企划系统的程度、实行“即时供应”的供应商数目与比例、原材料的库存量（或库存周期）、使用周转包装材料的程度与供应商数量、订单数量、平均订货量、最小订购数量等。

（4）其他采购效果指标。其他与采购及供应商表现相关的指标有供应商总体水平、技术与支持、综合指标及参与产品或业务开支等方面的指标。

1）技术与支持。技术与支持包括采用计算机系统处理行政事务及采用电子邮件联系处理业务的供应商数目、采用电子商务的供应商数量、参与本公司产品开发和工艺开发的供应商数量及程度、能用英文直接沟通的供应商数量等。

2）综合指标。综合指标包括供应商总数、采购的物品种数及项目数、供应商平均供应的物品项目数、通过 ISO 国际质量体系认证的供应商数目、独家供应的供应商数目及比例、伙伴型供应商及优先型供应商的数目及比例等。

2. 采购员绩效评估指标

采购员绩效评估指标和采购主管绩效评估指标如表 10-1 和表 10-2 所示。

表 10-1 采购员绩效评估指标

姓名： 总得分：

项目及考核内容		评估要求与说明	等级	标准	评分
工作任务（70%）	采购订单及时性	接到采购计划单后，按轻重缓急合理制订采购计划，落实相关库存，按采购计划进度完成物资采购	优秀	10	
			良好	7～9	
			差	0～6	
	原材料到货及时性	对采购单上的各种材料、设备进行准确及时的采购，确保所需材料按期到货	优秀	10	
			良好	7～9	
			差	0～6	
	供货产品质量合格率	确保所购商品质量、数量正确无误，对不符合验收手续的商品及时与供应商联系，办理更换等后续事宜	优秀	10	
			良好	7～9	
			差	0～6	
	采购入库手续与台账	及时办理采购物料验收入库手续，准确录入采购物料入库的相关单据	优秀	9～10	
			良好	7～8	
			差	0～6	

续表

项目及考核内容		评估要求与说明	等级	标准	评分
工作任务（70%）	采购发票的报账	按公司规定按时取得采购物料发票及附件并传递到财务部，不得延迟	优秀	10	
			良好	7～9	
			差	0～6	
	应付账款的准确性、及时性	与财务部沟通，按合同金额办款，不定期与财务部和供应商核对应付账款，为保证公司信誉，应付账款要做到准确性和及时性	优秀	10	
			良好	7～9	
			差	0～6	
	采购管理及业务知识和经验水平	全面掌握采购管理的相关知识，熟悉采购流程、采购原材料的特性，具有较强的分析和判断能力，充分掌握原材料市场中价格和货源信息	优秀	10	
			良好	7～9	
			差	0～6	
工作态度（17%）	人员沟通	有互相尊重的意识和观念，具有良好的沟通能力，善于上下沟通平衡协调，能自动自发与人合作	优秀	4	
			良好	3	
			差	0～2	
	工作责任感	有强烈的工作责任感和责任意识，对自己的分管工作负责，能自觉主动地完成自身及上级交付的工作，不推托，不被动工作，不总因为工作而被人催促，能彻底完成任务，领导可放心交代工作	优秀	5	
			良好	4	
			差	0～3	
	工作品行	品德廉洁，言行诚信，立场坚定，在采购过程中，不收受任何供应商的赠送与餐请，所有采购行为都应以公司利益为重	优秀	5	
			良好	4	
			差	0～3	
	劳动纪律公司制度	按时上下班，不无故离岗，不发生脱岗行为，遵守公司的相关制度与法律法规	优秀	3	
			良好	2	
			差	0～1	
工作能力（13%）	专业知识水平	全面掌握本岗位所需的专业知识	优秀	4	
			良好	3	
			差	0～2	
	谈判能力	有一定的谈判技巧	优秀	5	
			良好	4	
			差	0～3	
	语言表达能力	语言清晰、有条理	优秀	4	
			良好	3	
			差	0～2	

表 10-2　采购主管绩效评估指标

姓名：　　　　　　　　　　　　　　　　　　　　　　　　　　　　　　　　　　　　　总得分：

考核指标	绩效目标	评估标准	指标权重	结果
周工作计划完成率	每周规定时间内实际完成计划任务数/规定时间内应完成计划任务数×100%	4个周工作计划完成率的算术平均值达到 90%以上，每低于10%扣 5 分	10	
部门月度重要工作（临时）完成率	规定时间内完成件数（或百分比）/规定时间内应完成的件数（或百分比）×100%	完成率达 95%以上，每低于5%扣 5 分	10	
每周工作计划及时性	每周工作计划及工作总结及时提交，计划及总结按规定时间提交，明显重要工作计划没有遗漏	每周工作计划及总结迟于规定时间提交的，迟于一日或将重要工作遗漏未纳入计划的，出现迟交或遗漏一项的扣 5 分	5	
做好询价比价议价书	每月按时提交询价对象记录，拟订议价底价及采购条件	未做询价记录或未拟订议价书的，或者未及时提交的，分别扣 5 分	5	
供应商管理	健全供应商资信档案，做好供应商评估及索样工作，及时提交采购议价书，按要约和承诺条件签订采购合同	供应商资信档案应齐全、真实，出现不全或失实的，或者未向供应商索样或索取检验报告的，或者在订立采购合同前未提交采购议价书的，或者违反要约和承诺签订采购合同的，分别扣 5 分	5	
采购档案管理	收集整理供应商资料（订购单、要约、承诺、反要约的函件、合同、资信资料等），并及时归档，便于查找，建立电子和纸质的档案管理体系	与供应商发生交易后 5 日内上述资料未归档的，或者归档资料不完整的，或者相关资料遗失一份的，分别扣 5 分	5	
采购计划完成率	当期采购实际完成数/当期采购计划完成数×100%，完成率控制在 90%以上	完成率每低于 5 个百分点的扣 2 分，未达标但未延误发货的扣 0.5 分	10	
采购成本降低率	（上期采购成本-本期采购成本）/上期采购成本×100%，成本控制在持平或下浮 3%以内	成本应当比去年同期（月份）相比持平或下浮 3%，每高于 1%扣 0.5 分	10	
供应商一次交检合格率	当期一次交货合格次数（件、台）/当期交货总次数（件、台）×100%，交检合格率在 95%以上	交检率每低于 2 个百分点，扣2 分	10	
供应商履约率	履约合同数/订单合同总数×100%，履约率确保在 95%以上	履约率低于 95%的，每低于 2 个百分点扣 2 分，低于 5 个百分点扣 5 分	10	
订货差错数	数量及质量有问题的订货金额/采购总金额×100%，差错率为 0	差错率每出现 1 个百分点扣 2 分，以此类推	10	
采购材料到货率	单次采购实际到货量/单次采购应到货量×100%，到货率控制在95%以上	到货率每低于 2 个百分点扣 2 分，以此类推	10	

10.2.3 采购绩效评估的实施

制定采购绩效评估指标后接着就要付诸实施，另外还需要注意许多其他方面的因素。尽管采购的定义很简单，但是如果采购不能为企业内外的不同利益相关者展示他们期望的成果，那么评价采购的绩效将是毫无意义的。在实践中，采购绩效的评估通常可以按以下步骤进行。

1. 明确采购绩效评估的原则

采购绩效评估工作还应注意其关键原则：一是要选择合适的衡量指标，并将其明确、量化；二是绩效指标要合理，既要顾及顾客的需求，又要和本企业的目标保持一致。

2. 了解采购绩效考核与评估的流程

采购绩效评估可通过自我评估、内审、管理评审等方式进行。评估审核一般根据事先定好的评估标准或表格进行，对照实际表现逐项检查打分，依据实际得分找出最高水平及薄弱环节，并据此改进。

3. 确定采购绩效评估的指标

采购绩效考核与评估的关键是制定一套客观的、充分体现采购人员绩效的、对考核对象具有导向作用的指标体系。具体体系在前文中已做详细阐述。

4. 确定采购绩效评估的标准

为每项指标建立相应的绩效标准也是十分重要的，如果制定的标准不可能完成会打消人们的积极性，太容易达到又不能激发人们的潜能，因此，好的绩效评估标准一定要适度。绩效测量标准必须是现实的，能够反映企业内外部的实际情况，这意味着标准是具有挑战性的，并且是经过刻苦努力可以实现的。采购绩效测量标准通常有四种设定方法。

（1）历史绩效。选择公司历史绩效作为评估目前绩效的基础，是相当正确、有效的做法。但是，只有当公司的采购部门，在组织、职责或人员等方面均没有重大变动的情况下，才适合使用此项标准。由于现在公司的发展变化都比较快，历史绩效标准往往要经过适当调整后才可以更好地被应用。

（2）预算标准。根据公司历史数据对下一年度发展进行规划，包括预算基本信息表、可行性报告和相关附件。数据资料可以参照往年标准，并对未来进行规划。

（3）行业平均绩效。如果其他同行业公司在采购组织、职责及人员等方面与本企业相似，则可与其绩效进行比较，以辨别彼此在采购工作成就上的优劣。数据资料既可以使用个别公司的相关采购结果，也可以应用整个行业绩效的平均标准。

（4）目标绩效。预算或标准绩效代表在现有情况下应该可以达成的工作绩效；而目标绩效则是在现有情况下不经过一番特别的努力就无法完成的较高境界。目标绩效代表公司管理人员对工作人员追求最佳绩效的“期望值”。一般来说，目标绩效的制定有助于鼓舞相关人员的士气。目标绩效的确定要有一定的挑战性，但千万不能高不可攀。

5. 实施采购绩效评估

在设立采购绩效考核指标和标准的同时，要考虑如何实施采购绩效考核与评估，这就要求解决好如下问题。

（1）采购绩效考核与采购人员评估。在实际工作中，可以选择采购部门主管、财务会计部门、生产部门、供应商、高校教师（或管理顾问）这几类人员参与评估。

（2）采购绩效考核与评估方式。越来越多的企业管理者认识到采购部门在整个企业中发挥的巨大作用，尤其是一个配备了有能力的雇员和恰当组织的采购部门。定期合理地评估采购部门的绩效可以节省费用，直接增加企业利润。采购人员工作绩效的评估方式，可以分为定期评估和不定期评估两种。

1）定期评估。定期评估是配合公司年度人事考核制度进行的。一般而言，如果能以目标管理的方式，也就是从各种工作绩效指标中选择年度重要性比较高的项目中的几个定位绩效目标，年终按实际达到的程度加以考核，那么一定能够提升个人或部门的采购绩效。并且，这种方法因为摒除了“人”的抽象因素，以“事”的具体成就为考核重点，所以比较客观、公正。

2）不定期评估。不定期绩效评估是以专案的方式进行的。例如，公司要求某项特定产品的采购成本降低 10%。设定期限一到，评估实际的成果是否高于或低于 10%，并就此成果给予采购人员适当的奖励或处分。此种评估方法对采购人员的士气有巨大的提升作用。此种不定期的绩效评估方式，特别适用于新产品开发计划、资本支出预算、成本降低的专案。

思考题

一、判断题

（1）采购绩效评估是评论估量货物的价格。（　）

（2）采购人员也是行政人员。（　）

（3）两两比较法指在某一绩效标准的基础上把一个员工与其他员工进行比较来判断谁“更好”，记录每个员工和任何其他员工比较时认为“更好”的次数，根据次数的多少给员工排序。（　）

（4）目标绩效的确定要有一定的挑战性，越高越能鼓舞士气。（　）

（5）绩效指标要合理，既要顾及顾客的需求，又要和本企业的目标保持一致。（　）

二、单选题

（1）下列（　）不是采购绩效评估的原则。

A. 持续性原则　　B. 整体性原则

C. 开放性原则　　D. 保密性原则

（2）下列（　　）不属于采购的价格与成本指标。

A．平均付款周期　　B．采购降价

C．采购人员年采购额　　D．本地化比率

（3）来料质量不包括（　　）。

A．批发质量合格率　　B．来料抽检合格率

C．来料在线报废率　　D．对供应商投诉率

（4）不定期的绩效评估方式不适用于（　　）的专案。

A．新产品开发计划　　B．目标管理

C．资本支出预算　　D．成本降低

（5）采购绩效考核与采购人员评估工作，在实际工作中，一般不选择（　　）参与评估。

A．采购部门主管　　B．财务会计部门

C．供应商　　D．人事主管部门

三、填空题

（1）采购作业的绩效会受到各种外来因素的影响，这就要求采购作业的绩效评估要遵循__________的原则。

（2）选择公司________作为评估目前绩效的基础，是相当正确、有效的做法。

（3）采购绩效评估可通过_________、_________、_________等方式进行。

（4）采购的价格与成本指标包括________和________。

（5）采购工作绩效评估标准的内容包括_______、_______、_______、_______、和_________、__________、等。

四、简答题

（1）采购绩效评估应遵循什么原则？

（2）采购绩效评估的目的是什么？

（3）采购绩效评估的流程是什么？

（4）采购绩效评估主要有哪些指标？

（5）如何对采购人员绩效进行评估？

技能实训

采购主管角色扮演

实训目的：

（1）加深学生对采购绩效评估的理解。

（2）了解采购绩效评估在企业运营中的价值。

（3）理解采购绩效评估的步骤。
（4）理解采购绩效考核指标。
（5）培养学生的团队合作精神，增强归纳分析及与人沟通能力。

实训组织：

本着自愿原则，学生 5 人一组，每组设组长一名，由组长分工及协调实训小组的实训任务，并带领大家完成实训任务。

实训项目：

采购实训室、采购工作沙盘模拟、会议室、录像器材、联网计算机等。

实训要求：

（1）明确小组内成员之间的分工，尽可能调动所有成员的参与积极性，达到实训的效果。
（2）了解调研企业采购部门采购绩效评估的主要指标等相关信息，并做好记录。
（3）小组讨论，整理并统计各成员的发言，以便最后进行比较分析。

实训成果：

（1）小组内讨论，最后选择最佳采购员及最佳合作供应商报告。
（2）本着互惠双赢的原则，小组讨论，依据自己的看法，提出采购工作绩效评估改进措施。

实训考核：

（1）实训过程中职业素养是否得到体现。
（2）小组分工是否明确和均衡，小组成员的能力是否得到充分的发挥。
（3）实训方法选择是否得当，操作是否规范。
（4）小组汇报报告思路是否清晰，内容是否充实，重点是否突出。

项目 11

采购风险管理

工作领域技能需求

（1）作为采购部门的主管/经理，应该能够在采购活动实施的过程中及时识别采购风险，并科学地分析出其出现的原因，采取有效的应对措施进行防控，保证采购活动按计划进行，达到预期的效果。

（2）作为采购部门的一员，应该能够了解采购风险管理的意义，并与其他人员配合进行采购风险的管理。

学习领域知识供应

（1）采购风险管理概述：采购风险的内涵、采购风险的类别和采购风险管理程序等。

（2）采购风险的应对：采购风险的内部控制、采购风险的分散和采购风险的转移等。

学习建议

（1）利用互联网，多收集一些关于采购风险的案例进行案例分析。

（2）实地调研一家企业，详细了解该企业采购管理部门在采购活动实施过程中是如何实施采购风险防控的。

案例导入

某超市，新上市的某品牌洗发香波缺货了，专程前来购买的顾客不得不购买其他品牌的产品。该公司立即召开紧急会议，讨论如何应对。与会者看到该品牌上市仅一周，全国销售量达 40000 箱，已经超过原来两个月市场预测量的总和，市场严重缺货。于是，计划把下周的预测量从 5000 箱提高到 50000 箱，增加到 10 倍。对于这么大的数量，工厂虽然不能立刻生产出来，但抓紧生产，至少可以减少缺货的时间，总比长期缺货好。

工厂计划部经理看到新的预测量目瞪口呆。生产量要增加到 10 倍，而原材料库存最多只能支持1.5倍的生产量。原材料大多是进口的，就算立刻下单，即使供应商仓库有能够支持10倍产量的库存，按照正常情况，运输清关也需要两个月才能完成。并且，下周生产计划已经排满了。然而，工厂的职责就是保证按预测的需求生产，无论如何，也要尽力生产出来。于是，通知采购部门给供应商紧急下单，所有海外材料一律空运，这样运输和清关时间可以缩短到两周，同时，调整两周之后的生产计划，优先保证该品牌的生产。一切都安排妥当之后，计划部经理告诉总部，3周之后可以完成新的计划，建议先制定现有客户的销售配额。

一个月后，产品陆续摆上了各个商店的货架，公司上下都等着喜讯，但是市场出奇的平静，新产品无人问津，甚至还不如其他产品卖得好。最有利的商机转瞬即逝，该公司面临的是不可估量的损失。

想一想：

(1) 该品牌洗发香波的原材料采购存在哪些风险？是怎样造成的？

(2) 如何防范这些风险？

11.1　采购风险管理概述

11.1.1　采购风险的内涵

1. 风险的含义

所谓风险，即某一行动的结果有多种可能而且不确定。企业风险包含两个层面的内容。

（1）风险是事件在未来发生的可能性及其后果的综合，包括风险因素、风险事故和风险损失等要素。风险因素是引起或增加风险事故发生的机会或扩大损失幅度的条件，是风险事故发生的潜在原因；风险事故是指造成风险损失的直接原因，意味着风险的可能性转化成了现实；风险损失是风险事故所带来的物质上、行为上、关系上和心理上的实际和潜在的利益丧失。

（2）风险与机遇如硬币的两面，二者在数量及性质上是正比例的辩证统一关系，机遇蕴含于得到有效管理的风险之中。企业风险管理，是指企业在充分认识所面临风险的基础上，采用适当的手段和方法，予以防范、控制和处理，以最低成本确保企业经营目标实现的管理过程。

2. 采购风险的含义

采购风险是企业所面临的风险之一，指在采购过程中由于各种意外情况的出现，使采购的实际结果与预期目标相偏离的程度和可能性，包括人为风险、经济风险和自然风险。具体来说，如采购预测不准导致物料难以满足生产要求或超出预算，供应商群体产能下降导致供应不及时、货物不符合订单要求，呆滞物料增加，采购人员工作失误，供应商之间存在不诚实甚至违法行为，这些情况都会影响供应预期目标的实现。

资料 11-1 政府采购执行存在四大风险

11.1.2 采购风险的类别

采购过程包括采购计划、采购预算、供应商选择、采购价格管理、合同签订与执行、物资验收、付款结算、成本核算等诸多环节，各个环节由于受各种因素的影响，存在不同的采购风险。

1. 增支风险

在采购过程中有各种增加支出因素的存在，使得完成一项采购活动所需的最终采购支出比预期的采购支出有所增加。采购面临增加支出的风险，主要因素有：

（1）采购计划不合理。编制的采购计划不合理，使采购过程中缺乏合理的依据，还可能使企业为了满足临时性的生产需要而进行紧急采购，进而导致采购支出增加。

（2）采购预算编制不合理。采购预算编制不合理，导致采购实际成本超过预期的采购支出，使采购面临着增支风险或采购过程资金短缺的风险。

（3）未按采购预算执行。采购人员未按预算管理制度、流程准确执行，使得采购预算形同虚设，相关表单工具也未得到正确使用，导致采购面临着增支风险。

（4）采购价格上涨。由于市场形势发生突变，或者对原材料的上涨缺乏预期，使企业采购成本突然增加，从而使企业面临采购增支风险。

（5）采购物资的数量增加。物资管理不当使仓库物资变质或者损坏，或生产需求增加等原因，导致企业需紧急增加采购物资的数量，从而产生采购增支的风险。

2. 延迟交货风险

延迟交货指供应商没有严格按照合同所规定的时间完成交货任务，而是在合同规定的交货期之后才履行交货义务。延迟交货与以下因素有关：

（1）供应商管理水平。由于供应商在生产要素的组织管理等方面存在不足或决策失误，使交货日期迟于采购合同所要求的交货期。

（2）原材料控制因素。供应商在签订合同之前，忘记预估、错误估算或不估算原材料的状况，导致原材料不能及时到位，就会存在采购物资不能及时交付的风险。

（3）供应商技术水平。供应商接单之前未对技术水平进行正确评估，在订单生产时才发现材料、模具、设备不能满足生产需求，造成问题无法解决而影响交货期。

（4）物资运输。供应商对物资运输时间估算错误，或物资在运输过程中出现突发事件等，都可能存在延期交货风险。

（5）不可抗力。由于发生了供应商无法预见、无法预防、无法避免和无法控制的事件，以致不能履行或不能如期履行合同，造成延迟交货风险。

3. 质量不符风险

质量不符是指供应商提供的物资质量不符合采购企业质量的标准或采购合同的要求，物资质量不符存在的风险取决于供应商，同时也取决于企业内部控制程度。

（1）供货质量。由于供应商提供的物资质量不符合要求，导致加工产品未达到质量标准，给企业在经济、技术、人身安全、企业声誉等方面造成损害。

（2）验收人员。物资验收人员对物资的质量验收工作不重视，或技术不强，对质量检验工作和基本理论知识理解不到位等情况，都有能造成物资质量低下。

（3）验收工具。采购物资检验仪器的操作方法不当或检测设备失效，引起物资质量误判，造成质量不符合企业要求。

（4）验收方法。未按规定的检验流程和操作规程进行物资检测，使物资检验不及时、不准确，导致不合格品混入仓库，造成物资质量不符合标准的风险。

（5）验收标识。对不合格的物资未进行标识，或物资标识与实际不符，导致不合格品混入仓库，造成物资质量不符合标准的风险。

4. 合同风险

合同风险指因为供应商和采购方的各种原因，导致采购合同无法正常履行给企业造成损失的风险。影响合同风险的因素主要包括采购人员的知识结构、供应商的履约能力、合同的内容等。具体原因有以下几点。

（1）合同知识缺乏。采购人员对采购合同和相关法律法规不熟悉，导致无法识别采购合同中存在的风险，无法有效利用合同条款规避风险。

（2）合同范本紊乱。采购人员所签订的合同未以范本为准，使合同的内容不规范、不完善、不合理，导致合同产生法律纠纷的风险。

（3）合同主体。供应商通过虚假的合同主体身份与采购人员订立合同，或以伪造、假冒、作废的证件作为合同主体证明，容易造成合同无效的风险。

（4）合同条款。采购合同不合法可能被认定无效，采购合同条款约定不明确或表述不严谨，可能影响合同履行，引发纠纷。

（5）合同更改确认。供应商替换合同内容或提供的合同与谈判达成的内容不一致，而双方也未进行确认，这样可能会使采购方受到较大的经济损失。

（6）合同履约风险。未对供应商进行调查，不能确定其是否具备履约合同义务的能力，给企业带来采购风险。

5. 预付款风险

预付款风险是指采购方在提前付款的情况下，出现终止采购退款难、采购质量难保证、虚假承诺难兑现、采购变更难履约、携款逃逸难追款等风险。导致预付款风险的原因有：

（1）协议约定不详细。采购物资、交货期限、生效条件、合同变更、协议终止、违约责任等内容约定不明确，导致出现采购物资难保证、采购变更难履行等风险。

（2）供应商履约风险。供应商接受预付款后，可能会擅自变更交货时间、降低服务质量，不按事先约定的条款履行或不完全履行，给采购方造成损失或严重影响。

（3）突发事件。接受预付款的供应商可能会由于竞争激烈或经营者本身管理能力不强、经营不善等因素，导致企业经营困难，造成无法履约的风险。

（4）付款控制不当。对预付款比例、金额控制不当，增加企业的资金占用率，造成资金无法正常周转的风险。

（5）付款审核不严。付款审核管理制度不完善，审核人员没有对付款凭证进行严格考核，导致付款出错或在付款时出现纠纷。

6. 存货风险

企业通过采购、外协方式取得的原材料或辅料构成了存货，存货是企业开始生产经营活动的物质基础，企业在进行存货管理的过程中存在以下风险。

（1）库存过高的风险。企业库存过高，将占用大量资金，同时需投入过多的成本对其进行保养和维护，若管理不善则会产生大量的呆滞物资，给企业带来经济损失。

（2）库存过低的风险。企业库存过低，将不能满足企业的生产需求，导致停工待料和延迟交货。

（3）物资损坏变质。 物资长时间的积压、库存管理不善、仓库环境不良等原因，都可能造成库存物资的损坏，给企业带来损失。

（4）库存周转过慢。库存周转过慢，周转率过低，将可能造成库存积压，增加库存成本。

（5）库存价格下跌。企业库存物资价格的下跌，将可能导致库存价值缩水，成品的价格下降，企业利润降低的风险。

（6）库存信息不畅。库存信息不畅通，将导致库存信息不能及时收集并录入系统，造成库存信息不正确、不对称，影响企业的管理决策。

7. 道德风险

在企业采购中，道德风险是不可避免的。因为趋利避害是人的本能，几乎每个人的行为都难以避免地带有自利的倾向。这就是经济学意义上经济人的自利本性。经济人的自利本性决定了其在求利过程中，为了自身利益最大化而损害他人和社会利益，可能引发“道德风险”。特别是在暴利的诱惑下，经济人中的少数往往会放弃对社会道德规范的遵守和对社会道德义务的履行，以期获得不道德的，甚至是违法的收益，致使他人和社会利益受损。另外，契约的不完备性和信息的非对称性也是道德风险存在的客观因素。道德风险主要体现在以下几点。

（1）采购信息收集。采购人员为了贪图省力，不积极收集信息，使企业没有完全了解市场价格，难以判断价格是否合理，导致采购价格高于市场价格的风险。

（2）供应商选择。采购人员为了个人利益与供应商合谋，并利用职权，使其在供应商筛选中处于优势地位，给企业采购工作带来道德风险。

（3）采购回扣。采购人员在谈判议价的过程中，供应商在账外暗中给予采购人员回扣，而采购人员则给予供应商在价格上的优惠。

（4）签订采购合同。供应商利用虚假名义签订合同或设置合同陷阱，导致合同无效，并且合同管理制度不健全，导致采购人员出现暗箱操作的可能。

（5）合同工履行。供应商无故终止合同，不按照合同约定提交货物，耽误企业的生产。

11.1.3　采购风险管理程序

采购风险管理可分为四个阶段，即风险识别、风险分析、风险应对和风险监控。

1．风险识别

对企业或供应链面临的潜在风险进行归类分析，从而加以认识和辨别。即确定何种风险可能会对企业产生影响，并以明确的文档描述这些风险及其特性。

风险识别是一个反复进行的过程，应尽可能地全面识别企业可能面临的风险。对风险进行分类和归纳是风险识别中常用的方法。风险分类应当反映出企业所属行业或应用领域内常见的风险来源。例如技术方面的风险、时间安排方面的风险及财务方面的风险等。检查表是风险识别中非常有效的工具。根据积累的风险数据和信息，特别是企业在风险管理过程中形成的数据集合风险管理知识库，可以较为完整地开发和编制企业风险检查表。检查表的好处是提高了风险识别过程的效率。特别是企业进行大量类似项目时，完全可以开发一套通用的风险检查表，以提高风险识别的速度和质量。

2．风险分析

风险分析即评估已识别风险可能的后果及影响的过程。风险分析可以选择定性分析或定量分析方法，进一步确定已识别风险对企业的影响，并根据其影响对风险进行排序，确定关键风险项，并指导风险应对计划的制订。

风险指数体系是一个有效的风险分析模型，主要用于表征整个企业的风险程度。该体系根据风险识别和风险分析的结果，运用数学模型计算得到一组量化的风险指数，从而实现对企业风险的量化反映及横向校核，并监控风险管理的绩效。

3．风险应对

风险应对即针对企业面临的风险，开发、制订风险应对计划并组织必要的资源着手实施，目的是有效控制风险，避免风险失控演变为危机。风险应对计划包括企业当前及未来面临的主要风险类别，针对各类风险的主要应对措施，每个措施的操作规程，包括所需的资源、完成时间及进行状态等。风险应对计划形成之后，企业应通过风险管理体系确保计划启动时所必需的人力、物力等资源。

4．风险监控

风险监控即在风险管理全过程中，跟踪已识别的风险，监控残余风险及识别新的风险，确保风险应对计划的执行，评估风险应对措施对降低风险的有效性，并形成风险监控报告。风险监控是企业风险管理生命周期中一种持续的过程，在企业经营过程中，风险不断变化，可能会有新风险出现，也可能有预期风险消失。

11.2 采购风险的应对

11.2.1 采购风险的内部控制

任何事物都有风险，但采购风险也是可以通过一定手段和有效措施加以防范和规避的。

资料 11-2 防范九类风险

1. 应建立与完善企业内控制度，加强教育，提高素质

应建立与完善企业内部控制制度与程序，加强对职工尤其是采购业务人员的培训和教育，不断增强法律观念，重视职业道德建设，做到依法办事，培养企业团队精神，增强企业内部的风险防范能力，从根本上杜绝合同风险。具体做法如下：

（1）根据采购业务流程，企业可制定采购业务行为准则、采购人员行为规范，作为采购人员的行为纲领性文件。

（2）要求每个采购人员都做出书面承诺，并做成公示牌在办公区域进行公示，以接受供应商及全体员工的监督，营造一种积极健康的工作氛围。

（3）企业可与供应商签订廉洁协议，彼此承诺共同遵守诚信道德的交易规则和行为规范，若违规，企业将对供应商进行经济罚款或取消其供货资格，从而有效制约来自供应商的利益诱惑。

（4）对关键岗位的采购人员实行不定期的岗位轮换，防范潜规则和小团体或个人利益链的滋生与泛滥。

2. 加强对物资采购招标与签约的监督

（1）检查物资采购招标是否按照规范的程序进行，是否存在违反规定的行为发生；采购经办部门和人员是否对供应商进行调查，选择合格供应商；是否每年对供应商进行一次复审评定。

（2）加强签约监督。检查合同条款是否有悖于政策、法律，避免合同因内容违法、当事人主体不合格或超越经营范围而无效；通过资信调查，切实掌握对方的履约能力；对那些不讲效益、舍近求远、进人情货等非正常情况严格审定；审查合同条款是否齐全、当事人权利义务是否明确、是否以单代约、手续是否具备、签章是否齐全。

3. 加强对采购全过程、全方位的监督

全过程的监督是指对计划、审批、询价、招标、签约、验收、核算、付款和领用等所有环节的监督。重点是对计划制订、签订合同、质量验收和结账付款四个关键控制点的监督，以保证不弄虚作假。全方位的监督是指内控审计、财务审计、制度考核三管齐下。科学规范的采购机制不仅可以降低企业的物资采购价格，提高物资采购质量，还可

以保护采购人员和避免外部矛盾。

（1）加强对物料需求计划、物资采购计划的审计。审查企业采购部门物料需求计划、物资采购计划的编制依据是否科学；调查预测是否存在偏离实际的情况；计划目标与实现目标是否一致；采购数量、采购目标、采购时间、运输计划、使用计划、质量计划是否有保障措施。

（2）做好合同鉴证审计。合同鉴证审计主要包括四方面的内容：一是审查签订经济合同当事人是否具有主体资格，是否具有民事权利能力和行为能力；二是审查经济合同当事人意思表示是否真实；三是审查经济合同主要条款是否符合国家的法律和行政法规的要求；四是审查经济合同主要条款是否完备、文字表述是否准确、合同签订是否符合法定程序。

通过审计鉴证，可以及时发现和纠正在合同订立过程中出现的不合理、不合法现象；提请当事人对缺少的必备条款予以补充；对显失公平的内容予以修改；对利用经济合同的违法活动予以制止，从而减少和避免经济合同纠纷的发生。

（3）做好对合同台账、合同汇总及信息反馈的审计。当前，合同纠纷日益增多，如果合同丢失，那么在处理时会失去有利的地位而遭受风险。因此，建立合同台账、做好合同汇总，运用先进管理手段向相关部门提供及时准确、真实的反馈信息，也是加强合同管理、控制合同风险的一个重要方面。

（4）加强对物资采购合同执行中的审计。主要从四个方面进行：一是审查合同的内容和交货期执行情况，是否做好物资到货验收工作和原始记录，是否严格按合同规定付款；二是审查物资验收工作执行情况，是否在物资进货、入库、发放过程中对物资进行验收控制；三是对不合格品控制执行情况审计，发现不合格品应及时记录，并采取措施；四是重视对合同履行违约纠纷的处理。合同履行过程中违约纠纷客观存在，若不及时处理，不但企业的合法权益得不到保护，而且有可能使合同风险严重化。

（5）加强对物资采购绩效考核的审计。建立合同执行管理各个环节的考核制度，并加强检查与考核，把合同规定的采购任务和各项相关工作转化分解指标和责任，明确规定出工作的数量和质量标准，分解落实到各有关部门和个人，结合经济效益进行考核，尽量避免合同风险的发生。

4．采购人员不能只考虑采购风险

采购作为连接公司与供应商之间的窗口和桥梁、公司的输入部门（营销为输出部门）、公司的利润中心，不能只考虑预测和防范采购风险，更应该站在整个公司的角度上，考虑由此对公司制造、物流、财务、营销、质量、售后服务等各方面造成的影响。同时要注意核算企业总权益成本，而不只是采购成本，使得整个公司的利润最大、成本最低、风险最小，从而由外向内、由下向上对公司的管理进行整合。

资料 11-3
规避风险采购人应关注七个关键点

为了更好地解决这方面的问题，提高总体利润率，将风险与损失降至最低，可以将采购部门划分为货源开发（sourcing）小组与采购（buyer）小组。货源开发小组主要负责成本控制、风险防范、产品质量与供货商综合能力评估（包括供货商的物流状况、售后服务、公司财力、整体管理能力等）；采购小组根据货源开发小组提供的信息，结合公司的生产状况与需求量进行购买与跟踪订单。

11.2.2 采购风险的分散

分散是处理风险的一种目标导向方法，企业通过设置分散的方法来减少供应风险产生的不利影响而不是减少不利事件发生的可能性。具体来讲，分散导向管理方法包括以下三种措施。

1. 存货管理

存货管理即企业对自己本身所拥有的存货进行必要和有效的管理。其关键是维持一个适当水平的安全存货。对存货进行管理能够有效减缓供应风险的不利影响。

2. 供应商代管存货

企业分散供应风险还可以通过要求供应商代管存货的方式来实现。把存货交由供应商代管就是要求供应商承担保管存货的责任。选择由供应商代管存货有可能是由于企业没有自己的仓库或仓库空间不够，或者是将货物由供应商代管所需成本较低。当然供应商花在代管存货上的成本将以更高价格的形式转嫁到采购企业身上。

3. 多源供应商

使用多个可供选择的供应商也可以分散供应风险。之所以要使用多源供应商是因为使用单一供应商会出现过度控制、潜在的投机主义及技术革新的缺乏等不利情况。

相反，多源供应商的使用却通常可以创造更具有竞争力的供应环境及减少由供应中断和价格逐步上涨所带来的风险。

资料 11-4 防止被供应商控制的九种方法

11.2.3 采购风险的转移

在市场经济中，商品生产经营者在生产经营过程中会不可避免地遇到各种各样的风险，如信用风险、经营风险、价格风险等。其中经常面临的风险就是价格波动风险，而商品价格波动的风险如果得不到有效转移就会影响企业正常的生产和经营，企业利益也得不到保障。为了避免价格波动的风险，最常用的手段就是在期货市场进行套期保值。

1. 期货交易的意义

期货交易从现货交易中的远期合同交易发展而来。在远期合同交易中，交易者集中到商品交易场所交流市场行情，寻找交易伙伴，通过拍卖或双方协商的方式来签订远期合同，等合同到期，交易双方以实物交割来了结义务。交易者在频繁的远期合同交易中发现：由于价格、利率或汇率波动，合同本身就具有价差或利益差，因此完全可以通过买卖合同来获利，而不必等到实物交割时再获利。为适应这种业务的发展，期货交易应运而生。期货市场的套期保值是指在期货市场中买进或卖出与现货市场数量相当但交易方向相反的期货合

资料 11-5 国内主要期货交易平台简介

约，以期在未来某一时间通过卖出或买进同等数量的期货合约而补偿因现货市场价格变动所带来的实际价格风险。

套期保值之所以能够回避价格风险，其基本原理在于期货交易过程中期货价格与现货价格尽管变动幅度不会完全一致但变动的趋势基本一致。现货价格与期货价格不仅变动的趋势相同，而且随着期货合约到期日临近，两者会趋于一致或相等。套期保值就是用较小的基差风险替代较大的现货价格波动风险。

期货交易是投资者交纳 5%～10%的保证金后，在期货交易所内买卖各种商品标准化合约的交易方式。一般的投资者可以通过低买高卖或高卖低买的方式获取赢利。现货企业也可以利用期货做套期保值，降低企业运营风险。

2. 期货交易的作用

期货交易是众多的买主与卖主根据期货交易所的规则，通过公开、公平、公正的方式而进行的期货合约的买卖，因而易于形成一种真实而权威的期货价格，指导企业的生产与经营活动，同时又为企业提供了避免市场价格风险的机会。因此，期货交易具有举世公认的价格导向（Price Discovery）与风险转移(Risk Transfer)功能，并已成为现代市场经济运行中不可或缺的重要组成部分，在整个经济体系运行中具有不可估量的作用。

（1）防止商品实物市场的过度波动。现货市场与远期合同市场（统称为商品实物市场）的价格之所以会有反复的波动，主要在于商品生产者与经营者缺乏未来供求关系的明确信息指导，因此往往造成生产与经营上的盲目性。而这种盲目性又加剧了商品实物市场价格的波动，形成一个恶性循环。商品期货市场则不同，它代表着众多交易者的意向，因此，期货价格往往具有代表性、真实性与权威性。另外，它对未来供求状况具有预测性和导向性，期货价格产生与传播之后，就为生产者与经营者提供了未来供求关系变化的明确的市场信号，从而可以减少生产与经营的盲目性，进而有力地防止实物市场商品价格的波动。

（2）有利于商流与物流的分离，节约社会商品流通费用支出。在商品实物市场中，买者与卖者都是围绕实体商品进行交易的。因此，一般有商品所有权的转手（简称商流），就有商品实体的位移（简称物流），商流与物流紧密相连。如果商品流通渠道很长，转换次数或流通环节较多，相应地就会有商品实体的大量运输、储存与保管等物资活动，产生一大笔流通费用的支出，这不利于商品流通的发展。期货交易是在商品交收期到来之前进行的期货合约的买卖，并不涉及实体商品的运输，无论期货合约进行了多少次倒手，它仍只是商品流通过程中商品价值的转手，商品实体始终未动，直到期货合约最后一次转手后，才有商品实体的交收发生。因此，期货交易实现了商流与物流的合理分离，减少了很多物流环节，从而相应地节省了社会商品的流通费用支出。

（3）有利于企业回避价格波动风险。由于各种外部因素的影响，市场的供求状况也会经常出现异常波动，由供求关系所决定的价格也会因此而经常出现波动。这种波动意味着市场价格风险的存在。价格风险的客观存在对于各类企业来讲都是一种威胁。期货交易则可以有效地转移风险和清除这种威胁。具体来说，是指可以通过期货交易市场中的套期保值方法来达到。

3. 套期保值的原则

为了更好地实现套期保值的目的，必须注意以下程序和原则：

（1）交易方向相反原则。套期保值者在进行套期保值时必须同时或在相近的时间内，在现货市场和期货市场上进行方向相反的操作。只有这样，保值者才能在一个市场亏损的同时一定会在另一个市场盈利，从而达到两个市场的盈亏相互冲抵的目的。

（2）商品种类相同或相近原则。套期保值者在进行套期保值时，所选择的期货商品必须和已经在现货市场中买卖或即将买卖的商品一致。只有这样，两个市场的价格走势才会趋向一致，反向操作才会实现保值的效果。如果交易的商品本身没有期货商品，保值者则可以采用“交叉套期保值”的方法，选择一种与现货商品种类不同但价格走势相近的商品进行保值。例如，可以用伦敦石油交易所的布伦特原油为西非卡宾达原油保值。

（3）应选择有一定风险的现货交易进行套期保值。如果市场价格较为稳定或市场的趋势对自己的交易十分有利，那就不需要进行套期保值，因为保值交易是需要支付一定费用的。例如，在反向市场出现时，未来月份原油市场的价格要低于当前月份，如果市场趋势不出现逆转，作为买方就没有必要做套期保值。

（4）进行价格短期走势预测。根据价格短期走势预测，计算出基差的预期变动额，并据此制定出期货市场盈利和止损的目标，以及入市持仓的时间方案，并坚决予以执行。

4. 套期保值的应用

生产经营企业面临的价格波动的风险最终可分为两种：一种是担心未来某种商品的价格上涨，另外一种是担心未来某种商品的价格下跌。因此，期货市场上的套期保值可以分为两种最基本的操作方式，即买入套期保值和卖出套期保值。

（1）买入套期保值。

买入套期保值是指交易者在现货市场卖出商品的同时，在期货市场买入同等数量的期货，以防止在卖出现货后因价格上涨而带来的损失。买入套期保值又称多头套期保值，即在期货市场中购入期货，以期货市场的多头来保证现货市场的空头，以规避价格上涨的风险。

交易者先在期货市场上买入期货合约，其买入的商品品种、数量、交割日都与将来在现货市场上买入的现货大致相同。以后如果现货市场价格真的出现上涨，他虽然在现货市场上以较高的现货价格买入现货商品，但由于此时他可以在期货市场上卖出原来买进的期货合约进行对冲平仓而获利，这样用对冲后的期货盈利来弥补因现货市场价格上涨所造成的损失，从而完成了买入套期保值交易。当然，在成功地规避价格上涨风险的同时他放弃了价格下跌时获取更低生产成本的机会。

买入套期保值能够带来一些好处，如能够规避价格上涨所带来的风险；提高企业资金的使用效率；对需要库存的商品来说节省了一些仓储费用、保险费用和损耗费。但事实上买入套期保值付出的成本是一旦采取了套期保值策略即失去了由于价格变动而可能得到的获利机会，也就是说，在规避对己不利的价格风险的同时放弃了因价格可能出现对己有利的价格机会。即如果不做买入套期保值反而能够获取更大的利润。

（2）卖出套期保值。

卖出套期保值是指交易者在现货市场买进一批商品的同时，在期货市场卖出同样数量商品的期货。卖出套期保值又称空头套期保值，是在期货市场出售期货，以期货市场上的空头来保证现货市场的多头，以规避价格下跌的风险。

交易者先在期货市场上卖出期货合约，其卖出的品种、数量、交割月份都与将来在现货市场卖出的现货大致相同，如果以后现货市场价格真的出现下跌，他虽然在现货市场以较低的价格卖出手中的现货商品，但是他在期货市场上买入原来卖出的期货合约进行对冲平仓，用对冲后的盈利弥补因现货市场出售现货所发生的亏损，从而实现保值的目的。

卖出套期保值能够规避未来现货价格下跌的风险。经营企业通过卖出套期保值可以使保值者今后工作的主要精力集中于生产管理。卖出套期保值所付出的代价是保值者放弃了以后出现价格有利时获得较高利润的机会。

思考题

一、判断题

（1）采购合同不合法可能被认定无效，采购合同条款约定不明确或表述不严谨，可能影响合同履行，引发纠纷。（　）

（2）在企业采购中，道德风险是可以避免的。（　）

（3）风险识别可以一次完成。（　）

（4）卖出套期保值能够规避未来现货价格上涨的风险。（　）

二、单选题

（1）采购风险管理可分为四个阶段，即风险识别、（　）、风险应对和风险监控。

A．风险调查　　B．风险分析

C．风险讨论　　D．风险归因

（2）在买入套期保值操作中，交易者先在期货市场上买入期货合约，其买入的商品品种、数量、交割日都与将来在现货市场上买入的现货（　）。

A．完全一致　　B．没有关系

C．不确定　　D．大致相同

三、填空题

（1）采购风险是企业所面临的风险之一，指在采购过程中由于各种意外情况的出现，使采购的实际结果与预期目标相偏离的程度和可能性，包括__________、经济风险和__________。

（2）影响合同风险的因素主要包括采购人员的知识结构、____________、合同的内容等。

（3）期货市场上的套期保值可以分为两种最基本的操作方式，即____________和卖出套期保值。

四、简答题

（1）采购风险的类别有哪些？

（2）采购风险管理可分为几个阶段？

（3）采购风险的内部控制措施有哪些？

（4）期货交易有哪些作用？

（5）套期保值的作用有哪些？

技能实训

采购风险管理调研

实训目的：

（1）了解企业采购风险的成因和具体表现。

（2）掌握调研企业采购风险防控的方法和措施。

实训组织：

（1）学生 5 人一组，每组设组长一名，由组长分工及协调实训小组的调研任务，并带领大家完成调研任务。

（2）以企业实际调研为主，同时通过互联网、问卷调查等方式收集资料，辅助企业调研任务的完成。

实训项目：

（1）实训地点：学校附近的企业。

（2）每个小组通过发送调研问卷或访谈的方法，回收调研所需数据。

实训要求：

（1）明确小组内成员之间的分工，尽可能调动所有成员的参与积极性，达到实训的效果。

（2）结合教材内容，收集资料，全面了解需要的各种信息，对企业调研活动进行周密的规划。

实训成果：

撰写企业调研实训报告。

实训考核：

（1）各小组成员完成调研内容的情况。
（2）有效回答指导教师询问的关于所调研企业的采购风险管理问题。

附录 A

采购师职业资格介绍

一、职业名称

采购师。

二、职业定义

从事商品和服务采购工作的人员。

三、职业等级

本职业共分为 4 个等级，分别为：采购员（国家职业资格四级）、助理采购师（国家职业资格三级）、采购师（国家职业资格二级）、高级采购师（国家职业资格一级）。

四、申报条件

1．采购员（具备以下条件之一者）

（1）经本职业采购员正规培训，达到规定标准学时数，并取得结业证书。

（2）连续从事本职业 2 年以上。

（3）具有相关专业大专学历（或同等学力）

2．助理采购师（具备以下条件之一者）

（1）取得本职业采购员四级资格证书后，连续从事本职业工作 3 年以上，经本职业助理采购师正规培训，达到规定标准学时数，并取得结业证书。

（2）取得本职业采购员资格证书后，连续从事本职业 4 年以上。

（3）连续从事本职业工作 5 年以上，经本职业助理采购师正规培训，达到规定标准学时数，并取得结业证书。

（4）具有相关专业大学本科学历（或同等学力）。

3．采购师（具备以下条件之一者）

（1）取得本职业助理采购师资格证书后，连续从事本职业工作 3 年以上，经本职业采购师正规培训，达到规定标准学时数，并取得结业证书。

（2）取得本职业助理采购师资格证书后，连续从事本职业工作4年以上。

（3）具有相关大学本科学历，连续从事本职业工作4年以上，经本职业采购师正规培训，达到规定标准学时数，并取得结业证书。

（4）具有相关专业硕士研究生毕业证书（或学位证书），连续从事本职业工作1年以上。

4．高级采购师（具备以下条件之一者）

（1）取得本职业采购师资格证书后，连续从事本职业工作4年以上，经本职业高级采购师正规培训，达到规定标准学时数，并取得结业证书。

（2）取得本职业采购师资格证书后，连续从事本职业工作5年以上。

（3）具有相关专业硕士研究生毕业证书（或学位证书），连续从事本职业工作6年以上，经本职业高级采购师正规培训，达到规定标准学时数，并取得结业证书。

（4）取得相关专业博士学位，连续从事本职业工作3年以上，经本职业高级采购师正规培训，达到规定标准学时数，并取得结业证书。

五、鉴定方式

高级采购师考试科目：理论、技能、综合三份试卷都是笔试，60分合格。

二级采购师考试科目：理论、技能、两份试卷都是笔试，60分合格。

六、考试时间

每年5月和11月各组织一次，具体时间以人力资源和社会保障部年初公布时间为准。

附录B

某企业采购管理制度

编号：×××××××××××号

一、目的

为加强采购计划管理，规范采购工作，保障公司生产经营活动所需物品的正常持续供应，降低采购成本，特制定本制度。

二、适用范围

本制度适用于公司对外采购与生产经营有关的经营性固定资产、材料及非经营性固定资产、办公用品、劳保用品的采购（以下统称为采购物品）。

三、职责权限

（1）总经理负责采购管理制度的审批。

（2）分管副总经理、财务总监负责采购管理制度的审核。

（3）人力资源行政部负责采购管理制度的制定。

（4）经营性固定资产、材料、配件等物品（物资）的采购由企管部负责；非经营性固定资产、办公用品、劳保用品的采购由人力资源行政部负责。

四、采购原则

1．询价比价原则

物品采购必须有3家以上供应商提供报价，在权衡质量、价格、交货时间、售后服务、资信、客户群等因素的基础上进行综合评估，并与供应商进一步议定最终价格，临时性应急购买的物品除外。

2．一致性原则

采购人员订购的物品必须与请购单所列要求、规格、型号、数量一致。在市场条件不能满足请购部门要求或成本过高的情况下，采购人员须及时反馈信息供申请部门更改请购单。如确因特定条件数量不能完全与请购单一致，经审核后，差值不得超过请购量的 10%。

3．低价搜索原则

采购人员随时收集市场价格信息，建立供应商信息档案库，了解市场最新动态及最低价格，实现最优化采购。

4．廉洁原则

（1）自觉维护公司利益，努力提高采购物品质量，降低采购成本。

（2）廉洁自律，不收礼，不受贿，不接受吃请，更不能向供应商索贿。

（3）严格按采购制度和程序办事，自觉接受监督。

（4）加强学习，广泛掌握与采购业务相关的新材料、新工艺、新设备及市场信息。

（5）工作认真仔细，不出差错，不因自身工作失误给公司造成损失。

5．招标采购原则

凡大宗或经常使用的物品，都应通过询议价或招标的形式，由企管、财务等相关部门共同参与，定出一段时间内（一年或半年）的供应商、价格，签订供货协议，以简化采购程序，提高工作效率。对于价格随市场变化较快的物品，除缩短招标间隔时限外，还应随时掌握市场行情，调整采购价格。

6．审计监督原则

采购人员要自觉接受财务部或公司领导对采购活动的监督和质询。对采购人员在采购过程中发生的违反廉洁制度的行为，公司有权对相关人员依照公司《员工奖惩制度》等进行处罚直至追究其法律责任。

五、采购流程

1．采购申请

物品（物资）需求部门根据生产或经营的实际需要，由企管部负责采购的物品每月 25 日前、由人力资源行政部负责采购的物品每季度最后一个月 25 日前提出采购申请，填写“请购单”，请购单要求注明名称、规格型号、数量、需求日期、参考价格、用途等，若涉及技术指标的，须注明相关参数、指标要求。按采购申请流程，由各相关部门审批，经总经理批准后交采购部门采购。各审核环节对采购申请提出异议者，应于 2 个工作日内将意见反馈给采购申请部门。

2．询价比价议价

（1）每种物品（物资）原则上需两家以上的供应商进行报价。

（2）采购员接到报价单后，需进行比价、议价，并填写“询价记录表”，按低价原则进行采购。

（3）属下列情况者，无须进行比价、议价：独家代理、独家制造、专卖品、原厂零配件无代用品，但仍须留下报价记录。

3．样品提供和确认

（1）若须进行样品提供和确认，须确定送样周期，由采购人员负责追踪，收到样品后，须第一时间送交需求部门进行确认，必要时须会同财务部等部门相关人员予以确认。

（2）对于需要保存样品的，须做封样处理，以便日后做收货比较。

4．供应商选择

（1）具有合法经营主体者。

（2）品质、交货期、价格、服务等条件良好者。

（3）信誉良好者。

（4）客户认可的供应商。

采购人员须建立供应商信息台账。

5．合同签订

（1）供应商经送样审查合格后，由采购部门与选定的供应商签订合同。

（2）交易发生争执时，依据合同的核定条款进行处理。

6．进度跟催

（1）为确保准时交货，采购人员应提前采用电话、传真或亲自到供应商处跟催，以确保物品（物资）能适时供应。

（2）若采购物品（物资）无法在预定时间内交货的，采购人员须提前通知需求部门，寻求解决办法，而且须重新和供应商确定新的交货期，并知会需求部门。

7．验收入库

采购物品（物资）到公司后，属经营性固定资产、材料、配件等物品（物资）、非经营性固定资产、大宗劳保用品等经需求部门验收，办公用品等常用品经库管验收合格后，库管开具“入库单”，按流程办理入库手续。如验收不合格的，由验收部门通知采购部门，2 日内办理换（退）货手续。

8．对账付款

采购物品（物资）办理入库后，由采购员凭“入库单”按合同或约定的付款方式办理付款手续。

9．采购流程

采购流程见表 B-1。

六、考核

凡违反本制度的人员，依照公司相关管理制度进行处罚。

七、本制度解释权归人力资源行政部，自公布之日起执行。

八、本制度附件

1．×××××请购单（见表 B-2）

2．×××××询价记录表（见表 B-3）

3．采购物品验收单（见表 B-4）

×××××××××集团有限公司

××××年××月××日

表 B-1 采购流程

流 程	作 业 要 求	记 录 表 单	责任单位/人
采购申请	物资需求部门根据生产或经营实际需要填写请购单	请购单	需求部门
接收请购单	接收已核准的请购单	请购单	采购员
询价比价议价	采购人员依需求缓急，参考采购历史记录或供应商所提供的资料，至少精选两家以上供应商进行比价和议价	询价记录表	采购员
样品提供确认	以满足需求部门所提出的性能、指标、品质为原则	申请单	采购员
供应商选择	依优质低价原则进行选择	询价记录表	需求部门/企管部/采购员
签订采购合同	依据供需双方确定的条件签订合同	采购合同	采购员
进度跟催	依据合同或约定的交货期进行跟踪确认，发生异常及时处理	采购合同	采购员
验收入库	按采购需求进行验收，办理入库手续	入库单	库管员/需求部门
对账/整理付款资料	库管员按已办妥的请购单、送货单整理汇总 采购员根据库管员提供的相关资料进行对账，到财务部办理付款	送货单 发票 支付凭证	库管员 采购员

表 B-2 ×××××请购单

申请单位： 申请日期： 年 月 日 编号：

序号	物品名称	厂家/品牌	缓急程度	规格型号	单位	需求数量	用途	需用日期	库存	请购数量	备注

经办人： 部门负责人： 申请部门分管领导： 企管部（人力资源行政部）审核： 审核部门分管领导： 财务总监： 总经理：	库管：

表 B-3 ×××××询价记录表

编号：

序号	物料名称	规格/质量标准	付款及开票方式	单位	数量	单价	合计	报价单位	报价人	联系方式	拟订供应商

采购员：　　　　采购部门负责人：　　　　分管领导：

财务总监：　　　　总经理：

表 B-4 采购物品验收单

编号：

序号	品名	规格型号	单位	数量	验收意见	请购单号

验收部门负责人：　　　　验收经办：

附录C

某企业采购计划管理制度

一、总则

1. 为规范公司采购计划的管理，确保生产部及其他部门的正常工作，特制定本制度。
2. 本制度适用于公司采购的所有采购作业。
3. 采购计划管理的原则。
（1）与公司决策保持一致，与公司经营目标一致。
（2）满足生产、工作需要。
（3）经济合理性。

二、部门职责

1. 营销中心负责提供已预订的销售订单清单及销售预测计划。
2. 生产部负责生产物料需求清单，并注明各种物料的需求期限。
3. 生产部负责提供物料的库存数量及安全库存报表。
4. 采购部负责对已批准的采购计划单的预算、执行。
5. 财务部负责采购预算及采购费用支出的审核。
6. 质量管理部负责监督各部门的执行情况。

三、计划编制要求

1. 采购计划的编制依据。
（1）销售计划。
（2）生产计划。
（3）物料库存报表。
（4）购买物料的厂商及市场状况。
（5）采购计划的历史数据及上期执行情况。
（6）各部门的其他需要。
（7）公司资金供应能力。

2．采购计划的编制原则。

（1）量力而行原则。编制的采购计划要实时结合公司的及时支付能力。

（2）适度超前原则。编制采购计划时要充分考虑物料的现实需求与前瞻需求，在公司财力允许的情况下，适度提高采购的余量与内在品质。

（3）成本经济型原则。编制采购计划或物料定性时充分考虑物料与其后续成本支出，按照降低采购成本的总要求，合格、合理地确定规格型号等具体的技术参数，或者提出替代品。

（4）物料分类原则。编制采购计划时需按照轻重缓急分为不同的等级，对重点物料或急需物料要确保优先安排采购。

（5）提高采购整体效益原则。

1）对采购价格依时间、季节变化的物料，应将其安排在价格处于低谷的淡季进行采购。

2）对相近或相同的物料采购尽量安排一次性采购。

3）对经过认证能够满足公司需求的供应商，尽量将相近的产品安排在一个供应商名下进行集中采购。

3．采购计划的内容。

（1）采购物品的数量、技术规格、参数及要求。

（2）采购物品的价格及供应商。

（3）填单日期、要求完成时间、计划完成时间、实际到货时间。

（4）采购计划单中的物品信息手写无效；如需更改，更改人须在更改处签字。

（5）计划单与生产部提出申请单的编号对应。

4．采购计划中的每种物品的供应商必须经过公司的认证，对于无认证供应商的处理如下。

（1）在产品上必须注明供应商未经公司认证，并提供不少于两家的备选供应商。

（2）编制详细的供应商认证计划及进度安排，作为采购计划的附件，抄送质量管理部，报主管副总/总经理审批，但此项事宜不得影响产品的按时供应。

5．采购计划的执行、控制。

（1）采购部根据总经理/分管副总已批准的计划单，向供应商发出订货合同后，必须对订货合同进行跟踪。防止出现延期供货的情况，以免影响生产的进度或其他部门的正常工作。

（2）采购人员未能按采购进度采购时，填写“采购进度异常报告单”，注明异常的原因及预计完成日期，经分管副总/总经理审核后转送请购部门，根据请购部门的意见拟订对策进行处理。

（3）采购的货物到达后，采购人员应办理相应的接收手续，并配合相关人员对采购的货物进行验收。

附录 D

某企业采购预算管理制度

第 1 条　目的

为了避免盲目采购，从总体上统筹使用资金，提高资金的使用效率，确保采购资金合理的需要，特制定本制度。

第 2 条　采购预算管理的含义

1. 采购预算是采购部门为配合企业年度销售预测或生产数量，对所需求的原料、物料、零件、劳务等的数量及成本编制的用货币形式进行具体、系统反映的数量计划，以利于企业整体目标的实现及其资源的合理配置。

2. 预算管理就是指企业内部通过编制预算、执行预算、预算差异分析和预算考核来管理企业的经济活动，反映企业管理的成绩，保证管理政策的落实和目标的实现，促使企业不断提高效率和效益。

3. 采购预算管理是企业预算管理的一个分支，应与预算系统的其他系统相互协调。

第 3 条　编制采购预算

编制采购预算是指根据企业经营目标确定采购预算项目，建立预算标准，采用一定的编制方法和程序，将企业在未来一定时期内应达到的具体采购目标以数量和货币的形式表现出来。

（1）根据企业年度销售计划，由相关使用部门（生产部门、开发部门、管理部门等）填写本部门的采购预算申请单，上交采购部。

（2）采购员汇总、整理各部门采购预算后，编制采购总预算，由采购经理补充完善后，交财务部和预算管理委员会逐一核准，采购员调整、完善采购预算，上交总裁审批。

第 4 条　执行采购预算

1. 将审批的各项采购预算指标及时地下达给相关责任部门及人员。

2. 对预算执行过程进行监控。

第5条　分析和调整采购预算差异

1．在预算执行过程中，采购部要根据业务统计和财务部门核算的实际数据，即预算的实际执行结果与预算数进行比较，编制预决算分析报告。

2．如果有差异，要分析差异产生的原因和责任归属，制定控制差异或调整预算的具体措施。

第6条　采购预算资金控制

1．在采购预算资金控制中，必须对采购预算资金实行限额审批制度。

2．部门负责人只能在自己的权限内进行审批，限额以外的采购申请应按企业请购审批制度办理请购，严格控制无预算的资金支出。

3．对于预算内的采购项目，请购部门应严格按照预算执行进度办理请购手续。

4．对于超预算和预算外采购项目，采购部及财务部对需求部门提出的申请进行审核，最终由总裁审批后才能给予办理。

附录 E

企业物资消耗定额管理制度

第一章　总则

1．物资消耗定额是国民经济计划中的一个重要技术经济指标，是正确确定物资需要量、编制物资供应计划的重要依据，是产品成本核算和经济核算的基础。实行限额供料是有计划地合理利用和节约原材料的有效手段。

2．物资消耗定额应在保证产品质量的前提下，根据本厂生产的具体条件，结合产品结构和工艺要求，以理论计算和技术测定为主，以经验估计和统计分析为辅来制定最经济、最合理的消耗定额。

第二章　物资消耗定额的内容

3．物资消耗定额分工艺消耗定额和非工艺消耗定额两部分。

（1）工艺消耗定额，具体分为两种。

1）主要原材料消耗定额，指构成产品实体的材料消耗，如六角钢、氧化铝等。

2）工艺性辅助材料消耗，指工艺需要耗用而又未构成产品实体的材料，如石蜡、苏州土等。

（2）非工艺消耗定额，指废品消耗、材料代用损耗，设备调整中的损耗等，但不包括途耗、磅差、库耗等（此部分做仓库盘盈盘亏处理）。

第三章　物资消耗定额的制定和修改

4．材料工艺消耗定额由工艺科负责制定，经供应科、车间会签，总工程师批准，由有关部门贯彻执行。非工艺消耗定额根据质量指标，由供应科参照实际情况制定供应定额。

5．工艺消耗定额必须在保证产品质量的前提下本着节约的原则制定。

6．物资消耗定额一般一年修改一次。由供应科提供实际消耗资料，工艺部门修订工艺消耗定额。由于管理不善而超耗者，不得提高定额。

7．凡属下列情况之一者，应及时修改定额。

（1）产品结构设计的变更。

（2）加工工艺方式的变更，影响到消耗定额。

（3）定额计算或编写中的错误和遗漏。

第四章　限额供料

8．限额供料是执行消耗定额、验证定额和测定非工艺消耗量的重要手段，是分析定额差异和提出改进措施的依据。

9．限额供料范围。

（1）产品用料，包括本厂自制件和外协加工件。

（2）大宗的辅料和能源。

10．限额供料的依据。

（1）工艺科提供的产品单件材料工艺消耗定额。

（2）生产调度科和车间提供的月度生产作业计划。

（3）车间提供的在制品、生产余料盘存表和技术经济指标月报表。

附录F 某企业供应商开发流程

1. 目的

制定本流程以规范供应商的选择，以保证产品的质量和成本的降低，以及确保货源供应的稳定，选择可靠的供应商合作伙伴。

2. 范围

本流程适用于为本公司提供生产性物料（器件）和器具、设备的所有供应商的选择。

3. 职责

3.1 采购部负责供应商资料的收集和初步评估、选定；组织对供应商的现场评审，获得认证结果，保持评审记录，维护“合格供方名单”；保证料源供应的稳定性和最低的采购总成本。

3.2 质检部主要负责对供应商/外包加工厂商质量体系进行现场评估。

3.3 技术部负责提供新的原材料规格资料、图纸或样品，对供应商提供的样品进行确认；批准样品承认书；负责对供应商/外包加工厂商的技术能力进行现场评估。

3.4 财务部负责对供应商的成本控制进行评估。

4. 定义

4.1 生产直接材料：指与生产直接相关的产品清单中的物料。

4.2 生产辅助材料：指生产过程中必要的车间消耗品，如各种溶剂、焊等。

4.3 设备及维护维修用物品：简称 MRO 物料，指各种器具、设备及其零件、消耗品等。

5. 工作程序

5.1 生产直接材料和辅助材料供应商的选择

5.1.1 由采购部依据成本降低计划、质量改善计划和新产品开发计划及业务发展需要，收集市场资料，寻找潜在供应商。

5.1.2 了解供应商能提供公司所需要的产品后，采购部可以向潜在的供应商发出“供应商调查表”，以进一步获得供应商的详细资料，做出评估。非生产性（贸易型）供应商可以不做现场评估，由采购部对“供应商调查表”资料进行核实和评估，然后根据产品，要求供应商送样。

5.1.3 生产型供应商需要质检部参与现场评审，必要时邀请技术部共同评审。现场评估主要依据“供应商现场评估报告”所列的检查清单，该清单参考 ISO 质量体系评审的主要要素，适用于已有 ISO 认证或已经按 ISO 要求建立起文件化的质量管理体系的公司。对于小型生产企业（规模小于 100 人）未建立 ISO 质量体系的供应商，现场评估主要评审供应商是否有完善的出货检验和充分的检测手段；参与考察的有关人员对检查结果予以记录并评级。

5.1.4 对供应商按以下项目进行评价，分为合格 A、B、C 三级和不合格，“生产能力”一项仅作为参考评分，其他项目必须达到 C 级以上才可以评为合格供应商；无 3C（全称为“中国强制性产品认证制度”）要求的产品，可以不做 3C 体系现场评估。采购部结合质检部的评估，做最终评定，评级的标准是：

A 级：质量保证能力和现场评估评级为 A 级，价格水平和生产能力为 B 级或以上；或者为同行业先进企业供应类似产品，其他指标在 B 级或以上。

B 级：质量保证能力和现场评估评级、价格水平不低于 B 级；或者其他指标不低于 C 级，且为同行业先进企业供应类似产品。

C 级：质量保证能力和现场评估为 B 级，价格为 C 级。

不合格：质量保证能力和现场评估为 C 级。

对供应商等级的评估如表 F-1 所示。

表 F-1 对供应商等级的评估

等级 评估项目	A 级	B 级	C 级	不合格
生产能力	年产值 2 亿元以上，或者年产量/销售额在同行业中领先；代理销售应有代理资格	年产值 1 亿元以上，或者年产量同行业中较高；代理销售，销售额同行业中较高	年产值 500 万元以上，或者年产量在同行业中一般；代理销售额在同行业中一般	年产值 500 万元以下或年产量/销售额在同行业中较低
质量保证能力	通过 ISO 9001 质量体系认证和必要的产品质量认证 3C 认证等，产品采用国际/国家标准；能提供质量保证证明；有完备的产品检验检测手段	有 ISO 质量体系认证或行业认证和产品认证 3C 认证等；有完善的产品出厂检验标准和充分的检测手段	未采用国家或国际标准，但有完善的产品出厂检验标准和充分的检测手段	无专职的质量检验部门对产品质量进行检验，或者供应环保物料但未通过相关认证
现场评估	80 分以上	70～80 分	60～70 分	60 分以下
价　格	低	一般	较高	高

5.1.5 评估主要元器件供应商，作为主要评估项目，需要供应商提供相关代理证、行业认证、主要客户或其他资质证明。

5.1.6 “供应商调查表”由采购部发出，采购部负责对供应商规模和实力、品牌声誉、供应能力、采购成本、交货周期等业务进行评估。质检部负责品质把关，主要评估供应商的品质管理体系和质量保证能力，对贸易型供应商侧重评估其产品来源渠道的保证和符合性证明，品质指标达不到 B 级的不能列入合格供应商。采购部结合质检部评估结果，做最终评估结论，质检部与采购部共同在“供应商调查表”上签名。

5.2 设备及维护维修用物品供应商的评估

5.2.1 该类物品的第一次采购由使用部门提出“报价申请要求”，采购部寻找两家以上满足申请部门的产品规范和技术要求的供应商，并要求供应商提供相关的资质证书。对于特殊物品如工具、设备，申请部门需要提供具体的参数和基本性能要求等。对于大型设备采购，采购部可以根据使用部门的技术要求组织招标和投标，由使用部门和工程师共同参与评估。

5.3 报价、比价和定价

5.3.1 对生产直接材料和辅助材料的供应商进行调查和现场考察评估后，采购部要求供应商报价。采购部通过与同类材料目前的市场价格做比较，必要时要求供应商提供材料成本明细，评估其价格方面的竞争力。

5.3.2 对 MRO 物品，采购部同样需要收集两家或两家以上供货商的报价，从中选择报价最低的一家，如果需要提供样品的，则需要供应商提供样品，经使用部门确认合格，采购部评估后，可以认定为合格供应商。采购部与供应商确定最终的采购价格后回复“报价申请要求”，使用部门按回复的报价信息下达采购申请。

5.3.3 经批准的合格供应商，报价经采购部经理确认后，与供应商签订采购合同或协议，或者直接下采购单；提供生产直接材料的供应商需要签订质量保证协议。固定资产的报价需要总经理的批准后方可与供应商签订合同。

5.4 样品递交和确认

5.4.1 首次采购的直接原材料和包装材料，按研发的图纸或样品要求，需要供应商提供样品和制作样品承认书；其他物料，根据需要，要求供应商提供样品，由使用部门确认。技术部提供的规格没有要求具体的品牌时，优先选择知名品牌知名度高、质量更可靠的产品。

5.4.2 新的原材料的样品确认由技术部进行。采购部接到供应商的有关样品后，应填写“样品确认单”，连同样品和样品承认书一起交给技术部确认。已经用过的物料，需要转到其他供应商采购时，样品由质检部确认。

5.4.3 技术部应对材料样品按相应产品的设计要求和规格进行确认，并将确认结果记录于“样品确认单”上。如果样品确认不合格，则由采购部通知供应商重新送样确认，或者重新选择供应商。

5.4.4 如果采购的是环保物料，供应商在提供样品的同时，需要附检测报告和相关证明，由质检部进行有关的环保有害物质含量确认，并将确认结果写入“样品确认单”中。

5.4.5 如果样品确认合格，样品承认书和样品各一份保留在质检部，作为 IQC 检验依据，IQC 贴“样品卡”对它进行统一管理；采购部保留相应的“样品确认单”，可以进行批量采购。

5.5 合格供应商的批准和“合格供应商名单”维护

5.5.1 经相关部门现场评估或经产品评估合格的供应商，填制“供方评价及审批表”，采购部应将该供应商登记在“合格供方名单”中，附上评审报告，报总经理或管理者代表批准。合格供应商有增减时，应及时更新“合格供应商名单”并发布最新版。

5.5.2 经批准的“合格供方名单”发到采购部作为采购下单的依据；同时分发到分管副总经理、质检部和财务部各一份。

5.6 国家强制性认证要求的产品，供应商必须要有 3C 认证资格，如有其他要求的，相关资格也必须符合。

5.7 供应商绩效评估

5.7.1 采购部负责协同质检部，每季度对各供应商进行一次综合评价。

5.7.2 定期综合评价的项目如下。

1．来料合格率（质检部负责）

99%或以上，得 95～100 分；

低于 99%，每降 1 个百分点扣 5 分；

低于 92%，则需要停止供货，限期整改。

2．交货准时性（采供部仓库）

99%或以上，得 95～100 分；

低于 99%，每降 1 个百分点扣 3 分。

3．投诉（质检部负责）

帮助公司提升产品质量，得满分；

无投诉，得 90 分；

一次轻微投诉，80 分；两次轻微投诉一次，得 70 分；

重大品质投诉一次得 60 分，重大品质投诉两次得 0 分；

引起公司客户退货的情况，得 0 分。

4．成本（采供部负责）

综合价格、交货条件和付款条件在市场上具有优势，而且在过去一年内有降价，得 85～100 分；

综合价格、交货条件和付款条件上具有优势，而且在过去一年内没有降价，得80～85分；

综合价格、交货条件和付款条件等在市场上处一般水平，但最近几个月有降价，得70～85分；

综合价格、交货条件和付款条件等在市场上处一般水平，也难以降价，得60～70分；

综合价格、交货条件和付款条件等在市场上处偏高水平，60分以下。

5．交货周期（采购部）：

交货周期在同类产品中短而且稳定，得90～100分；

交货周期在同类产品中短但不够稳定，80～90分；

交货周期与同类产品中相近但稳定，70～80分；

交货周期一般而且有时不够稳定，60～70分。

交货周期相对较长，60或以下。

6．服务（采购部/生产部）：

评估服务态度，是否能积极配合公司的紧急订单，做有弹性的安排以满足公司按时出货的需要，及时处理不良品；同时及时准确和完整地提供发票、月结资料等。

结合质检的评分，采购部将评价结果写入“供应商年度评价报告”中，得分在60分以下，或者连续两次评估在60～70分的供应商，将取消合格供应商资格，经批准后从“合格供应商名单”中删除。

5.7.3 下列情况出现时，采购部应组织对相关供应商进行重新评定。

1．供应商的所有权发生变化时。

2．供应商组织结构发生重大变化时。

3．质检部反映原材料严重质量问题提出取消供应商供货资格时。

4．供应商产品价格发生重大变化时。

5．采购部觉得有重新评定需要时。

重新评定的记录应予以保存，并根据评定结果决定是否保留其合格供应商资格。

6．流程

供应商开发流程如图F-1所示。

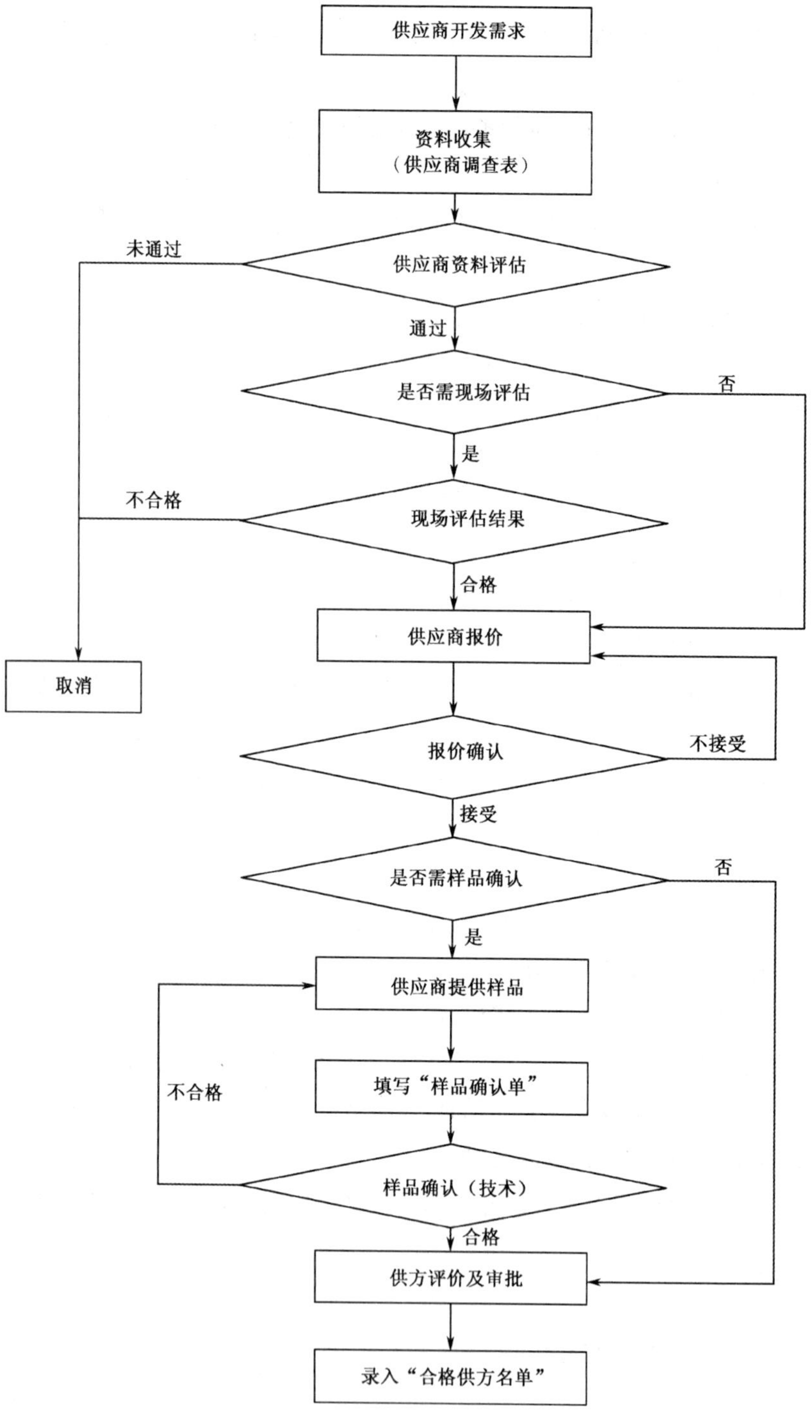
供应商开发需求
资料收集
（供应商调查表）
供应商资料评估
未通过
通过
是否需现场评估
否
是
现场评估结果
不合格
合格
供应商报价
取消
报价确认
不接受
接受
是否需样品确认
否
是
供应商提供样品
填写“样品确认单”
不合格
样品确认（技术）
合格
供方评价及审批
录入“合格供方名单”

图 F-1 供应商开发流程

7. 相关文件

7.1 “采购控制程序”

8. 相关表单

8.1 “样品卡”
8.2 “供应商调查表”
8.3 “供应商现场评估报告”
8.4 “样品确认单”
8.5 “供方评价及审批表”
8.6 “合格供方名单”
8.7 “供应商年度评价报告”
8.8 “采购报价要求”

附录 G

采购质量控制管理制度

为严格检验采购物资的质量标准，确保订购物资符合公司质量标准和要求，杜绝不合格物资入库，现结合公司的实际情况，特制定本制度。

第一条：适用范围。

本制度适用于所有公司采购物资的质量检验。

第二条：职责。

采购员负责对订购物资送货前的质量监督和检验，负责对供应商提供样品质量的验证工作，并负责所有采购物资质量信息的收集、分析、反馈和处理工作。

第三条：采购质量控制的基本原则。

1．必须向评定合格的供应商采购。

2．采购前应提供有效的采购文件和资料。

3．对突发所需的特殊物资和急用物资，可向未评定过的供应商采购，由采购部进行物资的验证，验证合格后，即可进行订购。

第四条：采购物资的检验。

1．采购物资送货前，采购员应以书面形式通知采购部进行检验。

2．检验员负责对订购物资的抽样检验，按《产品检验控制标准》的规定进行检验，并填写相应的产品检验报告。

3．采购物资检验合格后，方可安排送货。

4．若采购物资检验不合格，采购部应及时与供应商进行沟通处理。

5．公司各有关部门配合采购部收集、分析和反馈采购物资质量信息，必要时对供应商提出改进建议。

第五条：采购物资检验的依据。

1．采购部与供应商签订的采购合同。

2．供应商出示的质量认证。

3．供应商出示的产品合格证。

4．采购物资技术标准。

5．物资工艺图纸。

6．供应商提供的样品和装箱单。

第六条：影响采购物资检验方式、方法的因素。

1．采购物资对产品质量、经营活动的影响程度。

2．供应商质量控制能力及以往的信誉。

3．该类物资以往经常出现的质量异常情况。

4．采购物资对本公司运营成本的影响。

第七条：采购物资检验方式的选择。

1．全数检验。适用于采购物资数量少、价值高、不允许有不合格品的物料或企业指定进行全检的物料。

2．免检。适用于大量低值辅助性材料、经认定的免检厂采购货物及因生产急用而特批免检的物资。对于后者，采购货物检验专员应跟踪生产时的质量状况。

3．抽样检验。适用平均数量较多、经常使用的物资。一般物资采购均采用此种检验方式。

第八条：技术部编制《采购物资质量标准》，由技术部经理批准后发放采购检验人员执行。

第九条：质检部编制《采购物资检验控制标准及规范程序》，经质检部经理审批后发放相关检验人员执行，检验的规范包括货物的名称、检验项目、方法、记录要求。

第十条：采购部根据到货日期、到货品种、规格、数量等，通知仓储部和质检部准备检验和验收采购物资。

第十一条：采购物资运到公司后，由仓储部库管人员检查采购物资的品种、规格、数量（重量）、包装情况，填写“采购物资检验报告单”，并通知检验人员到现场抽样进行检验，未经检验合格的物资不得用于生产。

第十二条：采购检验人员接到检验通知后，按相应的标准对采购物资进行检验，并填写“采购物资检验报告单”，该单作为检验合格物资的放行通知，交库管人员办理入库手续。库管员对采购物资按检验批号标识后入库，只有入库的合格品才能由库管员控制、发放和使用。

第十三条：检测中不合格的采购物资根据公司制定的《不合格品控制程序》的相关规定处置，不合格的采购物资不允许入库，由采购人员移入不合格品库，并进行相应的标识，由采购部处理相关事宜。

第十四条：如果是紧急采购物资，来不及检验和试验时，需经法定代表人书面批准方可执行。

第十五条：本制度由采购部、质检部共同制定。

第十六条：本制度经总经理审批后实施，修正、废止时亦同。

附录 H

某企业采购部门绩效考核方案

1. 目的

为提高采购工作的积极性和士气，提升各项采购绩效，特制定本制度。

2. 范围

适用于本公司采购工作人员的绩效考核。

3. 职责

采购员、采购文员：负责履行本制度相关考核工作内容。
采购经理：负责本制度的制定、修改及执行考核工作。
总经理：负责本制度的批准。
人力资源部：负责绩效考核的复核及审批后绩效考核奖惩的执行。

4. 内容

4.1 采购绩效评估的目的

1. 确保采购目标达成。
2. 提供改进绩效之依据。
3. 作为个人或部门的奖惩参考之一。
4. 作为升迁、培训的参考。
5. 提高采购工作人员的士气。

4.2 采购绩效评估的原则

采购工作人员绩效评估以“5R”为核心，即适时、适质、适量、适价、适地，并用量化指标作为考核尺度。

采购员、采购文员的采购业绩考核方式及指标，具体详见“采购绩效考核表”。

4.3 采购绩效评估的方式

采购绩效评估采用目标管理的方式进行，其考核流程如图 H-1 所示。

4.3.1 目标管理考核规定

1. 采购部根据公司目标与计划，分解采购部的目标与计划。

2．采购部各级人员根据部门工作目标与计划，制定个人月度工作目标与计划。

3．采购部个人月度工作目标与计划经采购经理审核后进行归档。

4．采购部依“采购绩效考核制度”，根据“采购部质量目标统计表”、到货单与采购订单及时完成率统计情况及月度个人工作计划目标统计表，对采购员、采购文员进行绩效评估。

4.3.2 绩效评估奖惩规定

1．依公司有关绩效奖惩管理规定采购绩效奖金，每月 15 日前完成上月绩效考核评估并将评估成绩交予人力资源部执行。

2．采购员、采购文员月度考核在 91～100 分的，激励系数为 1.6，工资绩效奖金按此激励系数发放。

3．采购员、采购文员月度考核在 81～90 分的，激励系数为 1.4，工资绩效奖金按此激励系数发放。

4．采购员、采购文员月度考核在 71～80 分的，激励系数为 1.0，工资绩效奖金按此激励系数发放。

5．采购员、采购文员月度考核在 70 分以下（含 70 分）的，激励系数为 0.6，工资绩效奖金按此激励系数发放。

6．采购员、采购文员月度考核分数在 70 分以下（含 70 分）的，应加强职位训练，以提升工作绩效。

7．采购员、采购文员连续 6 个月考核分数在 70 分以下（含 70 分）的，调离采购部。

8．拟晋升职务等级的采购员、采购文员，其年度考核平均分数应高于 80 分。

4.4 其他相关绩效考核

对于开发合格供方的目标考核（开发合格供方至少与公司正常合作 3 次），按“年度新供方开发计划表”进行统一评估考核。

1．开发新供方的考核每季度进行统计考核，第一季度的新供方开发完成情况于 4 月内完成统计，第二季度的新供方开发完成情况于 7 月内完成统计，第三季度的新供方开发完成情况于 10 月内完成统计，第四季度的新供方开发完成情况于次年 1 月内完成统计。

2．新供方开发绩效奖惩为季度执行，依据“年度新供方开发计划表”开发的合格供方，每成功开发一家奖励 100 元，未按计划要求开发的处罚 50 元/家。

3．合格供方的开发绩效考核与其他人事方面的考核按公司有关考核办法执行。

注：本制度为试行阶段，因人力资源绩效考核体系在筹备中，故届时若有必要再依据实际情况做修订。

5．相关文件

《采购控制程序》；
《采购作业管理制度》。

6．质量记录

“采购订单”；

“到货单”；
“采购绩效考核表”；
“采购部质量目标达成统计表”。

7. 附件

采购绩效考核流程（见图 H-1）。

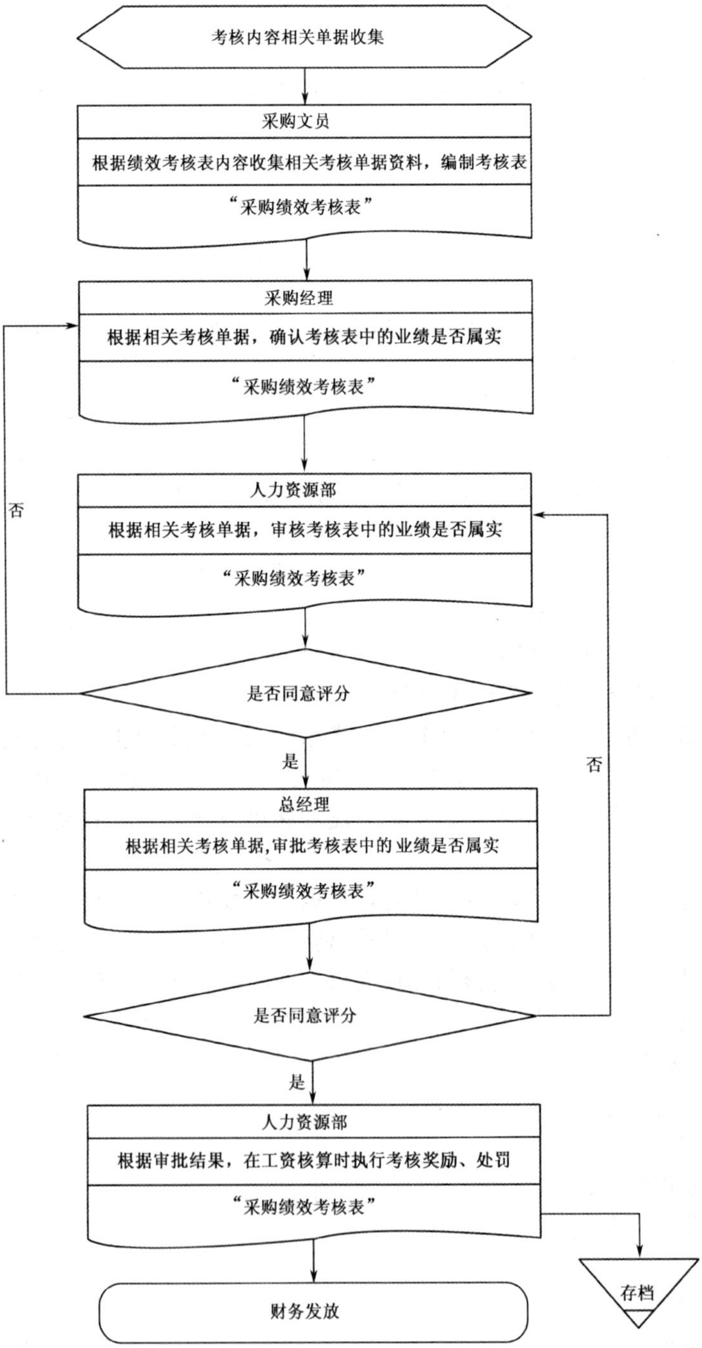

图 H-1　采购绩效考核流程

参考文献

[1] 王炬香. 采购管理实务（第 3 版）[M]. 北京：电子工业出版社，2016.

[2] 金燕波，等. 采购管理[M]. 北京：清华大学出版社，2016.

[3] 罗振华，孙金丹. 采购实务（第 2 版）[M]. 北京：北京大学出版社，2017.

[4] 吴汪友. 采购管理实务——“学、教、做”一体化教程（第 3 版）[M]. 北京：电子工业出版社，2017.

[5] 张璐. 政府采购理论与实务[M]. 北京：首都经济贸易大学出版社，2011.

[6] 蹇令香，李东兵. 采购与库存管理（第 2 版）[M]. 辽宁：东北财经大学出版社，2016.

[7] 肖飞，毛华扬，宾燕渝. 政府采购管理信息化指南[M]. 北京：电子工业出版社，2012.

[8] 种美香，等. 采购与供应管理实务（第 2 版）[M]. 北京：清华大学出版社，2016.

[9] 张计划. 从零开始学采购[M]. 北京：化学工业出版社，2012.

[10] 钱芝网. 采购管理实务[M]. 北京：机械工业出版社，2016.

[11] 梁军，王刚. 采购管理（第 3 版）[M]. 北京：电子工业出版社，2015.

[12] 张友林. 采购新手快速入门[M]. 北京：化学工业出版社，2012.

[13] 李恒芳，廖小丽. 优秀采购员手册[M]. 广州：广东经济出版社，2012.

[14] 张开涛，张文法. 仓储管理实务[M]. 北京：人民邮电出版社，2011.

[15] 陆辉，王天霞. 采购与供应实施[M]. 北京：科学出版社，2015.

[16] 朱新民，林敏晖. 物流采购管理（第 2 版）[M]. 北京：机械工业出版社，2018.

[17] 杨军，赵继新. 采购管理（第 3 版）[M]. 北京：高等教育出版社，2015.

反侵权盗版声明